全国中小学校长培训规划教材

校长专业化与优质学校建设

主　编　范明刚　陈松信

副主编　解培强　黄行福

天津教育出版社

内容简介：

在这个社会急剧变化的21世纪，人们对优质教育的渴求已经达到了"白热化"状态。在呼唤教育家型校长办学的今天，推进校长专业化、建设优质学校，已经成为当代校长不可回避的历史使命。面对道路的迷惘与行动的踌躇，广大校长亟需简捷易行的指导，《校长专业化与优质学校建设》便应时而生。

全书抱着一种讨论的态度，一种交流的愿望，秉承教育学、心理学、管理学的智慧灵光，融入对校长专业化发展、品牌经营与特色发展、学校文化重建、制度建设等的综合思考，采用"否定之否定"的办法，从内涵、角色、理念、师资、文化、经营、特色、素质、科研、制度等角度分析校长专业化与优质学校建设的结合点，阐述校长以教育家的姿态引领优质学校建设的具体策略，力求为广大校长指出一条建设优质学校的适合校长专业化发展的道路，让校长在成就自我的同时挖掘学校内部蕴藏着的管理资源，为校长提供一种全新的视角，实现学校的超常规、跨越式大发展。

书中的每个章节，集理性的文字与经典的案例于一体，集理念高度与操作指导于一体，彰显优质学校建设的紧迫感。这是一本叩问优质学校建设现状的书，一本谋求为校长专业化发展铺平道路的书。深信拥有此书，定会加速优质学校建设的进程。

图书在版编目（CIP）数据

校长专业化与优质学校建设/范明刚主编. —天津：

天津教育出版社，2010.3

ISBN 978-7-5309-5989-3

Ⅰ.①校… Ⅱ.①范… Ⅲ.①校长—学校管理—研究

Ⅳ.①G471.2

中国版本图书馆CIP数据核字（2010）第032593号

校长专业化与优质学校建设

出 版 人	胡振泰	
主　　编	范明刚　陈松信	
责任编辑	李勃洋	
出版发行	天津教育出版社	
	天津市和平区西康路35号	
	邮政编码 300051	
经　　销	全国新华书店	
印　　刷	北京市燕鑫印刷有限公司	
版　　次	2010年4月第1版	
印　　次	2013年7月第3次印刷	
规　　格	16开（787×1092毫米）	
字　　数	291千字	
印　　张	12	
定　　价	28.00　元	

《校长专业化与优质学校建设》书稿
全国中小学校长培训规划教材

顾　问：卞金祥　刘克宽

主　编：范明刚　陈松信

副主编：解培强　黄行福

编　委（以姓氏笔画为序）：

陈松信　丁元清　范明刚

傅建林　李　广　黄行福

凌宗伟　皮大鹏　王　安

王培培　解培强　吴成业

目　　录

序言 ………………………………………………………………… 1

前言 ………………………………………………………………… 1

第一章　校长专业化与优质学校建设的内涵概述 ……………… 1

　　第一节　校长专业化的概念与发展历程 ………………………… 1

　　第二节　优质学校的理解与建设历程 ………………………… 15

　　第三节　校长专业化发展与优质学校建设的内在关系 ……… 24

第二章　优质学校建设中的校长使命与角色定位 …………… 29

　　第一节　优质学校建设中的校长使命 ………………………… 29

　　第二节　校长角色的实质和要素 ……………………………… 39

　　第三节　优质学校建设对校长角色的要求 …………………… 40

第三章　优质学校校长办学理念的确立、提炼和实现 ……… 44

　　第一节　办学理念的确立 ……………………………………… 44

　　第二节　办学理念的提炼 ……………………………………… 52

　　第三节　办学理念的实现 ……………………………………… 56

第四章　优质学校校长的人才管理、人资开发策略 ………… 61

　　第一节　校长的人才培养战略 ………………………………… 61

　　第二节　以校长专业化助推教师专业化 ……………………… 62

　　第三节　以校长专业化促进班主任专业化 …………………… 73

第五章　优质学校校长引领学校文化建设的策略 …………… 78

　　第一节　学校文化建设概念的解读 …………………………… 78

　　第二节　校长引领学校文化建设的策略 ……………………… 83

　　第三节　校长如何实现优质学校文化的传承与创新 ………… 92

第六章　优质学校校长实施品牌经营的策略 ………………… 95

　　第一节　学校品牌的概念与生成规律 ………………………… 95

　　第二节　校长的学校品牌经营之道 …………………………… 99

第七章　优质学校校长打造办学特色的策略 ………………… 113

　　第一节　学校特色的特征 ……………………………………… 113

　　第二节　校长打造学校特色的策略 …………………………… 117

　　第三节　校长彰显学校特色的途径与策略 …………………… 124

第八章　优质学校校长提升专业素质的策略 ·············· 130

第一节　校长专业素质的五个维度 ·············· 130

第二节　校长专业化培训的模式 ·············· 135

第三节　校长的专业成长与个人魅力打造 ·············· 139

第九章　优质学校校长引领学校教育科研的策略 ·············· 145

第一节　教育科研是优质学校建设的第一生产力 ·············· 145

第二节　校长实施科研兴校的有效路径 ·············· 151

第三节　校本研究是优质学校教育科研的根本途径 ·············· 157

第十章　优质学校校长引领学校制度建设的策略 ·············· 164

第一节　学校制度建设的定位和机制 ·············· 164

第二节　学校制度建设的生成之道 ·············· 167

第三节　学校制度建设的维护之道 ·············· 172

第四节　校长专业化的制度保障与自我约束 ·············· 176

参考文献 ·············· 179

序　言

多年来，我一直从事中小学校长培训和教师继续教育工作。由于工作原因，我接触了很多来自一线的优秀校长与教师，他们执著于学校管理智慧的探索精神一次次地感动着我。在一个偶然的日子里，山东的范明刚校长恳请我帮助他完成《校长专业化与优质学校建设》一书的编写。尽管工作繁忙，我还是被他的真诚所打动。

为加深对他的了解，我在百度上搜索了一下，没想到第一页的首条就是他的博客。浏览他的博客，阅读网页上他发表的文章，我不禁为认识他这样一位有追求、有思想的年轻校长而高兴！我渐渐熟悉了他。虽然是在基层学校中工作，然而他并没有抱怨条件的艰苦，而是全身心地研究校长专业化发展、优质学校建设、教师专业成长、科学与语文课堂教学、幼儿教育、家庭教育、班级管理等方面的学问。担任学校领导职务后，他没有脱离课堂，而是在三尺讲台上苦练内功、深钻教材的内涵，先后执教省市县级观摩课、优质课、公开课几十节，成长为学科带头人、教学能手。酷爱钻研的他被吸收入山东省教育学会小学科学教育专业委员会，多次荣获优秀教师、教学质量先进个人、模范班主任、优秀教育工作者、名师、山东省小学教育科研先进工作者等称号，他主持《合作学习的基本理论与实践研究》等课题顺利通过上级教研部门的验收，参与编写首都师大版全国综合实践活动和山东省小学地方课程教材与教参，在青岛版小学科学教材建设的课题研究中，他曾受邀参加青岛科学教科书培训暨全国教育科学"十五"规划课题"小学科学教科书（青岛版）开发与应用"课题总结会议。自从 2002 年于《教育家》发表第一篇管理论文《坚持人本管理理念，调动教师工作积极性》之后，他先后在《人民日报》、《中国教师报》、《教书育人·校长参考》、《现代教育报》、《中国小学教育》、《中国民办教育》等报刊发表一百多篇文章，其中部分文章公开发表后为中国人民大学复印资料中心全文转载。他主编的《理念与智慧的博弈——新课案之课例解读》由天津教育出版社出版，主编的《教师笑着教书》、《教师不跪着成长》、《课堂教学的八大铁律》在吉林大学出版社出版，部分管理随笔入选华东师大出版社大夏书系《优秀校长的99个管理细节》。知悉如此年轻的校长竟然取得如此辉煌的成绩，审阅着他送来的厚厚的书稿，一种敬佩之情油然而生。他的确是一个敬业、勤奋、肯吃苦的人。

由于对中小学校长培训工作的职业敏感，我也深为当前校长专业发展和优质学校建设中存在的问题担忧。其一，目前，中小学校长普遍认同的是学校行政管理角色，而对领导角色认识不深刻，缺乏现代教育理念和自主办学精神。上级教育主管部门对中小学校长的要求，更多强调的是个人思想品德和管理能力，对正确教育思想和先进办学理念及观念转化为实践能力的要求则显得比较空泛。这就导致有些学校还处于办学婴儿期，还缺乏文化、经验的积淀，其现有的物质资源优势没能尽快转化为办学质量优势，难以实现文化建校、追求优质、创办品牌、推动学校可持续优质发展的目标。其二，关于校长专业化与优质学校建设的理论研究还存在滞后性与不系统性。众多专家的论述往往是支离破碎的一家之见，缺乏系统化的理论阐述和实践案例的指引。很多研究文章无法实现在教育实践中落地生根的根本原因是其理论站得太高，脱离了中小学校的实际，理论没有操作性与前瞻性，忽略了学校的可持续发展，漠视了校长的专业发展的内在动力和外在支持。其三，部分校长存有理念的滞后、角色定位的偏差、素质的缺陷、科研工作的引领不当、特色创建与品牌经营的哗众取宠等问题，其学校管理违背了教育规律，导致经济思维、市场思维、行政思维乃至官僚思维、封建家长式思维泛滥，这都折射出当前校长专业化水平低下的问题。

面对上述的问题，面对前方道路的迷惘与行动的踌躇，广大校长亟需简捷易行的系统化理论指导。而且，随着教育发展优先战略地位的确立和新义务教育法的颁布实施，基础教育的发展已由"量的扩张"向"质的提高"转型，人们不仅期望接受更多的教育，而且希望能够接受优质的学校教育。办好优质学校，为每一位学生提供优质教育已成为新时期的教育使命。校长的专业精神、专业知识、专业能力、专业道德和反思意识等方面的综合素质，将会在很大程度上决定学校优质化的走向。因此，本书的诞生是应时而生，必将为我国中小学校的优质化进程提供有力的理论支持和实践导向。

在参与本书稿的策划中，我对于校长专业化与优质学校建设的命题非常感兴趣，而且相信这必将是满足广大人民群众对优质教育资源需求的必然路径。在优质学校建设背景下的专业化校长，应该像一个大型乐队的指挥，他必须有驾驭全局的能力和能量，能给自己的管理行为以艺术化的智慧指引，能团结和调动学校的各方面力量并使他们有效地工作，乐于长期从事学校教育的微观思考与宏观管理；应该有自己的教育理想，善于发现和潜心研究教育问题，能够提出有独到见解的教育理念，成功地用阶段性、递进式的教育愿景引领教师的发展方向；应该是一个全面发展的、高素质的人才，善于捕捉学校发展所需要的那些稍纵即逝的机遇；更应该勇于进行教育改革，以创新的意识引领学校发展，娴熟地从极其平凡的教育现象中提炼出某些具有推广价值的因素；应该致力于学校文化的传承与重建，能够培养出大批优秀人才；应该有坚定的服务意识，平时所作的一切便是为教育教学服务，为教师服务，为学生服务，能坚定地站在教师这一边，站在学生这一边，站在学校发展这一边，以成全教师，成全学生为己任，而不是唯上、唯风，惟命是从。

这本书稿在整合我国校长专业化与优质学校建设理论的基础上，进行了一次有益的探索，其理论性与实践性之强，超乎了开始撰稿时的预计。我想，广大的中小学校长读了本书定会受益匪浅，因为这本书提供了一条走向教育家的具体路径。原因有四：一是本书以全新的视角对当前校长专业化与优质学校建设的理论与实践成果进行了梳理和阐述，客观地总结了理论研究的现状，便于中小学校长更新教育教学观念，为新形势下的优质学校建设、提升办学水平、创建办学特色、实现品牌经营提供了理论指导，为校长的专业发展提供了方向性引领。二是本书努力实现了理论与实践的有机结合，架起了沟通理论与实践的桥梁。不仅深入浅出地提出了建设优质学校的具体策略，而且还以现实性经典案例作为补充，使该书具有了很强的可读性，其语言平和而富有智慧，读起来有感召力，能引起读者的共鸣。三是作者队伍都有着参与优质学校建设的实践经验，有着自己多年来从事学校管理的深沉思考，他们中很多人都参与过大型书稿撰写或国家级课题研究，有着一流的教育理念作为支撑。四是全书抱着一种讨论的态度，一种交流的愿望，秉承教育学、心理学、管理学的智慧灵光，从内涵、角色、理念、师资、文化、经营、特色、素质、科研、制度等角度分析校长专业化与优质学校建设的结合点，阐述校长以教育家的姿态引领优质学校建设的具体策略，给广大校长指出一条建设优质学校的适合校长专业发展的道路。

愿借此机会对广大中小学校长提出三点希望：

一是希望广大校长认清时代的要求，担当起时代赋予的重任。校长不能闭门造车，要勇敢地把自己置于时代发展的潮流之中，要向着教育家的目标进发，在优质学校建设的道路上实现自己的专业成长。校长专业发展的直接结果是校长成为推动教育改革和教育现代化的领导者，创造优质学校正常运作所需要的一种必要秩序的管理者，拥有强烈教育教学愿望的教育者，这也正是优质学校建设中校长的使命。校长的专业化发展是一种理想追求，而这些基础性、日常性的思考，正在填充理想的缥缈与虚无。在追新猎奇之风盛行的今天，多一分平常心态，就少一分矫揉造作；多一分务实思考，就少一分虚夸浮躁；多一分日常作为，就少一分纸上谈兵。唯其如此，我们的教育之路，才能多一块坚固的奠基石。相信，"路基"夯实了，校长专业发展就不再是"超现实"。

二是希望广大校长认清自己的角色，努力提升自己的专业化素质。校长作为学校改革发展的设计师、全局工作的总指挥、全体师生的领路人、优质学校建设的扛旗者，是一所学校的灵魂，是学校的神经中枢，其个人的价值取向、理念追求、人格魅力和行为准则等决定了一所学校发展与前进的方向。所以，校长要不断地培养教育家思维，养成教育家气质，增加教育家细胞，认清自己的角色，从提高自身专业化素质入手，给自己的管理智慧以理性的指引，以高度的紧迫感来加强理论的学习，自觉实现理念的更新，实现优质学校的优化管理。

三是希望广大校长把握内涵，以创新的意识来探索优质化学校建设的路径，莫要剑走偏锋。俗话说，磨刀不误砍柴工。正如教育部小学校长培训中心、北京师范大学教育管理学院校长专业化研究权威褚宏启教授所说的，"校长队伍建设不但要求校长要正确做事，还要求校长做正确的事。"在新的世纪，学校教育要适应现代化发展的需要，校长要站在社会所需、人民满意和学生终身发展的高度去规划学校愿景，积极研究探索并带领教师向建设优质学校的目标迈进。要敢于摆脱来自各方面窒息创新活力的束缚，把这种束缚的影响尽可能减弱到最小的程度，在自己的办学空间里坚持教育理想，坚持自主创新，开展富有个性特色的教育实践活动。

路漫漫其修远兮，明刚的路还很长，祝愿他带领自己的研究团队创造出更富有价值的成果。

山东省教师教育学会副秘书长、原山东省中小学师资培训中心主任　卞金祥

二〇一〇年二月下旬于泉城济南

前　言

自进入 21 世纪以来，知识经济的迅猛发展、全球化竞争的严峻挑战及我国改革开放政策的深入推进，都对我国公民尤其是对作为未来社会建设者的青少年的素质提出了更高的要求。而要满足这一要求，则取决于人们受教育的质量，取决于社会能否为促进个体生命质量的提升提供足够的优质教育资源。温家宝总理在全国人大十届五次会议上的政府工作报告中也提出："要让一亿多中小学生得以共同享受优质教育资源。"可见，充分满足广大人民群众不断增长的优质教育需求，是教育事业改革与发展的出发点和归宿。然而，由于观念、体制、管理等原因，我国当前教育发展主要体现在"量"的扩张和"物"的更新方面，而在"质"的内涵性提升方面则未能有效应对社会的诉求，仍然无法满足广大人民群众享受优质教育资源的需要。

面对我国教育发展的滞后性，对于肩负时代发展重任的中小学校长而言，总结成功的优质教育办学经验，在实现校长专业化发展的过程中积极开展优质学校建设，就成为教育研究的热点和难点问题。我们上谷歌搜索一番，"校长专业化"的词条有 2,750,000 多条，"优质学校"的词条有 27,500,000 多条，"优质学校建设"的词条有 2,590,000 多条。在这一背景下，传统的经验型、常规型的校长必然要退出历史的舞台，时代呼唤具有专业素质的研究型、创新型、教育家型的校长来担当起优质学校建设的重任。由此，我们可以感受到本书研究课题已经受到普遍的关注，是当今世界教育改革的热点话题，也是现代教育所追求的目标和发展的趋势。

为了帮助广大中小学校长正确理解校长专业化与优质学校建设博大精深的内涵，给广大校长指出一条建设优质学校的适合校长专业化发展的道路，让校长以教育家的姿态引领学校发展，在成就自我的同时挖掘学校内部蕴藏着的管理资源，为关注自身专业化成长并全身心地投身于优质学校建设的校长提供一种全新的视角，我们编写了《校长专业化与优质学校建设》一书。本书的编写希望达到三个目的：

第一，为中小学校长培训提供教材。搞好中小学校长的专业化培训是确保我国优质学校建设的重要举措。本书抱着一种讨论的态度，一种交流的愿望，秉承教育学、心理学、管理学的智慧灵光，融入对校长专业化发展、特色发展、经营学校、学校文化重建等的综合思考，采用"否定之否定"的办法，从内涵、角色、理念、师资、文化、经营、特色、素质、科研、制度等角度分析校长专业化与优质学校建设的结合点，力求以深入浅出的理论分析来诠释校长专业化与优质学校建设的内涵，这样的教材贴近中小学校长的工作与成长实际，必将引发中小学校长的"头脑风暴"。

第二，帮助广大中小学校长转变观念，尽早提升办学理念、把握角色定位、提升专业素质。思想是行动的先导，中小学校长能否担当起建设优质学校的重任，取决于其思想与理念水平的高低。正如苏霍姆林斯基所说的："校长的领导首先是教育思想的领导，然后才是行政领导。"在新加坡，每位新任校长都会得到一份教育部的任命状，任命状上这样写着："在你的手上维系着无数孩子以及他们家庭的幸福，当你接受任命时应时刻想到自己责任重大。校长应该是更坚强的人、更能战胜生活中的困难的人，更有自己人生追求与目标的人，是不屈不挠的人。"校长这一职务被赋予了神圣而崇高的使命，那么校长就更需要用真正的教育家思想来领导学校和教师发展。本书突出

"专业化校长的角色定位、理念更新和素质提升"这三个影响校长专业化发展的核心因素，单独设立章节，深入浅出地阐释了相关理论，给校长以全新的理论滋养。

第三，在实践上给中小学校长以指导。中小学校长的观念实现转变之后，还应知道在优质学校建设中应该做什么，怎样采用正确的方法来做正确的事情。本书在第四章至第十章中系统阐述了校长以教育家的姿态引领优质学校建设的具体策略，每个章节均彰显了优质学校建设的紧迫感，既找到了制约校长专业化与优质学校建设的瓶颈问题，又提出了具体的化解策略，希望中小学校长能将其自如地运用到学校建设实践中去，游刃有余地经营学校，开创学校发展的新篇章。

我们在本书的编写过程中，力求突出以下四个特点：

一是思想内涵深刻。在研究的初期，我们期望从浩如烟海的文献资料中找到最为科学有效的理论依据，遗憾的是，众多专家学者的论述大多是支离破碎的一家之见，缺乏系统化的理论阐述和实践案例的指引。更令人遗憾的是，现有的相关理论孤立地看待校长专业化与优质学校建设问题，要么是抛开优质学校建设的目标而去刻意追求校长的专业化发展，要么是忽略校长的专业化发展而去单纯地实施优质学校建设，完全忽略了二者之间的内在联系，这就像是一条腿走路，其成功的概率是可想而知的。我们不禁要追问：很多的研究成果为何无法实现在教育实践中的落地生根？追根求源，其根本原因在于理论性太强，脱离了中小学校的实际，理论没有可操作性与前瞻性，忽略了学校发展的可持续性，漠视了校长的专业化发展的内在动力和外在支持，以至于一些校长看看挺激动，想想挺感动，做做没行动。本书浓缩了目前关于校长专业化与优质学校建设的前沿理论与信息，首章便解读了校长专业化与优质学校建设的标准、内涵、历史回顾、现状剖析、未来展望、建设的条件与策略等，同时分析了校长专业化与优质学校建设的关系、要求与和谐共振点。

二是行文的适切性。全书行文内容以中小学校长的知识背景为依据，语言通俗流畅、浅显易懂，具有可读性，字里行间集理性的文字与经典的案例于一体，集理念高度与操作指导于一体，意在激发校长产生理性的思考。

三是内容的新颖。我们把校长专业化与优质学校建设这两个大的教育命题融合起来，尽量在各章节中选入生动、新颖、典型的案例并进行简评，使中小学校长更形象地了解优质学校建设的基本模式与策略。

四是实践指导性。本书关注中小学校长的主动建构，注意理论联系实际，以加强中小学校长的实践能力为宗旨。

在本书的编写过程中，我们的研究得到了诸多专家学者的关注与支持。在此，深深地感谢山东省教师教育学会副秘书长、原山东省中小学师资培训中心主任卞金祥教授！感谢其对本书整体设计与构思提出的精辟见解；感谢恩师山东省泰山学院刘克宽副院长对于我的谆谆教诲。同时，衷心感谢所有关心并为本书写作、出版和发行做出贡献的人士！

手捧书稿，我们思绪万千，我们深深地明白，优质学校建设的实践才是检验本书的试金石。我们相信，我们笔下的阐释来自于学校，成长于校长的深沉思考，也必将服务于校长专业化与优质学校建设，在学校的沃土中生根发芽，乃至于长成参天大树！我们深信，拥有此书，我们的校长定将会挺直腰板运筹帷幄于校园，开创出属于自己学校的可持续发展之路！

范明刚

二○一○年二月下旬

第一章
校长专业化与优质学校建设的内涵概述

随着时代的发展,社会对于校长的专业化要求以及优质学校建设的期望值越来越高,校长专业化与优质学校建设的内涵得到了进一步的丰富与发展,这就决定了校长要由经验型走向理论型,由常规型走向创新型的专业化层面。著名教育家陶行知先生曾经说过:"校长是一所学校的灵魂,要评论一所学校,首先要评论他的校长。"这句话道出了校长在学校发展、全面实施素质教育中的重要作用。因此,要搞好优质学校建设,关键在于建设一支理念先进、业务精良、善谋发展、求真务实的专业化校长队伍。

本章立足总结现有研究成果,推陈出新,并将进一步探寻校长专业化与优质学校建设的内涵、要素、专业标准、现实意义与未来展望等问题,为广大校长提供可供借鉴的理论经验。

第一节 校长专业化的概念与发展历程

近年来,众多专家学者对校长专业化的内涵、要素、知识结构、专业标准、制度保障及相关策略等问题开展了有益的研究与探索,这为我们提供了很多可供借鉴的理论经验。当前,比较普遍的共识是,把握校长专业化的内涵是实现校长专业化发展、加速提高校长实施学校新课程改革的能力和水平的先决条件,同时也是建设优质学校,提升学校管理水平,促进各级各类教育稳步、协调、快速发展的当务之急和长远大计。

一、校长专业化的标准与概念

随着社会的发展,专业化已经成为社会职业发展的重要趋势,专业性也已经成为衡量职业成熟程度的重要指标。不同的职业由于专业发展水平不同,社会地位存在着很大的差异。对于一些专业性不高的社会职业来说,其专业化的进程就是提高职业群体社会地位的过程,校长专业化是这一大趋势的必然反映。

(一)专业化与校长专业化的标准

什么是专业化?什么是专业化的标准?专业化是一个社会学概念,是指一个职业经过一段时间后不断成熟,逐渐符合专业标准,成为专门职业并获得相应的专业地位的动态过程。

美国社会学家哥林伍德曾提出专业的五个主要特征,即专业的知识体系、专业的判断标准、专业的道德及信条、获得社区的认可以及专业的文化。美国教育协会确立了专业化的8项标准是:(1)应有高度的心智活动;(2)具有特殊的知识技能;(3)受过长期的专业训练;(4)不断在职进修;(5)属永久性职业;(6)以服务社会为目的;(7)有健全的专业组织;(8)能遵守专业伦理。

1989年,奥斯汀以较有权威性的研究成果,概括了专业化的13项特征:(1)服务于社会的意识,终身献身于职业的志向;(2)仅为本行业人所掌握的明确的知识技能体系;(3)将研究成果和理论实践应用于实践;(4)长时间的专业训练;(5)控制职业证书的标准或资格的认定;(6)拥有选择工作范围的自主权;(7)对所做出的专业判断和行为表现负责,设立一套行为标准;(8)致力于工作和为当事人服务,强调所提供的服务;(9)安排行政管理人员是为了方便专业工作,而非事无巨细的岗位监督;(10)专业成员组成的自我管理组织;(11)专业协会或特权团体对个人的成就予以认可;(12)一套伦理规范以帮助与所提供服务有关的模糊问题或疑难点;(13)较高的社会声誉和经济地位。

根据现有的研究成果,校长专业化具体有以下几方面的标准:

(1)具有现代教育意识。具有现代教育理念和管理理念,必须承担重要的社会责任,具有强烈的敬业精神、服务理念和职业道德,并以此作为自己专业行为的理性支撑。对于校长来说,服务意识十分重要。校长要注重自身职业的服务性,为学生服务,为教职工服务,为教育教学工作服务,为学校的可持续发展服务。

(2)具有区别于其他行业的相对独立性和自主性,具有一定的专业能力。即具有学校管理的专业能力。学校管理的专业能力,主要包括校长的决策能力,理解他人和与他人沟通、交往的能力,指挥、组织、协调的能力,学校经营和公共关系的能力,反思与探索研究的能力等。

(3)具有学校管理的智慧与艺术。管理智慧与艺术是各种专业要求在校长身上的有机结合,是管理知识、经验、技能技巧的综合反映,是校长管理学校的最高境界,是专业化校长的必然要求。校长管理学校的智慧与艺术主要表现在:①发现学校教育、管理中问题的敏锐性和判断力;②及时处理问题的机智;③善于把握教育时机和管理时机;④具有吸引人、影响人的形象和魅力。

(4)具有与从事的特定职业相应的理论知识和技能。这些理论知识和技术并不是任何人都能掌握的,也不是任何人都可以接受这种专业训练的。校长必须参加一定的专业团体,接受必要的专业养成教育和训练。校长必须接受任职资格培训、提高培训和高级研修培训,积极参加教育管理专业协会的活动。

(二)校长专业化的概念

探讨校长专业化发展的概念,就是为了给校长专业化发展指明正确的方向,只有明确了这一点,建设优质学校的目标才有可能实现。对于校长专业化的概念,研究者们提出了以下几种看法:

著名学者陈玉琨认为,校长专业化的概念是:"校长在逐步深化对教育意义认识的基础上,不断增强历史使命感与专业精神、不断提升道德与伦理追求、不断提高学校领导专业技能与能力的过程。"这一观点认为,校长专业化的过程离不开政府和社会的帮助,但更重要的是校长自我发展的过程,是校长在自我激励的基础上自加压力、自我提高的过程。

也有的学者认为,校长专业化的概念应包括三个方面:一是校长职业成为专业的标准,也就是通常所说的专业标准。正是根据这样的标准,我们才可以判断校长是不是专业;二是专业校长应该做什么的问题,也就是校长的职责标准或者是工作标准。职责标准是评价校长绩效和工作表现的依据;三是校长的素质标准,即校长所应该具备的人格、知识、技能、态度和价值观。

还有的学者认为,校长应该成为学校发展的决策者、师生员工的服务者、学校发展的经营者、学校与社会的沟通者、现代学校教育的研究者。"知识宽泛"、"才能卓越"、"思维科学"、"意识超前"是专业化校长必须具备的四大显著特征。

从以上对校长专业化概念的定位来看,一种是侧重强调校长的知识、技能结构和表现形式,一种是强调校长对教育意义的认识、理解以及校长的自我发展,还有一种是与教师的专业化相比较而言,强调校长专业化中对其领导行为和管理知识的特殊要求。他们的共同点是关注校长专业化要素的基本构成,以及校长专业化动态发展、变化和提高的过程。而事实上,他们对校长专业化的研究仍然没有超出对校长素质研究的范畴,即校长的专业化是校长素质的基本要求和具体化。

基于对教育功能、学校职能、校长效能的思考,基于对教育内在规律的把握,我们认为需要从以下两个角度来把握校长专业化的概念:

从职业群体的角度看,校长专业化就是指校长职业由半(准)专业阶段向专业阶段不断发展的过程,也就是在整个职业层面上逐渐达到专业标准的动态发展过程。具体言之,校长专业化就是向下述目标前进的过程:(1)校长经过长期的专业训练;(2)有完善的知识体系作为校长从业的依据;(3)建立起系统的伦理规范以约束校长的管理行为;(4)有明确的校长从业标准和要求;(5)进入校长行业有严格的资格限制;(6)校长具有专业上的自主性;(7)校长拥有较高的社会声誉和经济地位;(8)已经建立起校长自己的专业组织并且发展成熟。

从校长个体的角度看,校长专业化也被称作"校长专业发展",是指校长的内在专业结构不断更新、演进和丰富的过程。内在专业结构指专业精神、专业知识、专业能力、专业伦理、自我专业意识等。其中,专业思想和专业精神是校长专业化的核心,它指引着校长不断地把学校、教师和学生引向追求教育的本真。

1. 专业精神

专业精神是校长在对本专业工作性质充分理解基础上形成的专业发展观念和专业追求,是校长依法办学和坚持自己的教育理想与信念的基础。校长的专业精神包括校长的管理哲学、管理思想、专业理念、自制力、人格魅力和角色意识等。校长最重要的专业精神是责任感与历史使命感:一方面要为社会主义建设培养高素质的人才,另一方面要促进每位师生自由、全面地发展。校长的专业精神决定着校长管理活动的目标、过程及方式,决定着学校的特色及未来发展方向,能够帮助校长认识自我、认识师生、认识学校、认识教育。校长的专业精神不仅影响其教育行为,同时也影响其管理行为。

2. 专业知识

专业知识是校长为胜任其职业的需要而必须具备的相关专业的知识,包括现代管理科学知识、一定的教育科学知识和一定的实践性知识。校长专业化的知识结构是一种通识型、通才型、一专多能的知识结构。校长的知识结构由现代科学与人文基础知识、教育管理的专业基础知识、现代信息知识等组成。作为学校的管理者,校长必须系统掌握校长专业结构的知识和技能,如果没有丰富的专业化知识作为支撑,校长就无法做到视野开阔,无法认清教育发展的趋势。

3. 专业能力

校长的专业能力是指校长有效地开展学校管理工作必备的一种个性心理特征和实际技能。具体言之,校长的专业能力主要包括五个方面:(1)卓越的领导能力。即灵活运用教育管理专业知识,在提出问题、科学决策的过程中自主形成的领导能力;(2)突出的创新能力。即适应改革创新的要求,强化自我的反思研究能力,不断在创新状态下形成的创新能力;(3)良好的科研能力。即校长只有借助教育科研,才能促进学校的可持续发展。校长专业化同医生专业化、教师专业化有很大的不同。校长在从事校长工作之前,并没有像医生、教师那样接受到本职专业的系统学习。因此,以科研为载体来发展自身的专业化是非常有必要的,是校长专业化发展的必由之路;(4)较强的规划能力。即校长要有规划学校发展的能力,这是学校可持续发展的重要前提;(5)有效的协调能力。包括必要的表达说服能力,评价反馈能力,与他人沟通、合作、交往的能力,以及公关协调能力等。

4. 专业伦理

专业伦理是指专业人员在专业环境下所具有的道德标准、行为规范、专业服务的态度、专业人员与客户间的关系以及专业服务的社会影响、健康的专业情感和坚定的专业意志等。中小学校长的专业伦理包括职业道德、行为规范以及校长的专业态度和动机。校长的专业态度和动机是其专业活动和行为的动力系统,直接关系到校长专业稳定性和校长专业的投入程度。

5. 自我专业发展意识

自我专业意识是保证校长自觉地促进自我专业发展的内在主观动力,是一种自我调整专业发展路径的意识。主要包括对过去专业发展过程的自我评价意识,对自己现在专业发展状态水平所处阶段的意识以及对未来专业发展过程的规划意识。校长的自我专业发展意识决定了校长是否对于自己的专业发展保持一种自觉的状态,是否及时调整自己专业发展的方向及方式。

职业群体意义上的"校长职业的专业化"和个体意义上的"校长专业发展"二者是紧密联系的,后者构成前者的基础。没有个体的专业化发展,群体的专业化发展是不可能的。个体的专业化发展是一个职业上升为专业的必要条件,也是一个专业性的职业保持、巩固其专业性地位的必要条件。

二、校长专业化的历史回顾与现状剖析

目前,我国在职中小学校长已达到100多万人,这支队伍在我国基础教育发展及推进素质教育的进程中发挥着非常重要的作用。回顾我国校长专业化的发展历程,并进行现状的剖析,将会使广大校长更加理性地把握校长专业化的内涵。

(一)我国校长专业化发展进程的历史回顾

在宏观层面上,我国校长专业化经历了漫长而曲折的过程。古代曾经政教合一,"以吏为师",教育者和管理者不分。后来有"学者为师",即有学问的人才能当教师,担任学校负责人。进入近现代后,人们才逐步认识到,当教师、做校长必须经过专业的师范教育和培训。

上世纪初,新学思潮兴起,至上世纪中,教育行政、教育管理等理论才被社会认可,并成为教育管理专业的必修课和校长、教育行政人员的培训内容。在校长的职权、选拔任用、工资待遇、培养培训等方面,我国曾经进行过认真的探索与研究,取得了丰富的成果。但是从1949年到1978年,我国基本上不承认教育管理专业,校长专业化的过程逐步变成政治化的过程。

改革开放后,校长在学校的职业特性才逐步得到认可,当时确定校长专业化的方向就是学校管理。1983年,教育部批准设置教育管理专科专业,1986年,教育部批准设立教育管理本科专业,教育管理因此正式成为了大学的一门专业,校长是教育者、管理者、

领导者的地位被重新确立了起来。在"七五"、"八五"、"九五"期间,我国进行了大规模的关于校长的调查研究和培训,在国家教委的组织和领导下,分阶段、有计划地进行了校长培训,这成为推进我国校长专业化发展进程的开端。

20世纪80年代至今是我国校长专业化发展的高潮时期,主要表现在以下五个方面:一是普及了教育管理理论知识,全员普及包括学校管理学在内的部分课程;二是百万校长实现了持证上岗;三是制定了校长每5年必须接受继续教育的相关配套措施;四是校长继续教育体系的建设日益完善。针对校长专业化发展的不同水平进行不同的培训,将岗位培训、提高培训和成熟校长的研修结合起来,初步形成我国中小学校长继续教育的体系;五是各类校长培训、队伍建设、任职标准等政策与制度相继出台。从1989年开始,我国各级政府及教育行政部门逐渐加强了对中小学校长的管理工作。在管理制度方面,我国先后建立了校长职责制度、任职资格制度和校长培训制度等。1982年教育部《关于加强普通教育行政干部培训工作的意见》、1989年《国家教委关于加强全国中小学校长培训工作的意见》、1990年国家教委《全国中小学校长岗位培训课程教学大纲(试行)》、1992年中共中央组织部和国家教委《关于加强全国中小学校长队伍建设的意见(试行)》、1993年国务院《中国教育改革和发展纲要》、1995年教育部《关于"九五"期间全国中小学校长培训指导意见》、1999年教育部《中小学校长培训规定》等相继出台,对中小学校长培训的时间要求、内容形式、组织管理等作了全面、系统的规定。

其中,1991年6月25日颁发的《全国中小学校长任职条件和岗位要求(试行)》规定了校长任职的基本条件和校长的岗位要求。在任职基本条件中,明确规定了校长的最低资格:"乡(镇)完全小学以上的小学校校长应不低于中师毕业的文化程度;初级中学校长应不低于大专毕业的文化程度,完全中学、高级中学校长应有不低于大学本科毕业的文化程度;中小学校长应有中学一级、小学高级以上的教师职务;都应有从事相当年限教育教学工作的经历;都应接受岗位培训,并获得"岗位合格证书"。

1997年,原国家教委发布《普通中小学校督导评估工作指导纲要(修订稿)》,对中小学校及其校长评估的目的、内容、方法等作了规定。1999年,教育部在《中小学校长培训规定》第5条中,对校长资格制度作了如下规定:"新任校长或拟任校长必须取得"任职资格合格证书",持证上岗,在职校长必须取得"提高培训合格证书"作为继续任职的必备条件。"1999年《中共中央、国务院关于深化教育改革全面推进素质教育的决定》明确指出:"试行校长职级制"。同时,国务院于2001年5月又颁布了《国务院关于基础教育改革与发展的决定》,其中明确规定:"推行中小学校长聘任制,逐步建立校长公开招聘竞争上岗机制以及推进校长职级制。""中小学校长由县级教育行政部门选拔任用并归口管理,推行中小学校长聘任制,明确校长的任职资格,逐步建立校长公开招聘、竞争上岗的机制。校长实行任期制,可以连聘连任。"

2006年,温家宝总理在《政府工作报告》中重申:"要培养一支德才兼备的教师队伍,造就一批杰出的教育家",这既是对教育工作的新要求,也是教育工作者专业发展的新目标。教育家校长必然是最善于把理论作校本化处理的人——他们用先进的教育理念来驾驭教育教学实践,把管理学前沿理论有机地融合在学校管理之中。在校长的职业生涯中,没有职业准备不可能成为校长,没有专业水准不可能成为合格校长,没有事业追求不可能成为教育家。

这中间的20多年,在我国百万校长职业群体中进行过如此一系列的变革,这在国外都是少有的,可以说,我国的校长专业化进程在世界上是领先的。

（二）我国校长专业化发展进程的现状剖析

从我国校长的职业现状看，与国际公认的专业化标准还有一定的差距，应该说还处于半（准）专业性职业阶段。如何促使校长在专业精神、专业知识、专业能力、专业伦理及自我专业意识等方面朝着专业化方向发展，是当前校长队伍发展中值得研究的问题。

1. 校长专业化制度保障的现状剖析

我国的校长管理制度发展到现在，暴露的问题日益增多，原有的校长管理制度已经越来越不适应新时期校长队伍专业化管理的特点和实际。

从已颁布并实施的有关中小学校长的资格、聘任、培训、评价、管理等制度来看，中小学校长资格制度存在着校长资格获得与职务任命程序不合理、任职条件不适应岗位要求等问题。例如，《全国中小学校长任职条件和岗位要求（试行）》已经发布 18 年了，却一直没有修订。该文件规定的中小学校长任职条件和岗位要求明显偏低，已经不适应教育发展和校长专业化对中小学校长的要求了，该规定亟待修订与完善；在聘任制度上，由于长期实行任命制，因此形成校长先上岗后培训，再取得培训合格证书的模式；再由于在校长任命的标准的掌握上缺乏统一的具体要求，从而导致上岗校长的水平参差不齐；培训制度上存在培训管理体制不完善、培训基地设施较差、优质培训资源严重短缺、培训师资水平较低、培训教材建设滞后以及培训模式方法僵化等问题；评价制度上还没有形成系统的评价方案，以考核为主要手段进行评价的目的主要是决定校长的升留降免或褒奖惩戒，忽视了评价对校长工作的改进和提高的作用；管理制度上还在实行校长职位与行政级别挂钩的校长管理制度。这在一定程度上强化了校长的"官本位"思想，淡化了校长作为学校管理者的角色意识，忽视了校长的专业化发展，决定了校长只能单向流动，即校长只能升职而不能降职，这不利于薄弱学校的领导班子建设。

针对校长专业化制度保障中存在的问题，学者们从不同的角度进行了积极的探索，提出了许多改进的建议，比如，建立适合于中小学校长专业化发展的职业准入制度，规范校长资格证书的认证程序，严格控制校长资格证书发放的标准；扩大校长聘任制度实施的范围，建立多渠道的校长聘任机制；建立校长入职培训和在职培训一体化的培训体系，改革培训的形式、内容、方法和手段；建立完善的校长评价体系，推行职级制度建设等。褚宏启教授曾高屋建瓴地提出："当前我国校长管理制度建设的重点，应该是资格制度、激励制度（包括职务晋升制度和薪酬制度）和评价制度。"这一论断，与我国校长管理制度研究的现实不谋而合。

再者，由于我国实施的校长管理制度渐渐不适应现代教育发展的需要，从而诞生了"校长职级制"等一些新的政策。校长职级制是指将校长的职位按照不同的任职资格、条件、岗位职责要求，分为若干个等级，形成职务等级系列，为校长的任用、考核、奖惩、晋升、工资待遇提供依据和管理标准。同时，国务院于 2001 年 5 月颁布的《国务院关于基础教育改革与发展的决定》第 31 条明确规定："推行中小学校长聘任制，逐步建立校长公开招聘竞争上岗机制以及推进校长职级制。"这些新的政策对于我国校长专业化的制度建设起到了很好的推动作用。

2. 校长专业化培训的现状剖析

在校长专业化思想的影响下，校长专业化的培训已成为促进我国校长专业化的重要途径。目前，对校长专业化培训的研究，主要集中在培训理念、培训内容、培训模式和培训师资等几个方面。

关于校长培训的理念。为了与校长专业化的思想保持一致，专业化的校长培训不再以人数的多少作为衡量培训效益的标准,也不再单纯地为了解决持证上岗的需要而进行培训。专业化的校长培训,已逐渐把重心转移到从根本上提高校长的专业素质上来,树立了以完善校长的专业结构为核心的培训理念。通过增强校长的专业化意识,构建校长的专业知识结构,来提高校长的专业品质与能力。再就是逐步将培训与校长资格的获得、任职、评价、晋升和薪酬联系起来。

关于校长培训的内容。目前的校长培训内容在教育管理知识的积累和创新的支持下日渐丰富。校长专业化所需要的知识,既包括了以文字图像符号等表现形式传递的容易获得、理解、交流的显性知识,又包括了不能用符号编码、高度个人化的、难以言传并隐含在个人的经验体系之中的隐性知识。

关于校长培训的模式。以往我国的校长培训体系是以政府为主导的传统行政模式,其特征是培训投入、培训计划、课程体系、培训的组织管理和培训方式基本上是按照行政指令下达的。这种模式具有良好的组织性和计划性,但也存在着一些问题,突出体现在统一的培训满足不了校长多样化的要求,培训的实效性不高,不能因材施教,教学的内容也缺乏针对性,模式和方法陈旧,缺乏有效性。在新的历史条件下,长期以来以课堂教学和传授显性知识为主的培训模式,已经逐渐向参与式、协作式、自主性、反思型的培训模式转变,注重培训方式的科学性与操作性,做到讲授与自学、研讨与交流、理论与实践、统一性与个性化相结合。

关于校长培训的师资。2002 年,教育部有关负责人在全国中小学校长培训工作研讨会上明确指出:要重点抓好对培训者的培训,要把培训者的培训摆在中小学校长培训的先导地位;率先更新培训者的观念,帮助其扩展知识,掌握现代信息技术,掌握新形势下中小学校长培训的特点和规律,进而提高培训效率;通过培训者培训,建立起培训者相互学习和协作的网络,探索开展培训者培训的有效机制,鼓励培训机构的教师在职攻读硕士、博士学位,通过基层挂职锻炼参与学校管理,有效地开展校长培训工作。这些举措对于我国校长培训的质量提升起到了较好的推动作用。

3. 校长专业化发展的研究现状剖析

目前关于校长专业化的研究主要集中在两大领域:校长专业化的制度保障和校长的专业化培训。

由教育部小学校长培训中心、北京师范大学教育管理学院主持的教育部人事司"九五"课题"校长专业发展与校长培训研究",对校长队伍的发展提出了专业化发展的新理想,而要走专业化发展之路就必须研究专业化的校长培训模式,这是由我国校长队伍的现状决定的。

主持这项研究的北京师范大学褚宏启教授认为,要保证校长的专业化发展,相应的制度保障和专业化的校长培训体系是必不可少的两个前提条件。在制度保障方面,他认为应该依据人力资源管理的理论健全校长的管理制度,这些制度包括校长职责制度、资格制度、聘任制度、培训制度、考核与监督制度、职务晋升制度、薪酬制度以及相关的保障制度。这些制度可以促使校长形成自己的专业角色意识,激发校长的职业热情与责任感,激励他们不断提高自己的专业水平。校长的这些管理制度之间是一个有机的联系体,任何一种管理制度的缺失或不健全都会影响到校长的管理水平,延缓或阻碍校长专业化的进程。培训在校长的专业持续发展中的地位是非常重要的,因为我国的校长队伍大都是从教师队伍中分离出来的,校长的专业化道路更多地依赖自己的经验和反思,但经验和反思往往又是琐碎和浅显的,因此,科学化、系统化的培训就成了校长专业化的捷径。

改革开放以来,我国也建立了一些校长管理制度,如校长职责制度、校长任职资格制度、校长培训制度,其中最大的亮点是校长培训制度。对校长的任免、考核、奖惩、待遇等方面也作出了规定。但是从总体上看,校长的管理制度仍处于不完善的状态,需要进一步改进和完善。

在研究中,令广大学者感到困惑的是,许多校长对自己的角色认识不到位,从而导致了校长队伍建设目标的不明确。据调查,目前普遍认同的是学校的行政管理角色,而对领导角色——确立正确的办学思想并有效付诸实施认识不深刻,缺乏现代教育理念和自主办学精神。上级教育主管部门对中小学校长的要求,更多强调的是个人思想品德和管理能力,对正确教育思想和先进办学理念及观念转化为实践能力的要求则显得比较空泛,这些问题已经引起各级教育行政部门及中小学校长的关注,相信将会尽快得到解决。

4. 校长专业化发展的过程剖析

在微观层面上,校长的专业化需要一个较长的发展过程。从对校长成长过程的研究中,我们可以看出:一名专业化的校长,首先应当是一名优秀的教师。但是,一名优秀的教师不一定能成为一名专业化的校长。从一名优秀的教师到一名专业化的校长,需要实现素质结构的转变。教师的主要任务是教书育人,促使每个学生全面发展;校长的主要任务是以先进的教育理念引领学校发展,盘活学校的教育资源,协调好各种关系,管理好学校。由于教师和校长承担的任务不同,因而对他们的素质及其结构的要求也有区别。

从理论的角度分析,当前的教育工作要求教师必须学习教育的基本理论、掌握教育教学规律。对校长的要求,则必须在掌握教育教学一般规律的同时,进一步学习管理理论,掌握教育管理的规律;从能力的角度分析,要求教师必须具备教材的分析能力、教学的表达能力、对学生的观察能力、班级的管理能力。对校长而言,除以上能力外,还必须具备决策能力、组织能力、协调能力、概括能力、公关能力乃至经营管理能力;从思维方式的角度分析,对教师的要求往往侧重具体、形象思维,对校长的要求则多侧重宏观、理论思维;从科研的角度分析,要求教师侧重教育教学研究,要求校长则侧重行政管理和办学规律的研究。

由以上分析,我们可以得出结论,即校长素质结构和教师素质结构是有根本的区别的。从优秀教师到合格校长,必须实现素质及其结构的转变,这个转变的过程,也是校长专业化成长的过程。总之,校长专业化过程是校长专业精神思想、教育思想、办学理念、理论水平、创造精神等方面素质发展变化的过程。一名校长从上岗到成熟,需要一个较为漫长的过程,校长的专业化发展要符合校长的成长规律,才能促进校长更快、更健康地发展。

三、校长职业化与校长专业化之理论争鸣

在教育面向现代化、面向世界、面向未来的大趋势下,"校长要走向职业化"和"校长要走向专业化"这两大思潮曾引发一场空前而激烈的争论,将校长专业化发展的研究推向了一个前所未有的高度,并衍生出一些不尽相同的看法。由校长职业化引发的校长专业化,在理论和实践层面都经历并仍在经历着分歧、碰撞、融合及发展的过程。

(一)校长职业化与校长专业化的提出

2001年,以清华大学校长职业化研修中心主任王继华教授为代表的学者,开始了对校长职业化理论与实践的探讨。他们认为:"职业化校长是指专门从事学校经营和教育

服务的专业校长,它不是一种职务,而是指一个具备某种能力和精神特质的社会群体。校长职业化就是要把校长从官本位的传统束缚中解放出来,由任命制的事业管理者,转变为聘任制的产业经营者;由执行计划的职务校长,转变为关注市场的职业校长。"要"淡化校长的职务观念,强化校长的职业观念;淡化校长的权力观念,强化校长的能力观念;淡化校长的教育事业观,强化校长的教育产业观。"

2002年,北京师范大学教育管理学院暨全国小学校长培训中心完成了教育部的课题——"校长专业化与校长培训"的研究任务。以褚宏启教授为代表的研究人员,陆续发表了以校长专业化为主题的研究论文。他们认为:"专业化是指一个普通的职业群体逐渐符合专业标准,成为专门职业并获得相应的专业地位的动态过程。从校长的职业现状看,校长职业还没有达到专业性职业的水准,尚处于半专业性的职业阶段。校长专业化分为两个层面,从职业群体的层面看,校长专业化是指校长职业由半专业阶段向专业阶段不断发展的过程,亦即整个职业群体逐渐达到专业标准的过程。从校长个体的层面看,校长专业化也即'校长专业发展',是指校长的内在专业结构不断更新、演进和丰富的过程。""校长专业化的核心是校长职业(群体)和校长个人不断发展、达到专业标准的过程,而促成这一过程的两个保障因素是:校长管理制度和校长专业知识。"

(二)校长职业化与专业化的理论之争

在两种理论的碰撞中,全国百万校长应该有怎样的职业生涯和职业发展途径,成为我国教育管理理论和实践研究领域中的焦点问题。校长职业化和校长专业化的理论的提出,无疑对厘清我国校长发展的理论,并指导我国校长队伍的建设,具有重要的理论指导意义和积极的实践指导意义。

1. 职业与专业

从社会学的角度分析,职业是个体在社会中用以谋生的工作。职业具备以下特征:(1)目的性。即从业者以获取报酬为目的;(2)社会性。即从业者在特定生活环境中所从事的一种与其他社会成员相互关联、相互服务的社会活动;(3)稳定性。即工作内容独立而稳定,并具有较长的生命周期;(4)规范性。即职业活动必须符合国家法律和社会道德规范;(5)群体性。即有普遍的社会需求和较大的从业群体。那么校长是不是一种专门的职业?从现实来看,校长毫无疑问是一种职业。在《中华人民共和国职业分类大典》中,中小学校长被列为一个独立的职业,具体描述为:中小学校长是在中学、小学担任领导职务并具有决策、管理权的人员。

专业是职业分化和发展的结果,是指需要专门知识和技能的职业。从社会分工、职业分类的角度来看,专业是指一群人经过专门教育和训练,具有较高深的和独特的专门知识和技术,按照一定标准进行职业活动,从而解决人生和社会问题,促进社会进步并获得相应报酬待遇和社会地位的专门职业。可见,专业高于职业,职业不等于专业。某种职业要称得上专业,必须达到和符合专业的标准。凡是称得上一门"专业"的职业,必须具备以下条件:

(1)专业精神,即为公众提供服务,可以成为终生投入的事业,这实际上指的是一种专业精神。举凡专业,在取得该职业应有的基本报酬的同时,必须具有为公众服务的精神,才能为公众接受,并得到尊重,是一种终其一生之事业。校长所从事的正是这种公益性的崇高的事业。

(2)专业知识与技能,即具有专门的知识和技能,非一般人可以轻易获得。"管理不仅是一种常识,也不仅是积累起来的经验,它至少蕴藏了一套系统的知识"。

（3）专业发展，即能够投入大量的精力进行研究，并将理论应用到实践中或应用到解决人类的一般问题。教育是人类永恒的事业，校长应集中主要的精力和时间，将所学理论应用到学校管理实践中，解决学校发展中的各种问题。

（4）专业培养与训练，即有足够的专业训练时间，力争达到专业标准和任职要求。这是因为校长必须经过职前和职后长时间的专业训练，才能达到任职的资格和职后的专业要求。

（5）专业自主，即在做出职业决定时享有自治的权利。校长是学校管理的决策者和管理者，随着办学自主权的下放，校长聘任制的实施，校长在办学实践中，对本校人、财、物的管理将享有充分的自主权。

（6）专业道德，即为公众提供服务时，对自己的行为和做的决定承担责任，有一套科学规范的职业行为准则。

对照以上标准可以看出，校长职业是符合上述专业特征和标准的：现代管理学的知识体系日益丰富和完善；在众多高校及中小学校长培训机构均开设了教育管理学的内容；有关学校管理的方法已经形成某些特定的方式和技术；学校管理在整个社会阶层已经构成一种特定的职业；对从事校长工作的人有专门的职业道德要求；在从事学校管理工作前以及在从事该工作的过程中需要经过较多的训练；校长对学校的管理工作有较大的自主权等。由此可见，校长的工作无疑是一种专业，这就要求从事该项工作的人必须具备专业的素质，努力向着专业化方向发展。

2. 职业化与专业化的联系和区别

职业与专业的联系和区别，决定了职业化与专业化的联系和区别。近年来，专家学者对校长专业化和校长职业化关系的研究，归纳起来有四种观点：

第一种观点是职业化高于专业化，应该用职业化取代专业化。这种观点的主要提出者是清华大学校长职业化研修中心主任王继华教授，这种观点将两者对立起来，认为校长职业化是要培养长于经营、投资和策划的职业校长，强调教育走向市场化、全球化、竞争、人力资源开发、教育产业化等；在校长的职责上，强调根据所订契约之要求管理学校，并按照契约获取相应的报酬。校长不仅要管理学校，还要经营学校——要计算学校的投入产出，要核算成本，不仅要善于运作学校的有形资产和物力资本，更要善于运作学校的无形资产和人力资本，善于组合社会教育资源等。而校长专业化仅仅强调在传统框架内校长知识结构的改善和业务能力的提升而已。

第二种观点是将职业化与专业化划等号，认为校长职业化就是校长专业化，校长职业化或者校长专业化只是英文词 professionalism 或者 professionalization 的两种不同译法，是完全同义的两个专业术语。

第三种观点是在区分校长职业化与校长专业化的前提下，认为两者是校长职业品质提升全过程中的两个不同阶段，它们既彼此分离又相互关联。校长职业化是校长专业化的基础和前奏，而校长专业化则是指校长职业的专业品质和专业化程度不断提高的过程，是校长职业化发展的高级阶段。校长职业化强调校长是一个独立的社会职业，而校长专业化则重视提高校长的专业水平和专业自主权，校长职业化最终将统一到校长专业化中去。

第四种观点认为校长职业化就是校长职业的专业化，是指校长这个职业群体逐渐符合专业标准，成为专门职业并获得相应专业地位的动态过程。这种观点强调，专业虽然是从职业分化和发展而来，但它高于职业，是指一群人经过专门教育或训练，具有较高深的和独特的专门知识和技术,按照一定标准进行职业活动,促进社会进步并获得相应报酬待遇和社会地位的专门职业。

尽管校长职业化和校长专业化的理论各执其辞,主张各有偏重,但在它们历经四年多的争论与发展中,我们也不难看出这两种理论的伯仲之处:

校长职业化的本质是市场经济条件下校长经理化和企业家化。它强调校长要对学校的经营和经济效益负责。校长职业化内涵所表现出的积极意义就在于它为中小学校长的选聘开辟了一条有别于传统选聘方式的、在倡导者看来也是主要的甚至是唯一的渠道,它为有志于校长职业者提供了一个价值实现和自我发展的可能性空间,在一定程度上克服了完全由政府行政任命校长的弊端。虽然校长职业化的观念有助于增强校长的职业意识,但这种观念上的创新将太多的对经济组织的要求转移到了基础教育领域,过多地强调了校长的市场竞争意识和学校的经济职能。校长职业化的理论,难以回答经理型或企业家型的校长如何保证"基础教育的本色及学校持续、稳定、健康发展"这样的根本问题。校长职业化在将校长的配置完全交由市场后,自然也就把教育天经地义地当成了产业。然而,无论教育的产权结构发生怎样的变化,教育市场化的行为有多大程度的增加,教育具有公益性的本质却不会改变,教育永远不会像校长职业化的倡导者所断言的那样完全市场化。虽然我国的民办教育和教育市场化有很大的发展,但教育并没有完全的市场化,教育仍然是公益事业,基础教育(特别是义务教育)的主导属性——公共物品属性表明它具有鲜明的伦理规定性,即强调公平与公正。而这种公平既是基础教育功能的体现,也是实现其功能的保证,因此办好基础教育(特别是义务教育)首先是政府的职责,在基础教育中,是政府而不是市场起着保证公平价值实现的作用。市场机制不是中小学运作中教育资源配置的主要模式,主要模式仍然是政府投入。因此,这是校长职业属性定位的基本价值导向。另外,从现有的校长制度来看,无论是校长的资格制度、聘任制度,还是校长的培训制度、评价制度,都是从规范校长任职条件、严格校长任职标准、确保并提高校长素质和校长工作质量的角度,或者是从校长专业化的角度来进行相应的制度化建设的,其中几乎没有涉及校长职业化的制度保障问题。由此可见,学校教育的特性从根本上决定了不适宜采用校长职业化的做法。

校长专业化,以校长职业的社会属性为逻辑起点,明确了校长职业的专业性定位,提出了校长专业化应该达到的标准,并初步探讨了促进校长专业化的制度建设和知识基础的构建等问题。它从理念、政策和学术上为校长发展提供了全新的理论基础和实践路径。可以说,校长专业化理论为我国校长队伍的建设与发展提供了新的理论指导。但是,校长专业化理论过多地强调了统一标准,弱化了校长的个人发展特色等,没有为校长专业化发展预留出足够的创新空间。

(三)校长职业化与专业化的理论融合

校长职业化、校长专业化理论的碰撞与相互影响,使我国校长发展的理论取得了较大的进展。这两种理论逐步走向融合:校长专业化与校长职业化,既不对立,也不等同。校长专业化是校长职业化的高级阶段,这一观点得到了普遍的认同。

根据各行业专业性的不同,社会职业被划分为三类:专业性职业,如医生、律师、会计师等;半(准)专业性职业,如护士、图书管理员等;非专业性职业,如售货员、操作机器的工人等。从校长的职业现状看,校长职业还没有达到专业性职业的水准,尚处于准专业阶段。根据职业专业性的三种划分,"职业化"也相应地被分为三个层次:(1)初级职业化:非职业到非专业性职业(即一般意义上的"职业化");(2)中级职业化:非专业性职业到半专业性职业(即"半专业化");(3)高级职业化:半专业性职业到专业性职业(即"专业化")。因此,职业化包含专业化,专业化是职业化的最高阶段。

首先,基于我国校长队伍建设的事实——无论从职业群体发展层面,还是从校长个体素质层面上讲都还处于半专业性阶段。应该明确的是,符合我国现状的校长专业化概念,是指校长从半专业性向专业性职业的发展过程。

其次,随着国家强调基础教育领域均衡化发展和扩大教育公平,中小学校的市场竞争行为将逐渐被政府公共管理行为所取代。校长无论是群体发展还是个体发展,都将以促进学生的发展和为学生提供更好的社会服务为最终目标。从世界范围来看,公益性以及准公共产品,始终是教育的主要属性。这就决定了校长的主要职能应该是提高学校的教育教学水平,而不是面向市场开展经营活动。

再次,校长专业化本身意味着校长职业的发展。专业化和专业发展是两个不可分割的概念。在教育领域不断推进专业发展的背景下,校长专业化也就意味着校长专业结构的不断完善。这种专业发展理所当然地包括了获得适应社会变革和教育创新的新知识与新素质,当然也包括经营管理能力。因此,无论从当前我国校长职业的成熟度来说,还是从基础教育的公共属性等理论的前瞻性来说,校长专业化理论都是推动校长专业发展的更佳理论。

四、校长走向专业化的现实意义与未来展望

校长专业化发展是时代赋予校长的历史使命。无论广大中小学校长是否有准备,都将任其召唤,别无选择。校长只有深刻认识校长专业化发展的本质内涵和现实意义,才会目标明确、义无反顾地顺应时代要求而勇敢前行。

(一)校长走向专业化的现实意义

众多学者认为:校长走向专业化,一是教育发展的需要,二是教师专业化发展的需要,三是优质学校建设的需要,四是校长通过自身发展走向教育家的需要。

1. 校长专业化是教育发展的要求

在全面实施素质教育的今天,新课程改革牵动着教育观念、教育制度、教育体系、课程结构、教育方法、队伍建设,乃至教育的社会环境等一系列问题的更新和变革。如何才能真正实现学生的综合素质、创新精神和实践能力的培养目标,这对中小学校长提出了新的更高的要求。

2000年,古斯凯指出:"在教育史上,教育工作者的专业发展从来没有像现在这样被关注。每一份教育改革方案和每一份学校改进计划都强调高水平的专业发展的必要性"、"各种教育改革要求教师和教育管理人员转换角色并承担新的责任"。校长职业只有走入专业化进程,才能提升校长群体的职业素养,才能提高教育管理水平和学校办学质量,才能满足社会变革和教育发展的需要。

首先,实施素质教育需要有政府行为的大力支持,需要社会环境的改变和支持,更需要学校积极开展工作。教育的对象是人,人的本质是生命,教育是人的生命质量不断提升的过程,人受教育的好坏直接影响人的生命质量。教育主要依靠学校,学校发展主要依靠校长引领。从这个意义上说,实施素质教育,最终都要通过中小学校长、学校领导班子和教师落实到学生身上。为此,校长必须先行一步,抢占课改制高点,成为课改的先行军、主力军,指导学校改革要有"新理念、新思考、新实践、新突破",必须深入教育教学第一线,靠前指挥,不断提高学校的教育教学质量,从而推动基础教育课程改革的健康

发展。

其次,校长的专业化发展能够破解教育发展中出现的很多难题,能够逐渐改变校长管理制度的不完善、不配套、不均衡和相关制度的缺失的问题,从而促进校长管理制度的完善与健全。校长是学校最重要的人力资源,各级管理部门将根据人力资源管理流程的要求建立和完善校长管理制度,诸如校长职责制度、薪酬与工作保障制度、资格制度、考核与监督制度、职级制度、培训制度、聘任制度、奖惩制度、选拔制度、任期制度、退出制度等会因为校长专业化的发展而得到完善。

最后,校长专业化是促进教育公平的必要保障。学校外部的教育公平,更多的是靠政府和社会来履行职责。学校内部的教育公平,需要有专业化水准和能力的校长来做科学的决策和管理,譬如说,处理班级之间、年级之间、学科之间的不平衡,以及促进不同智力和发展水平的学生的成长,这需要校长具备管理学、教育学、心理学等多方面的知识和能力。

2. 校长专业化是教师专业化发展的需要

教师的专业化发展需要专业化校长的正确引领,校长专业化是教师专业化的前提和保障。教师是学校教育改革的中坚力量,教师管理是校长管理的重要内容,其核心就是为教师专业化成长服务。如果没有专业化的校长,教师群体的专业化必然难以实现。

3. 校长专业化是我国新形势下优质学校建设的需要

从国际背景来看,知识经济的高科技角逐和世界经济一体化的短兵相接态势,都把教育竞争推向了前沿。在此大背景下,社会对于优质学校建设的诉求日趋强烈,教育作为持续构建和发展的系统工程,除了政策保障和方向引领之外,更需以物力资源与人力资源作为支撑,而其中人力资源的能量发挥尤显重要。

校长作为学校发展的领头人,能否带领广大教师提升办学效能,这与校长专业化水平息息相关。现代校长只有实现了专业化发展,即具备了策划、决策、经营、管理等方面的能力,提高了科学研究与文化建设能力、战略策划与战略管理能力、资源整合与开发能力、思维创新与多元发展的能力等,才能确保学校优质高效的可持续发展。因此,校长为了适应新形势下的学校发展需要,必须走一条专业化发展的道路,校长专业化也就成为优质学校建设的必然要求。

4. 校长专业化是其通过自身发展走向教育家的需要

当前,中小学校长队伍的知识结构不容乐观。他们大都是从一线教师逐步成长起来的,虽然有着丰富的教学经验,但是缺乏系统的、科学的教育理论和管理知识。

校长专业化的目标包括:(1)实现以学习为中心的教育;(2)建立学校与社会联合体;(3)对学校进行质量管理和评估;(4)建立协同改革的文化氛围;(5)创建学习型学校组织;(6)促进学业成就多元评价观念和体系的形成。其实质是实现教育家来办学的发展目标。

"教育家办学",是温家宝总理自 2003 年以来提出的重大教育命题,其核心就是建设教育强国必须按照教育规律办事,尊重教育领导的专业特性,这为校长专业化发展指明了前进方向,对于提高办学水平,办真正的教育,培养全面发展的高素质人才具有重要意义。提倡教育家办学是尊重教育规律和回归教育本质的重要体现,是提高教育质量的根本保证。教育家办学必须集教育思想和教育实践于一身。让教育家担任校长,让校长成为教育家,这既是政府的"提倡",也是社会的期盼、时代的呼唤。这一命题启示我们要尊循教育规律,明确校长的崇高使命和历史责任,注重内涵发展,加强能力建设,自觉向着教育家的目标迈进。

校长通过自身发展走向教育家,既要有目的、有计划地丰富教育管理所需的教育理论知识、教育法规知识和管理理论知识,提高自己的教育理论和政策水平,又要在学校管理实践中不断提高各种能力,形成独具特色的办学理念和治校理念。因此,专业化是校长发展的必然方向。

(二)校长专业化的未来展望

21世纪是快速而持续变革的时代,教育的变革不再是转型时期的特定运动,而是渗透到我们教育生活中的一种常态了。校长要从根本上适应这样的社会变革和教育创新的需要,必须与时俱进,通过多种途径、多种方式,走终身学习之路,走快速学习之路,促进自身的专业化发展。因此,展望未来的校长专业化发展趋势,对于广大中小学校长的专业化发展无疑提供了明确的指向。

1. 对校长专业化的制度保障将趋向于人力资源管理的角度

目前,从实践层面看,校长管理的相关制度和政策不配套且落实不到位。综观校长专业化研究的相关文献,研究者在校长专业化发展的具体途径和推进策略方面没有提出一套科学系统的措施和制度。这将成为最新的研究重点,而且根据诸多专家学者的初步研究,校长作为重要的人力资源,校长管理制度的建设必须从人力资源管理的角度来实现。要根据人力资源管理流程的要求,建立一个完整、良好、均衡的校长管理制度框架,这些制度包括校长职责制度、资格制度、聘任制度、培训制度、考核与监督制度、职务晋升制度、薪酬制度以及相关的保障制度,这些制度可以促使校长形成自己的专业角色意识,激发校长的职业热情与责任感,激励他们不断提高自己的专业水平。

2. 科学系统的专业化培训将成为校长专业化的捷径

由于我国的校长队伍是从教师队伍中分离出来的,校长的专业化道路不像教师和医生那样起始于系统的学历教育,更多地是依赖于自己的经验和反思,但经验和反思往往又是琐碎和浅显的。基于此,科学系统的培训就成了校长专业化的捷径。按照校长成长规律,一个校长的成长大体要经过职前预备期、岗位适应期、称职期、成熟期四个互相联系、前后衔接的时期。因此,只有对校长分期分类不断地进行培训或继续教育,才能促使校长逐步向专业化校长过渡。

校长培训是校长专业化思想形成的一个过程,是校长专业化发展的重要途径和有效方式。培训可以给校长的专业化成长带来成才意识、发展思路、经验之谈、成功范例和对策方法。在当前的校长培训方式中,对于校长反思能力的培养将成为重点。这是校长对自己的知识体系、管理行为和个人行为进行多角度再认识、否定和不断完善的过程;参加校长专业化的研究团体,加强学术交流,亦成为当前校长培训的一大亮点,这是校长谋求自身专业化发展的重要形式。在我国由于多种原因,参加团体活动的校长仅限于少数校长,而大多数校长尤其是农村中小学校长,他们几乎没有这种学习与交流的机会。令人可喜的是,互联网上的各大教育论坛与QQ群弥补了地域差距和城乡差距的鸿沟,很多校长已经找到了自己的专业化研究组织,并从中汲取了专业化成长的智慧。

3. 校长专业化与优质学校建设这两大命题将会被综合考虑,掀起专题研究热潮

随着科技的进步和人民物质生活水平的提高,人民群众对接受高层次、多样化和个别化的优质教育的要求越来越强烈,教育已成为人类社会最大的服务性产业。这对校长提出了更高的要求,也是对校长专业化水平的严峻考验。校长将以学生、家长、社会、政府、高一级学校、劳动市场等的需要为关注焦点,致力于满足其当前及长远的需求。为此,校长要积极采用专业化的措施实现校长为教师服务、教师为学生服务、后勤为教学服务、教为学服务,进而实现为学生的全面发展提供优质服务,把为社会、教师、学生提供最佳的服务作为学校管理工作追求的新境界。

这样一来,校长专业化与优质学校建设这两大命题将被综合考虑,统筹规划于校长的专业化成长过程之中。中小学校必须依靠专业化的校长实现优质学校建设,必须以优质学校建设来促进校长的专业化发展。这就要求中小学校长要努力锻造自己科学决策的能力、统筹教育资源的能力、领导教学工作的能力、协调公共关系的能力、创建校园文化的能力、获取并利用信息的能力、教育科研的能力、依法治校的能力等,真正担当起时代赋予的重任,勇立优质学校建设的潮头,开创非凡的业绩。

第二节　优质学校的理解与建设历程

随着我国教育优先发展战略地位的确立和新义务教育法的颁布实施,基础教育的发展已由"量的扩张"向"质的提高"转型,人们不仅期望接受更多的教育资源,而且希望能够接受优质的学校教育。正如温家宝总理在全国人大十届五次会议上所作的政府工作报告中所提出的,"要让一亿多中小学生得以共同享受优质教育资源"。因此,总结成功的优质教育经验,办好优质学校,办更多的优质学校,为每一位学生提供优质教育资源,是摆在当代中小学校长面前的重要课题和需要肩负的重要历史使命。

一、优质学校及其建设的概念解读

学校是教育变革的基本单元,"创办优质学校"已经成为当代社会对学校发展的需求。全面理解优质学校的概念与内涵是建设优质学校的重要前提,能够为优质学校的实践研究奠定方向性的基础,为学校自身的有效改革提供有益的参考。同时,也能够促进社会正确认识学校和学校教育,共同致力于学校教育的变革和发展,共同探讨优质学校建设和发展的途径,从而改善学校文化,提升学校管理水平与教师质量,办出人民满意的优质教育。

(一)优质学校的概念

优质学校就是能够不断获得和合理运用自身能力,积极改善学校文化,提升学校管理效能和教师能量,最终促进学生全面而健康发展的学校。简单地说,优质学校就是一所学生素质高、教师水平高、办学品位高的学校。它重视学生综合素质的提高,让每一个学生的潜能都得到全面、和谐、自由、充分与健康的发展,使他们有更好的学业成绩、更健全的心理品质、更和谐的人际关系、更强健的体魄、更高尚的道德情操、更开放的思想观念,更高的创新精神与实践能力。

有学者认为,优质学校不仅表现为一种结果,更重要的是表现为一种能力、机制和精神,优质学校的概念不只在于结果方面的"质的规定性",更在于过程方面的"质的成长与提升"。也有学者认为,优质学校建设是一个优质化的过程,是通过改革过程中的"增量"与"进步"实现对学校自身的不断超越,并非一个静态理想目标的追求。

优质学校并非千篇一律,一个模式,而是不拘一格的、个性化的充分体现。但从实质来讲,优质学校的根本在于课程,在课堂,在学生的参与。(这里的课堂是广义的,不仅包括教室内的课堂,学校、社区的大课堂也是学生的课堂。)在优质化的过程中,让学生真正获得全面而和谐的发展。

优质学校作为一种文化,是基于独特的假设和价值追求,由此生成了有自己特色的办学模式和发展状态。优质学校能够充分认识自己的潜在优势和前进方向,能将学校的潜力不断转化为显性进步和强大内驱力。只要充分认识学校的发展定位,明确并坚持改革的方向,采取有效的学校变革策略,每一所学校就都有可能成为优质学校。

优质学校是一种过程、一种能力、一种文化,而不只是一种静态的结果,它有着不同的评价指标和建设维度。概括来说,优质学校的概念包含相互递进的三个层次,即结果层次、能力层次和文化层次。结果层次的优质学校是一个静态的概念,它指向的是学校教育的"产出"。实际上,从教育输入、教育过程与教育产出的全过程来看,同样的教育产出可以有不同的教育输入和教育过程;从结果层次看,真正的优质学校是能够为学生提供优质的教育服务,能够让每一位学生的潜能得到全面、和谐、自由、充分与可持续发展的学校;能力层次的优质学校是一个动态的概念,它指向的是学校教育的"过程"。优质学校能力建设就是学校积极获得并有效运用能力的过程。对一所学校而言,全面的能力建设主要包括三大方面:一是学校的管理能力,表现为学校有共同的发展愿景,有积极从外部学习和从内部反省的态度与习惯,有民主高效的组织和决策机制,有不断提升教师能量的发展机制,有"以人为本"的合理有效利用各种教育资源的制度等;二是教师的教学能力,表现为教师群体的团队合作,以项目研究为手段的教学改进机制,教师课程资源开发,合理处理并有效运用师生关系改进教学,教学设计与组织,以及运用现代教学技术手段提高教学质量的能力等;三是学生的学习能力,表现为学生能自主进行探究性学习、团队合作学习,有科学、有效的学习策略,能积极参与并有效组织学校的各种社团活动或社会实践活动等。以上能力建设不仅会使学校不断走向优质,而且会使学校在未来激烈的生源和资源竞争中变得更有竞争力。文化层次的优质学校是一个内隐的概念,它指向的是学校工作的一切方面和学校改进与发展的整个过程,它渗透在学校的日常生活之中。学校文化建设是优质学校建设的重点和难点,一个优质的学校文化塑造一个优质的学校。

不同的学校、不同的人对优质学校的概念有着不同的理解,我们认为,优质学校之优具体表现在以下六个方面:

一是优在学校管理和教育教学的高效

优质学校重视自身特色发展,能在追求学校管理和教育教学的高效的过程中提供优质的教育资源,能将立足超越、追求卓越的愿景渗透于学校教育的办学理念、培养目标、课程体系、教学风格、教学管理、师资建设等各个方面,使学校办学符合教育方针、遵循教育规律、切合教育实际,使学校品质得以提升,内涵发展得以凸显,教育教学质量和学校管理水平得以优化。优质学校能用可持续发展的观念来谋划教育、规划未来,用发展的观念、创新的举措来解决教育发展中的困难和问题,依托管理创新,办出学校特色,注重创造并优化学校发展的外部环境,挖掘学校发展的内部潜力,营造有利于教育整体发展和人的全面发展的良好氛围。

二是优在能促进学生全面和谐地发展

优质学校能够强烈地关注学生的学习质量,明确提出对学生学习的期望,清楚地界定课程水平和学校水平的目标,持续监控学生掌握基础知识和基本技能的进展。优质学校的教育是一种能够让学生获得最好的、全面发展的理想教育状态,它以促进人的发展为本,把教育目光聚焦到每一位学生,聚焦到每一位学生的每一个方面,关注学生差异,为学生的个性发展努力创设各种条件,充分挖掘学生潜能,塑造学生个性,使不同层次的学生在原有基础上获得最大限度的发展,为其终身学习和终身发展服务。

三是优在课堂教学的优质高效

优质学校建设的重要内容在于优质高效的课堂教学,其课堂教学的过程更加关注学生个体生命的独特发展,关注学生个体的成长过程及其个性培养,关注师生的共同需要和共同成长,追求相互尊重、彼此包容的课堂人文氛围和质朴、共生和共享的合作与交流的行为文化。优质教学的核心在于追求教与学的互动提升,一是改进教师的教,目的是优化学生的学;二是关注学生学习效能的提高,使每一位学生的人格都得到健全发展。在这样的课堂中,没有固定的教学模式,师生在教学过程中始终保持着互动的张力,使个人的潜质得以不断地发展。

四是优在重建学校的优质文化

一所学校能否走向优质,不是由教育硬件单一决定的,也不是由教学质量唯一决定的,而是由一个完整、系统的学校文化所支撑的。学校文化是一所高质量品牌学校的灵魂与基石,它决定着这一学校的全部价值:只有融稳定的使用价值与深厚的文化价值于一体的学校才有可能建设为一个优质学校。优质的学校文化能够引导、规范、激励全体师生并融入全体师生灵魂。优质的学校文化不是外在或经外力强加于学校的,而是内隐于心、外显于行的文化。

五是优在有一位专业化的校长

在一所学校走向优质化的过程中,专业化的校长起着关键的引领作用。优质学校校长应当是学校文化的塑造者、教师能力的提升者和课程的领导者,能够在学校的管理体制、办学理念、办学行为、校本研修、学校评价、队伍建设及课堂教学方面有自己独特的思想,能够打造一个具备服从、服务、效率、安全、创新、协作、示范、提升等意识的学校管理团队,能够建设一支师德高尚、业务精湛的教师队伍,能够逐步完善学校的制度建设和评价机制。

六是优在有一支优良的师资队伍

教师专业发展是优质学校建设的基本维度,也是优质学校建设的重要保证,因此,优质学校必然要有一支高素质的教师队伍。优质学校教师管理的核心就是突出以人为本,能够为教师的专业发展把握方向,为他们创造条件、提供服务,注重提升教师职业道德品质、业务能力、科研水平,形成有利于教师专业发展的良好氛围。

(二)优质学校建设的价值取向

优质学校建设是指通过质的成长与提升,不断超越、追求卓越,从而达成学生全面发展、教师整体优化、学校办学效益不断提升的学校发展进程。优质学校建设关注的是学校能力特别是教师能量和学校文化能力的建设。同时,课程和课堂教学的优化、校长角色的科学定位、办学模式等方面的重建都应作为学校整体发展的重要内容。优质学校建设是一个优质化的动态过程,是通过改革过程中的"增量"与"进步"实现对学校自身的不断超越,它更在于学校价值取向上的超越。具体言之,优质学校建设的价值取向包括以下三个方面:

1. 关注学校的发展与进步

优质学校关注自身的发展,追求对自身的超越。关注过程的优化,其实就是对结果的关注,通过"过程"促进"结果"的实现。关注学校发展过程中的进步就是要关注学校自身内部的"增量",学会和自己比,变横向比较为纵向比较,关注自身的进步。一般情况下,这种自我比较是越比越能够看能到自己的发展愿景,从而鼓舞学校发展的信心与斗志。

2. 关注学校和学生的未来

优质学校的发展着眼于学校整体的未来发展。首先,学校应着眼于学生未来的发展,不是急功近利地去追求眼前的"考试成绩",而是让每一位学生都留下成长进步的足迹,让每一位学生都获得成长的自信;其次,关注学生的未来应该着眼于学生的有效学习,培养学生对学习的动机、兴趣、归属感和幸福感;再次,学校的管理、教师的教学、环境的创设,都要服务于学生生命的延续和发展。

3. 关注教师团队的合作

优质学校的建构需要教师之间的合作。单纯的竞争并不利于学校组织的发展,也无法使学校的能量得到提升。优质学校提倡建立合作的团队,共同反思教学策略和学生的学习,创造分享教学策略的机会和共同协商解决困难的平台;改变强调分工和竞争的工作模式,以实现双赢的目的。一个优质学校具有凝聚全体教师的教育理想,拥有一群能坚持教育核心价值的教师团队,教师之间能赋权同事,各承其责,形成彼此鼓励、协调、合作的团队氛围。

二、优质学校建设的现状剖析

在 20 世纪,"优质教育"就已经成为世界各国流行的教育话题,是世界各国永恒追求的教育理想。同样,"优质教育"也是我们中华民族、我国社会和人民大众的强烈愿望,是我国正在进行之中的基础教育改革的目标。

20 世纪 80 年代以来,受"权力下移"和"赋权承责"教育体制改革以及"发展个性"和"提升质量"教育目标潮流的影响,在全球范围内出现了一场以有效学校、开放学校、多元智能学校、跃进学校、成功学校、丰富性学校和学习型学校等为特征的"学校重建"(school restructuring)运动。2000 年末,各国政府在塞内加尔首都举行的世界全民教育论坛上形成了共识,并联合发表了宣言即世界全民教育行动纲领,宣言明确指出"要使所有的学生都接受教育"而且"受到保证质量的教育"。这里的"所有的学生都接受教育"体现出教育的公平性;这里的"保证质量的教育"体现出"教育的效能性"。因此,在 21 世纪的教育发展中,各国普遍关注着教育的公平性和教育的效能性。我国政府也同样高度重视这两个问题,在党的十七大报告中就强调了"教育要公平""要办出人民满意的教育"的目标要求。为了克服"应试教育"体制弊端,我国进行了一场以"素质教育"为核心的教育改革运动。这个运动的核心都是为了改进学校,为社会提供更多的优质教育资源。我国分别于80 年代中期和 90 年代末提出了"校长负责制"和"三级课程管理体制",进行了中国版的校本管理体制改革:政府对学校的管理体制转向集权与分权相结合,学校被赋予更大的自主权;作为一校之长,校长也被赋予了很大的权利。校长作为学校的法人成为办学的主体,开始注重家长(顾客)的要求和利益,主旨在于办出让家长更满意的学校。

随着我国经济社会的快速发展,人民群众对于高质量教育的需求越来越强烈。全面推进和谐教育、满意教育和素质教育,建设优质学校、努力扩大优质教育资源已经成为当前教育改革与发展的重要任务。然而,由于观念、体制、管理等原因,我国当前教育发展主要体现在"量"的扩张和"物"的更新方面,而在质的内涵性提升方面则未能有效应对社会的诉求,未能满足广大人民群众对享受优质教育资源的需要。在倡导校长专业化发展的今天,学校的发展对校长的要求也日趋提高,开发优质资源、建设优质学校成为当代校长应该考虑并着手解决的重大现实问题。

（一）"择校潮"透射出当前优质学校的紧缺现状

近年来，广大人民群众对"上好学"的要求越来越强烈，出现了学生"择城就读"、城区学校大班额、农村部分教育资源闲置等突出的教育现象。这些现象折射出当前优质学校的欠缺，暴露出当前诸多因素制约着中小学校走向高效优质：管理目标上的口号式、标签式；管理方式上的摆花架子、课堂教学中的无效劳动；教学科研上追高、追大、追评奖而推广运用成果不积极；育人的目标上片面追求急功近利的分数、升学率，忽视学生的品质和体质，甚至有扼杀创造能力的做法，只重眼前利益，牺牲了学生可持续发展的能力等。因此，建设优质学校，纠正克服一切低效、无效、负效的行为，促进学校内涵发展，已成为迫在眉睫的问题。

（二）对于优质学校标准和概念的认识误区依然存在

目前的一些教育行政部门的领导和校长对于优质学校的标准存在着认识上的误区，简单地认为"学生多、校容好、质量高"就是优质学校。他们对于学校优质教育的概念和本质特征、学校优质教育建设的理论依据及目标、学校优质教育建设与素质教育的关系、学校优质教育建设的评价标准等缺乏明晰的洞察。这些片面而错误的认识严重影响了我国中小学优质学校的建设和发展。

（三）校长专业化水平低成为阻碍优质学校建设进程的瓶颈问题

办成什么样的学校，带出什么样的教师，培养什么样的学生，是校长实施管理中首先要思考的核心问题。由于一些校长的素质、能力、水平滞后于学校发展的需求，致使学校还处于办学婴儿期，缺乏文化、经验的积淀，不注重文化建校、追求优质、创办品牌，无法使师生在校园中获得发展、感受幸福、体验生命价值。

（四）优质教育学校建设的理论研究还比较薄弱

2000 年，联合国教科文组织中国教育学术交流中心将《21 世纪学校优质教育研究》立项，列为教育研究的重点课题。2002 年该课题又经全国教育科学规划领导小组批准，立项为教育部"十五"规划课题。优质学校建设的实践无疑顺应了这一趋势。如今，"优质学校"、"优质学校建设"和"优质教育资源"概念逐渐被广为使用。邬志辉等人认为，优质学校不仅表现为一种结果，更表现为一种能力、机制和精神，其内涵不只在于结果，更在于过程。台湾师范大学张明辉认为，"优质教育"是一种扎根教育，目的是让学生都能就其资质、尽其潜能地发展，把学生的"潜能性"化成为"实在性"。可以说，我国的优质学校建设进程与校长专业化理论的研究热潮是相伴相生的。

尽管已经有一些专家学者在研究优质学校建设的相关理论，但是目前的理论研究还比较薄弱，一些问题制约着我国中小学教育的可持续发展。教育中的浮躁、浮夸、浮华、浮肿现象相当普遍，追求形式、追求表面、追求急功近利、追求时髦到处可见。如在教育资金的投入和产出中也经常发生惊人的浪费和低效等。因此，优质教育学校建设的标准及与推动素质教育的关系都有待于从理论和实践的层面上加以研究与探索。

三、优质学校建设的条件

优质学校建设是一项系统工程，是办学者需要认真思考和实践的重大问题。今天要创建几所教育硬件现代化的学校并非一件难事，然而要建设一所真正意义上的现代化优质学校绝非易事，正如中国科学院院士刘百宁所说："与国外相比，中国现在的硬件水平并不逊色，差距在于软件，在于创新意识、创新的机制。"因此，我们在这里探讨的，正是一所学校究竟应该具备什么样的条件才能走向实质性优质的问题。

条件一:学校文化的重建是优质学校建设的首要任务

学校文化以价值和假设为核心,包括学校制度、课堂教学方式、学校科研活动、师生互动方式以及学校建筑、学校传统、故事、仪式、庆祝活动、典礼等,是学校群体成员秉持的价值取向和行为动机的统一体。优质学校文化具有大家认同的目标和价值观,它体现在校长制定的学校发展思路及工作计划之中。优质学校的文化是一种合作性的学校文化。评价一个学校文化是否健康,主要观照以下三个方面:一是专业合作;二是权力分享;三是效能感。国外学者斯腾(Stein)、富兰(Full an)等人提出了优质学校文化的基本标准:具有广泛认同的目标和价值观;持续学习和改进的标准;具有对全体学生负责的义务感和责任感;同事之间保持一种合作的伙伴关系;为群体反思、集体探究和分享个人实践提供机会。由此可见,校长对学校文化了解得越多,就越容易避免由于改革所造成的失误。学校文化是否有利于学校的变革及发展,取决于校长个人的办学理念和策略。学校文化的重建可以塑造一致性的学校行为方式,可以提高学生的学业成就,可以建构团体目标,进而培育良好气氛,是优质学校建设的首要任务。

条件二:找好合作伙伴是优质学校建设的重要条件

优质学校建设不是我行我素、"闭门造车"就能马到成功的事情,而是要"借鸡生蛋"、"借船出海",通过借助外力来推动学校的可持续性发展。例如对优质学校的文化、优质学校的课程与教学、优质学校的教师专业发展、优质学校的办学模式等方面的专业理论探讨与实践,需要优质教育资源开发经验的积累与交流,需要专家学者的专业化引领与支持,需要专业化校长的合作与互动,需要优质学校的帮扶与引领,需要各级教研部门与教育行政领导的大力支持。在各种外来力量的推动中,大学作为比较强势的教研学术单位,可谓较好的合作伙伴。大学与中小学的合作行动研究实践证明,大学专家学者深入学校,与实验学校的领导和教师进行互动交流,共同建构学校文化和提升教师能量,能够在很大程度上有效推进学校优质化的进程。令人瞩目的是,以东北师范大学教育科学学院院长、国家基础教育实验中心常务副主任马云鹏教授和副主任邬志辉教授为首的课题组在这个方面进行了有益的实践与探索,他们与来自全国各地的近20多所中小学校组成了研究共同体,共同探讨优质学校发展和重建的途径,其研究成果——《优质学校的理解与建设》为优质学校的实践研究奠定了方向性的基础,其研究经验深刻地启示我们:找好合作伙伴是优质学校建设的重要条件,而大学是较好的合作伙伴。

条件三:教师能量的提升是优质学校发展的主要动力

高素质师资队伍是学校实现可持续发展的关键。一支数量足够、层次较高、结构合理、配置均衡、效能高的师资队伍,能够为学校内涵发展提供不竭的动力。因此,一所优质学校,应该确立"教师第一"的理念,尊重、信任、关爱每一位教师,为教师的发展提供制度保障。学校应该开展让教师共同参与的以提高教学质量为目标的课题实验,并有影响卓著的教研成果;学校应该创造各种便于教师研究的组织和自由交流的空间,让教师成为人格独立的人、肩担正义的人、能够引导学生走向光明与远大未来的人。在这个过程中,校长要建构团队发展目标,有意识地培植教职工的协作文化,带领教职工为共同的目标而努力,打造出一批学识丰富、情感细腻、个性独特、富有人文情怀和课堂创造力的教师。当校长加强对教师的人文关怀,并努力为教师创造良好事业平台的时候,教师会从内心产生一种高昂的情绪和奋发进取的精神,从而有效地促进学校的发展和学生的健康发展。

条件四:校长专业化发展是优质学校建设的重中之重

在优质学校建设中,校长不仅是管理者、决策者、教育者、改革者,同时也是一个领导者、经营者、服务者、反思超越者,不仅要加强自身的专业发展,同时也要为教师的专业发展搭建平台。校长个人的价值取向、理念追求、人格魅力和行为准则等决定了一所学校发展与前进的方向。校长的专业化程度高低也将直接影响到学校教师队伍建设、学校教育发展目标的优化管理。由此可见,如何促进校长专业化发展是优质学校建设的重中之重。

四、优质学校建设的模式与策略

优质学校建设是学校办学目标不断得以实现、学校办学质量和水平不断提升的过程。以追求优质为愿景的办学模式是一种基于学校自身的资源与个性,创造可持续发展的学校文化。优质学校建设的模式、策略可以有多种样式,只要适合学校本身的发展,我们就应该认同它。

(一)优质学校建设的模式

过去,我们的学校改革多半是通过"自上而下"的形式而开展的,但效果往往不理想。在学校优质化建设过程中,教师不再只是学校改革进程中的旁观者,而应该是积极献计献策的实践者。优质学校建设是一个逐步改进和创造的过程,其根本旨归在于创建适应学生发展的学校教育模式。目前学校改进的路径主要有以下三种:

1."理论先行,实践验证与推广"的学校改进模式

这一模式基本的实施程序是:理论研究先行,形成理论→用所建构的理论去改造"传统教学",推行"新"理论→用"新"理论去重构学校的文化与教学。其缺点在于:一是这种模式前提性地把实际工作者与理论工作者摆在了两个不同的"群体"之中。自"上"而"下",自"抽象"而"具体",所进行的是一种文化霸权式的推广,无法充分调动和发挥教师主动创造的积极性,忽略了基础教育者的感受与实践经验的独创性;二是从一定情境中抽象出来的理论并没有普适性。由于这种理论属于"外来客",教师在接受之前自然会进行多番打量或改造,很多时候就像是吃了夹生饭一样难以消化吸收。

2."实践探索,总结提升"的学校改进模式

优秀的经验在一定程度上既是一笔宝贵的财富,又可能成为"关闭"自己发展的门。由于学校和教师的经验只是对对象所发出的感觉信息的被动接受,他们的经验只是对日常生活中"某一现象是什么"的单纯记录,因而经验具有一定的局限性。然而,经验最重要的形式是试验,它是以规划和探询未知领域为特征的,与未来的联系是其最重要的特征。经验可能成为个体或组织发展的生长点,但并非未来生长的全部。落实到具体情境中需要考虑一定的时空背景,对经验不断进行修正。如果一味盲目地信奉"经验",很有可能会产生两种后果:一是要走许多弯路,而且可能付出一定的代价;二是可能沉浸在自我经验欣赏的迷雾之中,看不到他人,永远停留在原地,或者由此走向衰落。经验的滞后性和盲目性必然要求它与理论之间进行不断的互动与对话,与理论工作者之间进行对话,进行直接的生命碰撞与交融,从而激发教师的反思。可惜的是,教师现有的生活方式妨碍了教师与经典对话、与历史对话,因而较为理想的方式就是理论工作者主动进入学校,与实际工作者进行有效的、直接的互动与对话。

3."理论与实践互动"的方法论取向

由于理论具有实践性、先导性等特点,而实践则具有一定的局限性和盲目性,这两者之间的互动、碰撞、互补和彼此修正，孕育了合作行动研究的前提条件。这同样又成了大学和中小学共同协作推进学校改进的基础。合作行动研究方式是优质学校建构的有效方式。合作行动研究关注与教师的平等协作，以学校情境中的具体问题为切入口，以学校整体的增能为追求。这种学校改进的定位可以使学校免去盲目求同的压力，充分发挥学校自己独特的个性，根据学校的实际来确定发展思路，并形成学校自求进步的机制。优质学校建构过程中，大学与中小学之间的"合作研究"主要表现为以下几方面：

（1）了解学校现状，共同建构变革维度。学校的优质化建设需要借助大学的力量，以形成对学校发展的正确定位。我们需要超越过去大学与中小学之间"相离"的关系，建构良好的合作关系，从而形成中小学校改进的合力。

（2）深入实际，全程参与。成功的学校改进需要以学校的情势和需要为出发点，需要大学支援者长期的参与、关注和深层次的互动、协作。为了让研究者的指导工作有针对性、有效率，可以定期开展主题式研究工作坊，而且也把这种研究方式带到学校，与教师开展沙龙式的讨论，共同建构问题解决的"良策"，实现增强教师效能的目的。

（3）创设交流平台，开展互动对话。为了便于大学支援者了解优质学校建设的进展情况、交流理论研究的成果以及各中小学校所积累的各种经验，可以设计"简报"和网站，作为各学校所有成员对话的平台。

鉴于前两种学校改进模式的局限性，我们认为，"理论与实践互动型"的学校改进方法比较适合于优质学校的建设。这种模式并非前两种方法的折中，它强调的是理论与实践都是彼此的"施动者"，都是理论建构的参与者和贡献者。理论工作者和实践工作者之间是一种"合作"的关系，要求校外研究者与中小学教师一起组成合作研究小组，共同观察、讨论某些特定的教育现象。其目的在于唤醒教师的"提问"意识和"解题"意识，由此捕捉那些值得研究的"教育问题"即研究主题，并以合理的方式解决相关的教育问题。"一线"教师的实践智慧可以启发理论工作者，成为适合学校发展的"新"理论生成的源泉，而教师则成为该理论的试验者、生成者和修正者。

（二）优质学校建设的策略

优质学校的建构需要完成文化重建和教师增能两个目标。

1. 学校文化的内涵及重建策略

优质学校的文化是一种合作性的学校文化。学校文化建设是一个长期的、价值观不断冲突的过程。彼德森和迪尔（Peterson & Deal）提出了文化建构的三个关键步骤：

第一步，解读学校文化。挖掘学校文化中的历史资源，分析和反思学校当前的价值标准和价值取向。

第二步，评估文化。判断学校文化当中哪些因素有利于学校的核心目标和远景的实现，哪些因素阻碍了重要目标的实现。

第三步，强化积极因素，转化消极因素，重构学校新文化。校长可以通过以下方式来强化学校文化的积极因素：一是利用教师会议和典礼等形式庆祝成功；二是经常讲述有关学校成功合作的故事；三是使用在专业发展中所创造的共同语言来培养教师和学生学习的责任感。此外，学校领导和行政还需要改变消极而有害的文化因素。

"激活"师生的文化是学校管理的最高境界。它不但直接地、潜移默化地影响师生的世界观和价值观，而且使师生产生一种积极向上的内驱力，为教育事业奋斗自然成为教师的一种信念。基于相关研究成果，我们认为，学校文化的重建可以从以下三个方面切入：

第一，塑造一致性的学校行为方式。这里的"行为"是指一整套与学校的使命和目标相关联的实践行为和程序。我们所需要做的是：(1)赋权给全体教师，共同讨论和指出行为中的问题，对这一问题作出解释，并以该问题的解决过程作为强化共同信念的实践过程；(2)在整个校园中创造这样一种氛围："这就是我们这里的做事方式！"(3)在学生当中形成共同的认识：大家必须接受团体规则的约束。

第二，运用效能法提高学生的学业成就。由于多数学生未能正确理解自己的潜能，也没有意识到通过高效的努力可以达到高成就的目标，因而需要充分地去调动学生的学习动机，丰富学生的学习策略，提高学习技能，从而提高学生的动机和能力层次。豪德(Howard,1995)提出了以下两种教师和学生的效能支持模式：一是"成人效能支持模式"：树立信心→通过有效的努力→实现发展的目的；二是"儿童效能支持模式"：鼓励儿童说"我能行"→努力学习→结果：变得聪明起来。

第三，建构团体目标，培育良好气氛。气氛是指包围着我们的情感氛围，有人把它称作"背景"。它涉及到学校对于公平、公正、友好、核心准则和学校接待方式等方面的认识，从中人们也可以感受到学校秩序的层次。同时，它成为凝聚人们价值观和理想的纽带。气氛成为鉴别问题实践和良性实践的标准，它对于师生的士气、关系、投入等方面具有非常重要的影响。良好的气氛需要共同的团队目标和积极的价值观作基础，因而学校必须通过团队活动建构具有吸引全体的共同目标。

2. 教师效能的提升策略

优质学校改进的另一个目标就是提升教师自身的能量。一直以来，我们的教师继续教育和培训大多采用"集中教师进行理论培训"的方式，这一培训方式越来越受到理论和实践工作者的质疑。目前，我们的基本工作思路是："面对学校的现象与问题，加强理论工作者与教师之间的互动！"这种"互动"必然要求理论工作者走进学校，走进课堂，走进实践，与教师、学生对话，了解学校实际当中的问题，把学校的优势与问题作为研究的生长点、出发点。

为了协助教师成长，大学研究者和学校需要通过调查和分析教师的需求以及学校的资源情况，拟定教师发展计划。然后根据教师个人情况，确定教师的专业发展阶段，有针对性地为教师发展提供相应的资源帮助。具体地说，在与中小学校合作行动研究中可以采用以下一些培训策略：

(1)校本研究工作坊。学校可以通过创设校本研究工作坊向教师宣传和推介各种教与学的新理念和策略，提升教师的专业素养。同时，鼓励和支持教师通过"同伴互助"形式开展各类教学研究活动，共同设计课程教学计划，优化课堂教学。创设校本工作坊的主要目的是希望教学的理念及技巧转移到一线教师身上，增强教师的教学能量及推动教师追求进步的文化。其主题涉及以下四个方面：一是学校管理方面；二是课堂教学方面；三是学习方面；四是学校文化方面。主要向学校教师提供以下帮助：有效教与学的理念认识；各种实践问题的咨询；示范与协作教学；强调教学技术的转移，从而帮助教师提升自我能量，提高课程设计及开发能力，协助学生形成有创意的学习计划，丰富学生经验。创设校本工作坊的目的之二是帮助学校和教师形成自主发展的机制，让共同建构的理念接近教师的日常生活，积极地在他们的日常教学中起作用，并转化为教师的教育智慧。

(2)采取参与式教师培训。参与式教师培训主要是以"互动"为主，在互动中理解课程与教学的有关理念，并以课程实施中的问题为切入点，讨论和建构问题解决的具体方案与策略，让教师共同"参与理论创作"。可以确立固定的时间，让教师通过"做"来体验，从而达到引领与提升教师素养的目的。还可以把同一主题分成若干小议题,教师可以根据自己的爱好选择组别。具体操作程序包括:1. 通过互动确立本阶段的主要问题→2. 将问题分类→3. 按问题分组(各小组须选出小组长一名,组织并引领讨论;一名计时员,控制发言时间;一名记录员,记录整理讨论内容;一名汇报员,汇报各组讨论内容),让教师自由选择问题讨论小组,要求每人都得发言→4. 各组汇报讨论结果→5. 作纵横引领:专家结合教师们的讨论,提出自己的看法,实现对讨论结果的提升。讨论结束后,要求各位老师就以上个别问题撰写一份有深度的反思性日记。

(3)开设课程研制工作坊,增强教师课程意识和课程开发能力。通过开设课程研制工作坊,能够有效地培养教师的课程意识,增强教师的课程开发能力。在我国目前的课程管理模式下,有必要超越传统课程的定位,开发有关学习策略的课程,挖掘某些隐性课程,丰富教师的教学模式库,拓展教学内容,增强教师的课程意识和课程开发能力,真正地把教材理解为一种课程资源而不是教学的唯一内容。学校可以通过开发一些"空置(null)"课程来培养教师的课程开发能力,主要包括:学习适应课程;研究性学习——涉及学习策略、选题以及子课题与母题之间的关系等方面的讨论;学习策略课程;全方位学习;强效学习;学生学习权的维护;思维技巧;学科整合性学习;多感官学习;领袖训练;训辅等。

(4)观课学习。公开课是教育教学智慧的发祥地,既有缄默性的知识,又有直观可感的程序性知识。这些知识恰恰是教师最需要的,也是教师最感兴趣的,因而对教师的帮助也是最大的。观课的必要环节是议课。议课是一种帮助教师成长的好方式。通过议课,对课的设计与课的基本理念展开平等的对话,一方面可以帮助上课教师认真分析和反思自己的教学,另一方面可以使课堂内隐的理念显性化,同时也是生成、传播和理解新理念的好方式。

(5)开展教师沙龙活动。教师沙龙主要是一种自由主题式的教育问题讨论会。由于该活动的形式与主题较为自由,可以缓解权威和固定主题所带来的压力,使更多的教师敢于积极发言和参与讨论。为了使沙龙成为教师主导的沙龙,成为有意义的沙龙,参与者必须做到有"备"而来。这里的"备"主要指教师要事先准备一定的问题,大学研究者要准备一定的讨论主题。通过对教师所提出的教学过程、课题研究过程以及日常教育实践当中的问题进行民主、平等的对话和探讨,有利于强化教师的专业意识和增强教师处理实际教学问题的能力。

第三节　校长专业化发展与优质学校建设的内在关系

校长的专业化素质与优质学校建设有着密切的关系。校长的专业化发展可以引领优质学校的建设,反过来,优质学校的建设也会促进校长专业化的发展。分析二者之间的内在关系可以帮助我们找到校长专业化与优质学校建设的和谐共振点,找到实现学校可持续发展的方向与路径。

一、校长专业化发展与优质学校建设的关系

具体言之,校长专业化与优质学校建设主要存在以下三种关系:

(一)校长的专业化发展是优质学校建设的前提和关键

教育圈子里流传着一句话:"有一位好校长,就有一所好学校",或"一位校长的差异

就是一所学校的差异"。这句话深刻地揭示了校长在一所学校发展过程中的重要作用，道出了教育界普遍存在的管理现象。西谚有云：有怎样的校长，就有怎样的学校（As is the principal, so is the school）。又云：有些不好的学校有好校长，而不好的校长不会有好学校（There are some bad schools with good principals, but there is no good schools with bad principals）。由此可见，校长专业化发展的直接结果是校长成为推动教育改革和教育现代化的领导者，创造优质学校正常运作所需要的一种必要秩序的管理者，拥有强烈教育教学愿望的教育者。校长的专业化水平决定着优质学校建设的进程和效果，是优质学校建设的前提和关键。

（二）优质学校建设为校长的专业化发展提供了展现才能的舞台

优质学校建设给予校长专业化发展一个无限的空间，这个空间是校长专业化发展的重要环境，是校长专业化发展的最坚实而有力的支持，是校长专业化发展的舞台。众所周知，校长的成长是建立在学校管理实践的基础上的，没有学校管理的实践或缺乏丰富的实践经验，没有科学的理论作指导，校长的专业化成长必然受到限制，这不仅成长缓慢，而且也不可能达到成熟的水平。因此，校长所掌握的教育理论与学校管理理论只有在优质学校建设的进程中才能得以检验其真理性，这都需要校长在实践中进行、总结、更新与完善。由于校长的成长是一个反复实践、反复学习、不断创新的过程，所以校长只有通过不间断地学习，掌握科学的管理理论，并用于指导工作实践，这样才能使自己的管理能力与管理水平不断提高。

（三）校长的专业发展与优质学校的建设是一个互动而同步的过程

在追求优质教育的今天，校长的专业化发展与优质学校的建设是一个互动的过程，校长的专业化发展带动了优质学校的建设，而优质学校的建设同时也促进了校长专业化的发展。在办学自主权下放的背景下，校长有了新的责任：创造领导和学习的愿景，发展积极的学校文化；形成教师的团队精神，培养优秀的教师队伍；优化学校内部管理，合理配置学校资源；改善学校与社区关系，实施开放式的学校管理……而在此过程中，既带动了校长的专业化发展，又推进了优质学校的建设进程。

二、优质学校建设对校长专业化发展的要求

在当前经济迅猛发展的时代，社会对教育的期望值越来越大，对学校的要求也越来越多，对校长的专业要求也越来越高。建设一所优质学校，对校长的专业发展提出了很大的挑战。要求一名校长，不仅是管理者、领导者、经营者、决策者，同时还是一个教育者、服务者、改革者、反思超越者。要求校长是具备教育管理知识和能力的专门人才，还应是具有正确教育思想和教育理论修养的教育专家。

新的变化，新的责任，新的压力，决定了优质学校建设中的校长要由经验型走向理论型、由常规型走向创新型。

要求一：校长要具有追求卓越的专业精神

校长要坚持追求卓越的精神，要有对国家、对社会的责任感和使命感，能够"坚持教育为人民服务"的宗旨，善于把对生活的追求变成工作的动力，全身心地投入到学校工作中，引领教师办好学校，创造出特色教育品牌。校长要注意创设宽松民主、开放多元的教育环境，引领教师认同学校的发展愿景，在不断的反思中努力提高教育教学水平，积极参与学校的优质建设。校长的专业尊严首先来自于他的教育思想，没有教育思想的校长是没有真正的尊严的。校长的教育管理信念或教育思想，必将成为学校发展的灵魂。

要求二：校长要有深厚的专业知识基础

优质学校建设是一项系统工程，校长没有深厚的知识基础，就无法担负起引领学校实现优质高效的目标。校长所具有的深厚的知识底蕴能够使校长立足教育办教育，跳出教育看教育，以更加开阔的眼界开拓教育事业。校长的知识结构应是一种通识型、通才型、一专多能的知识结构，校长应主动建构专业化的知识，并不断反思新的实践性知识。校长专业化所需要的知识应符合效用、数量和质量标准，做到有用、够用、好用。

要求三：校长要有领导力、执行力、决策力、非权力影响力等专业能力

我国学者在进行深入调查的基础上，提出了 21 世纪中小学校长应具备的八大能力：科学决策能力；统筹教育资源能力；领导教学工作的能力；协调公共关系的能力；创建校园文化的能力；获取并利用信息的能力；教育科研能力；依法治校能力。我们认为，就优质学校建设而言，校长还必须具有非凡的领导力、执行力、决策力、非权力影响力等专业能力，这样才能游刃有余地实施科学有效的管理，才能把先进的办学理念转化为学校教师的自觉行动，把学校建设成为学习型组织，并在执行的过程中了解实际的成效，适时给予教师鼓励与指导。

要求四：校长要具有必要的专业道德

校长专业道德发展表现在校长有"满足学生的需要，对学生的发展承担责任"，"让每个学生获得不同程度的成功"、"为社会服务意识"等教育理念和行动。在校长专业发展中，专业道德是核心，就是要做到公正、公平、公开。校长代表着国家贯彻落实教育方针，必须符合国家利益而不能只考虑学校的局部利益，否则就会损害学校的形象。

要求五：校长要能在自我反思中追求专业化发展

校长反思的过程，实质上是校长对自己的知识体系、管理行为和个人行为进行多角度再认识、否定和不断完善的过程。校长既可以收集不同的信息资料，对一个特定问题进行个人反思，也可以通过专家咨询、借鉴他人的先进经验，对自己所设想的管理目标、规划、行为以及由此产生的结果进行合作反思，同时还可以与全体教师共同反思学校管理行为。校长应善于审视自己的工作，对做过的工作能及时认真总结经验，吸取教训，善于听取不同意见，善于分析兄弟学校的办学理念，从中吸取有用的信息。一位优秀的校长应该认真回顾学校走过的路，反思以往的管理方式，要不断探讨学校硬件管理和软件管理之间的关系，让硬件管理成为软件管理的实施基础，让软件管理引导硬件管理的日趋完善。

要求六：校长要能促进教师能量的提升

一个学校教师队伍素质水平的高低直接决定着学校的教学质量，所以培养一批素质过硬的教师队伍应成为校长始终追求的目标。校长要全力以赴地帮助教师成长和发展，为教师的专业发展搭建平台，创造一个宽松而和谐的环境，让他们从"课程消费者"变为"课程的开发者、研究者"。另外，校长还要积极探讨教师专业发展的本质特征及不同的实践模式，并结合校情制定教师专业发展的评估标准和有利于教师专业发展的评估机制。

要求七：校长要具有学校管理的智慧与艺术

一所学校就是一个小的社会，校长要能够在纷繁复杂的事务中，透过现象看清本质，抓住学校的主要矛盾，运用逻辑思维进行有效的归纳、概括、判断，找出解决问题的办法，自觉地提升自己的能力与智慧。校长管理学校的智慧与艺术主要表现在：(1)发现学校教育、管理中问题的敏锐性和判断力;(2)灵活处理各种问题的机智;(3)善于把握教育时机和管理时机;(4)具有吸引人、影响人的形象和魅力。在学校的教育教学活动中,校长需要头脑清晰、胸怀全局、高瞻远瞩,善于捕捉有利于学校发展的稍纵即逝的机遇,能够娴熟地从极其平常的教育现象中提炼出某些具有推广价值的因素,成功地用阶段性递进式的教育愿景引领教师的发展方向。

三、校长专业化发展与优质学校建设的和谐共振点

在校长专业化发展全面融入优质学校建设的进程中,追求校长专业化发展的自我规划与学校发展规划的同步运行,应是专业化校长的共同追求。我们认为,在科学把握校长专业化与优质学校建设的内涵的基础上,以下列的和谐共振点为突破口,纲举目张,锐意创新,大胆实践,优质学校建设的目标就会得以实现。

(一)把握多重角色,实现素质提升

在优质学校建设中,校长承担着学校文化的塑造者(设计师)、把握方向的领跑者(引领者)、讲究成本的经营者(实践者)、内引外联的协调者(协调员)、追求和谐的管理者(创造者)等多重角色,这就需要校长更应成为一个教育的“大家”,应审视过去,立足现在,面向未来,勇敢超越自己。要把握以上多重角色,这就要求具有专业化水准的校长能跳出传统思维方式的“框框”,变封闭式思维为开放式思维,变单向式思维为多维式思维,变守成式思维为创造性思维,努力提升自己在专业精神、专业知识、专业能力、专业道德、反思意识这五个方面的专业素质。

(二)确立办学理念,实现科学决策

优质学校校长要具有自己的教育理念。美国当代教育哲学家乔治·F.泰勒在《教育哲学导沦》中说过:“个人的哲学信念是认清自己的生活方向的唯一有效的手段。如果我是一个教师或教育领导人,而没有系统的教育哲学并且没有理智上的信念的话,那么我们就会茫茫然无所适从。”由此可见,优质学校的校长一定要有自己的教育理念,要不断反思学校的发展状况,不断对学校的远景进行规划,并在不断调整的过程中把自己的教育理念转化成学校教职员工的“共同愿景”,使自己的教育理念永远跟上时代的发展步伐,进而科学地作出各类决策,为学校内涵发展提供保障,正确指引学校的发展。在此过程中,校长需要建立信息反馈系统,在第一时间主动获取学校发展的信息,以便及时找到制约优质学校建设的瓶颈问题,并迅捷地做出处理问题的科学决策。

(三)培植优良师资,开发人力资源

优良的师资是实施优质教育的生力军,是优质学校建设的关键。从客观上说,优质学校的发展与教师的发展密切相连,优质学校建设的一个重要目标就是提升教师自身的能量。当教师具有共同的文化价值观和信仰时,他们就能够提高学校的能量和绩效。如果没有教师的发展,也就没有优质学校的发展,教师能量的提升是学校不断优质化的一个源泉。因此,作为优质学校的校长,必须重视学校人才资源的开发,要搭建各种平台,促进教师能量的提升。优质学校校长还应在深刻了解学校成员内在需求的基础上,让教师深刻理解学校的共同目标和当前的努力方向,引导教师学会正确认识自己的力量,改进自己在教学实践方面的弱点,从而提高自身能量。值得一提的是,校长还应构建一种全新的学校文化,在保证课程计划的实施和对教学有效监督的前提下,给予教师足够的权利来进行恰当的专业判断,让教师的教学实践与研究及培训融为一体,从而引领教师参与到各种有意义的活动中去。

（四）提升文化品位，促进内涵发展

学校文化基于学校历史和文化底蕴，既在于一种精神性的引导，也在于一种独具特色的制度方式的保证，同时还具备一种开放的姿态。优质学校文化具有大家认同的目标和价值观，它体现在校长制定的学校发展思路及工作计划之中。校长对学校文化了解得越多，就越容易避免由于改革所造成的失误。优质学校文化绝不是"拷贝"和"克隆"出来的，而是一代又一代校长引领师生对学校生活的感悟和发现、对教育问题永不停止的思考与追问、对学校现状和教育规律不懈的研究和探索而创造出来的。学校文化的创新关键在于校长。校长要从历史的角度审视学校文化发展的历程，寻求学校文化的精神源泉，从而拓宽学校文化建设的途径，让"学校的过去"给学校未来的发展提供正确的方向。

（五）实施品牌经营，彰显办学特色

教育已经进入品牌竞争时代，品牌已经成为学校赢得家长与求得生存和发展的关键，学校拥有自己的品牌，也就为学校的发展带来生机，从而在优质学校建设的进程中永远立于不败之地。具有专业化水平的校长应充分认识学校品牌的价值和意义，自觉树立品牌意识，深入研究和分析学校的内部与外部资源，对学校的优势与不足做周密而细致的分析和思考，有目的、有计划地去培育和经营学校品牌。在建设学校品牌的同时，校长可以根据学校某一方面或某几方面独特的、优化的、稳定的教育特征发展相应的特色（这是优化学校教育资源配置的需要），从而充分地发挥出学校教育的育人功能。学校特色的"特色"可以是办学模式的特色、教育科研的特色、教师队伍建设的特色、学校当地独具特色的民俗风情等区别于其他学校的某个项目或某个方面的优势教育资源。

（六）立足科研兴校，强化制度建设

在优质学校建设的进程中，科研兴校是走向优质化的立足点，校长不能充当"击鼓手"，只让教师搞科研，这样不但不能有效地切准教育科研的脉搏，而且也会失去应有的指挥权和发言权。寻找课题、切入课题、研究课题、探索教育走向、寻求成功教育的理论及依据应该是校长引领教育科研的必需工作。同时，校长还要强化制度建设，实施人性化管理，在管理制度中加进人性化的关照，着眼于每位教师的持续发展，善于把每个成员的个体智慧最大限度地开发与整合，形成集学校集体智慧于一体的制度文化。只有这样，学校中的各种规定才不是教师心目中"冰冷的制度"，而是与教师和学生的精神浑然一体的"行动的自觉"。

第二章
优质学校建设中的校长使命与角色定位

当前,我国基础教育还面临着许多困难和挑战,概括起来就是人民群众不断增长的优质学校教育需求和优质教育资源明显不足的矛盾日益凸显,教育体制和机制还不能很好地适应教育事业的发展,学校教育的培养模式和质量水平还不能完全适应创新型国家和现代化建设对人才的需要。

作为一名专业化的校长,只有正确认识自己在这个过程中担当的角色、职责和使命,才能更好地促进优质学校的建设和发展。

第一节 优质学校建设中的校长使命

建设一所优质学校,不仅在于追求优质的结果,更在于追求优质的过程,它的建设和发展是一个优质化的过程。优质学校建设不只是一种静态的目标达成,还应是一种理想的、美好的假设和价值追求的过程。因此,在建设一所优质学校的过程中,一个专业化校长的使命包括:带领全体师生确立优质学校的办学理念、科学实施优质学校建设的办学策略、制定优质学校的发展规划、构建优质学校的特色文化、引领并参与优质学校教学、处理优质学校发展过程中的危机等。

一、确立办学理念

办学理念是校长办学的灵魂,是校长治校的总方略,是全体师生的共同期盼和价值追求。办学理念是一种观念,更是一种思维结构,是校长对教育的理性认识和理想追求,它决定校长的教育行为,能够统一师生思想,规范教育行为,定位学校品牌形象。校长的办学理念是学校发展的精神动力。校长的办学理念在优质学校建设过程中起着定向作用,包括校长对优质学校建设的定性、定位及职能的认识,即要把学校办成什么样的学校,怎样办成这样的学校。

确立办学理念是学校自身发展的需要,是一所学校形成或保持自己独有个性和特色的需要,也是校长专业化成长的需要。作为校长,需要经常思考:一定时期内学校的办学目标是什么? 用什么样的办学理念去实现办学目标? 在优质学校建设中,专业化的校长应当将"让每个学生都受到优质教育,让每个学生都得到发展"、"办学生有个性、有特长,学校全面发展的教育"、"把不是那么优质的材料,经过管理和精细加工,变成优质的产品"、"科研兴校"等教育理念渗透到学校的教育、教学和管理的全过程,用先进的办学理念指导学校的办学实践与理论研究。校长在建设优质学校的过程中确立办学理念,应遵循以下原则:

(一)以人为本,全面育人

以人为本的思想,是坚持人的自然属性、社会属性和精神属性的辩证统一,把培养具有综合素质的人放在一切教育活动的中心。在教育工作中,以人为本的思想,既是一种价值观,又是一种方法论。教育的本质是育人,人是教育中的核心要素。因此,校长确定办学理念时,应当矢志不渝地坚持"以人为本,全面育人"的原则,要重视、关怀和尊重人,一切基于人,一切为了人,一切依靠人。即要坚持以学生为本,尊重和关爱学生,对学生充满人文关怀,要重视教书育人、塑魂励志、修行重德,始终把育人放在首位,培育具有卓越智慧的社会主义建设者和接班人;以教师专业成长为本,尊重、关心和支持教师教学,不断充实教学设备,优化教学环境,让教师乐于教学,创造和谐浓郁的教研氛围,提升教师的专业素养;秉持以人为本的人文主义精神,落实以学生为发展主体,追求教育公平,合理优化资源,重视弱势学生的照顾与关怀,使学生的身心、德、智等得到均衡、全面发展;推行全人教育理念,兼顾人文与科技,启迪学生多元智慧,使学生得到最大程度的发展,树立优质学校的品牌形象。

(二)质量兴校,勇于创新

质量是学校的生命线,创新是学校发展的不竭动力。因此,校长确立办学理念应当坚持"质量兴校,勇于创新"的原则。在优质学校建设的过程中,校长要树立科学的质量观,不仅要注重学生现在的发展,还要注重学生的终身发展;不仅要注重学生文化成绩的提高,还要注重学生思想品质、思维能力、创新能力等方面的全面培养和提高。

创新是人类永恒的追求。当今教育改革浪潮汹涌澎湃,"创新"的重要性不言而喻。作为优质学校建设者的专业化校长,在管理模式方面,更应该积极探索既有时代精神又有本校特色的管理模式。要根据学校的人、财、物等实际情况,做到人尽其才,物尽其用;在教学创新方面,校长要引导教师认真学习当代先进教育理念,探求最能挖掘学生智慧和潜能的教学模式,用创新的方法去培养学生的创新品格和创新精神,激发学生大胆创造的热情,激发他们崇尚科学、勇攀科学高峰的人生追求和豪情壮志。

(三)追求和谐,坚守理念

"和谐"是当今世界发展的主题。它是社会发展的基本要求,是人类进步的标尺,也是人、社会、自然、宇宙合一的"大同"精神的体现。"和谐"是学校可持续性发展的重要保证,追求并实现学校的"和谐",才能够使全校教职工心灵相通,志气相投,精神相励,同舟共济,实现优质学校的健康发展。

理念是行动的先导,它关系着学校的生存和发展,因此,校长一旦确立了学校的办学理念,就不能忽东忽西、忽左忽右,而是应当坚定不移地努力践行。校长要在教育改革不断深入的过程中,在创建优质学校的过程中,用先进的教育理念去引领学校发展,不断追求更高、更好的发展目标。所以说,校长确立办学理念还应当坚持"追求和谐,固守理念"的原则。

二、实施办学策略

办学策略,是校长在办学理念基础之上,对学校进行的远景规划,是实施学校发展共同愿景的具体措施和谋略。实施优质学校建设的办学策略,是一种思维,是一种方法,是一种追求,是一种目标,更是一种战略。一个专业化的校长要办好一所优质学校,一定要学会并掌握专业的办学策略,校长只有在办学过程中学会并能恰当地实施办学策略,才能使学校发展永远立于不败之地,才能开创优质学校建设的新局面,使学校工作从一个成功走向下一个成功。一个具有专业化水平的校长,实施办学策略应把握以下三个方面:

（一）企划力——科学规划学校发展的战略部署

所谓企划力就是解决问题的方法、达成目标的构想以及论证和实施的谋略。企划力是学校发展与校长专业成长的原动力，同时也是校长提升学校核心竞争力的战略保证。优质学校和一般学校的根本区别就在于其学校有没有企划力，有企划力的学校才能在激烈的竞争中把握正确的办学方向，确保学校稳定、健康、可持续地发展。对优质学校的建设和发展而言，发展意味着生存和竞争，持续发展意味着创造和动力，科学发展则意味着生命和活力。优质学校的发展企划要符合科学发展的要求，把握好质量和效益的关系；要注重加强队伍建设，优化办学质量，铸就自身特色，走内涵发展之路；要建设好学校文化，营造一个典雅与激情并存，充满学习和生长机会的乐园，从而为优质学校的自主发展创造更广阔的空间，为优质学校的建设和发展营造良好的内外环境。因此，作为一名具有专业化水平的校长，要亲临教育教学第一线，找准学校发展的基点，才能使企划有根有源、发展务实、执行得力。校长只有高瞻远瞩、科学企划学校发展远景目标，才能在具体的办学实践中真正做到运筹帷幄，科学决策，决胜千里。

（二）执行力——全力打造学校发展的服务意识

执行力就是理想状态下的政令畅通，贯彻执行到位。在优质学校建设中，执行力是有效实施学校办学策略的重要保证，是影响优质学校建设目标达成的关键性因素，它决定着学校发展方略的执行力度和效果。提高执行力也就是提高学校竞争力，这是推进优质学校建设进程的一种方法。因此，校长在实施学校办学策略，推进优质学校建设过程中，要激发教职工的服务意识和主人翁意识，引领教职工积极为学校的发展献计、献策、献力，实现人人有为。并且，校长在强化执行力的同时还要渗透亲和力，让执行力充满人情味，因为这样才能够使学校的管理在活泼、生动、和谐和高效中运行，并收到最佳效果。

（三）凝聚力——深度挖掘学校发展的集体智慧

凝聚力是指学校各成员之间为实现优质学校建设目标而表现出来的团结协作的程度，表现为广大教师对学校发展目标和任务的信赖度、依从性和服从性，是学校发展过程中广大师生的向心力。校长作为学校教师中的一员，如果"独上高楼"，则"高处不胜寒"，变成了"孤家寡人"，也就谈不上什么凝聚力了。因此，校长要通过各种途径让教师树立共同的价值观和工作理念，要让教师明白学校的奋斗目标、人文精神、管理模式、管理重心、经营理念、发展内涵等，要发挥协同效应，带领全体教师心往一处想，力往一处使，发挥集体智慧，从而使学校形成强大的凝聚力，"众人划桨开大船"，产生 1＋1 大于 2 的效应。

案例　● ● ● ● ● ● ● ● ● ● ● ● ● ● ● ●

上海市第二中学实施"凝聚力"办学策略

从 2003 年开始，上海市第二中学便实施以"凝聚党员、凝聚群众、凝聚社会"为主要内容的"凝聚力"办学策略，把实施"凝聚力"办学策略作为巩固学校发展基础和提高学校特色建设的重要举措，广泛地凝聚人心，充分地调动一切积极因素。该校把党支部作为实施"凝聚力"办学策略的主体之一，党支部按照上级党组织的要求，结合学校特点，突出工作重点，注重工作实效，形成自我的工作规范。

其实施过程是：首先，以学校的发展来凝聚人心。坚持以科研课题研究激励广大教师，鼓励教师研究课堂教学，改进教学方法，稳步提高教学质量。在学校发展过程中，牢牢把握教育改革发展趋势，结合学校具体工作，强化人本意识，形成良好的发展环境和育人环境；其次，以优化人才资源凝聚中青年教师。学校采用多种方式，通过多种途径，使"新生代"优秀青年教师迅速崛起。学校通过开展适合青年教师特点的考察、学习、大奖赛等各种活动，对青年教师进行品行、道德、人格的修炼，增强他们自觉抵御有悖师德、有损形象行为的能力。以业务培养为主，提升青年教师教育教学的综合能力。学校根据工作需要和个人意愿，尽最大可能为青年教师的发展创造条件、提供机会，让青年教师的个人发展和学校的发展和谐统一。利用校内优秀教师资源，开展师徒结对的"青蓝工程"，通过本校优秀中、老年教师的传、帮、带，促进青年教师业务水平和教学能力的提高，促进青年教师岗位成才，使优质的教育教学资源转化为优秀的人才资源；再次，发挥党支部的核心作用，促进和谐校风的形成。充分发挥党支部战斗堡垒作用和党员的先锋模范作用，不断加强党的思想建设、组织建设、作风建设，加强党性、党风、党纪教育。用主题教育活动具体外化支部凝聚力，用师德教育具体外化教师凝聚力。最后，用服务来凝聚群众，深入人心。

该校的"凝聚力"办学策略首先注重凝聚党员的心，党支部将服务党员的意识放在重要的位置上，党支部从思想、工作、生活和身心上全面关心党员，主动帮助党员排忧解难。其次由党内扩展到党外，组织实施凝聚力工程，不但凝聚了党心，还凝聚了民心，聚集了各方力量。再次由教工扩大到学生。全校党员和广大教职工对树立民主和服务两种意识做了积极的探索。

【简析】

办好一所学校，人、人心，是第一要素。从上海市第二中学"凝聚力"办学策略的实施过程来看，这是一个由理念到定性、定位，再到实施，最后见成效的圆满过程。这种办学策略的实施，以学校发展来凝聚人心，坚定信念，打造学校品牌；以制定学校规划来凝聚中青年教师，激发热情，建立人才高地；以发挥党支部核心作用来凝聚教师，激励互动，形成和谐氛围；以全面服务来凝聚群众，共创文明，建立和谐社会；以改革促进办学质量的提高，凝聚社会，促进学校的可持续性发展，具有很大的推广价值。

三、制定发展规划

学校发展规划，是校长通过学校全体成员的共同努力，系统地分析学校的原有基础及学校所处的环境，发现学校的优势发展项目，确定学校的发展方向和教育目标，挖掘学校的潜在资源，按照自己的价值观提高学校的管理效能，最终提高学校的办学质量。制定学校发展规划，是学校依法办学的需要，是规范学校办学行为的需要，它能够提高学校管理效能，促进优质学校的建设和发展。学校规划立足现在，指向未来，是在对学校的现在客观诊断和理性分析基础上，对学校未来的发展作出科学的预测和憧憬，它非常强调把握现在。我们必须明白：任何一种规划都不应该是"为规划而规划"，它强调的不是静态的规划结果，它更关注动态的规划及其实施过程。从本质上说，它是一种过程规划和结果追求。因此，制定学校发展规划是一个具有专业化水平的校长的重要使命。

作为一名专业化的校长，在制定学校发展规划时，应注意以下三个问题：

（一）科学定位学校的发展规划

校长制定学校发展规划，要做到实事求是，科学定位学校的发展规划。(1)分析学校现状。这是制定学校规划的现实依据。校长要注重分析学校历史和办学传统，分析学校发展中的特色和优势,找出学校发展中存在的问题,明确学校目前面临的困难和挑战,了解社区及教职工对学校发展的期望等。(2)遵循学校的办学理念和办学指导思想。这是制定学校发展规划的理论和政策依据。我们只有遵循学校的办学理念和办学指导思想,我们管理与发展学校才能有章可循,而不会脚踏西瓜皮——滑到哪里是哪里。(3)找准学校发展目标定位。学校发展目标主要由学校的办学目标和培养目标两方面构成。办学目标是指学校准备在多长的时间内发展成为一所什么样的学校,其中的重要内容是学校的办学特色;培养目标则是学校希望将学生培养成为什么样的人,这主要是由党和国家的教育方针和法律决定的,但应突出本校的特色。学校发展的总体目标需要分阶段实现。一般而言,学校发展目标包括:近期目标、中期目标和远期目标。(4)校长必须熟知不同的理论框架和观点、不同学校团体的价值观、专业理论规范,同时还必须熟知多元社会中的各种学习目的、制定和实施战略计划的原则、数据来源、数据分析的策略、有效沟通的策略和有效谈判的技巧等。

(二)确定学校发展规划类型

校长应当立足学校、教师和学生实际,在科学定位学校发展规划的同时,必须明确学校规划的类型,从而使学校得到健康、稳定和可持续性发展。一般来说,学校发展规划主要分两种类型,一是战略型发展规划。制定一份战略型规划文本作为长期的、综合性的、系统的规划文本,在对学校的现状进行分析的基础上,对未来三年至五年的学校发展作出可预见的展望。这份战略型规划在今后三年至五年的学校发展过程中,起着总体的引领作用,它的理念应当被全体教职工接受和认可,并能指导教职工落实战略型规划中提出的使命和目标。二是操作型发展规划。这是对战略目标的具体落实。操作型规划的时限可长可短,内容可根据战略型规划的特点,将其分为课程与教学、德育、科研等几块来阐述,制定操作型规划的主体可以根据学校管理部门的职能来决定,或以教研组为单位,或以年级组为单位,或以处室为单位,另外再辅之以教师的个人操作规划,这在优质学校建设过程中更具有现实意义。

(三)把握学校发展规划步骤

制定学校发展规划,还有一项容易被忽视的工作,那就是发展规划的基本步骤。学校发展规划必须考虑以下五个步骤:(1)学校目前的发展水平——全面掌控学校目前生存发展状况;(2)希望达到什么层次——科学理性地制定学校的发展方向和育人目标;(3)怎样达成目标——制定各部门具体规划,每个部门一个学期、一个学年或三至五年要施行什么样的经营策略;(4)关注过程,正在做的事情效果如何——这一步骤其实是监控和考核、评定的问题;(5)如何评估目标达成——明确成功的标准。

四、构建学校文化

学校文化是一种独特的文化,它能够使学校的所有成员,尤其是学生受到规范及影响。学校文化是经过学校长期办学实践、历史积淀而形成的全校师生的教育实践活动方式及其所创造的成果的总和。这里面包含了物质层面(校园建设、设备配置)、制度层面(学校管理的各种规章制度)、精神层面(校风校貌,师生群体的世界观、价值观、人生观等)和行为层面(师生在创造物质文化和精神文化过程中的行为举止),而其核心是精神层面中的价值观念、办学思想、教育理念、群体的思想意识等。学校文化建设是实现教育培养目标的关键。加强优质学校文化建设,对于制定和实现优质学校的发展规划和办学目标,生成和凸显学校的办学特色,激发和凝聚广大师生的积极性,促进学生的发展,具有重要的意义。因此,作为一个具有专业化水平的校长,应当加强学校文化建设,引领学校师生自觉增强学校文化意识,自觉成为学校文化建设的主体。

优质学校的校园文化重在建设,包括物质文化建设、精神文化建设、制度文化建设和行为文化建设。这四个方面的全面、协调的发展,将为学校树立起完整的文化现象。

(一)构建学校物质文化

构建学校物质文化要实现蕴涵和传递学校思想、规范和价值的功能,需遵循如下构建原则:(1)教育性原则。学校物质文化建设的首要原则是教育性原则。学校物质文化是否具有教育性,取决于物质环境能否较好地传达学校的精神文化,承载一定的人文内涵。取决于物质建设能否从以人为本的理念出发,充分关照师生的生存与发展,关注师生的身心健康成长。如学校的标语、宣传画等,一般而言,就必须体现教育性。(2)艺术性原则。艺术性强的学校物质文化更有助于提升其教育性。学校物质文化建设要遵循美学规律,讲究章法布局,注重细节完美,强调艺术气息,尽可能用健康美好的外在形式来传达积极向上的内在精神,尽可能使整体布局与每一个个体都呈现出人文气息与艺术美感,充分体现形式美与内蕴美的有机结合,从而给人以和谐、舒适和美的享受。(3)发展性原则。学校物质文化的构建应符合学生的身心发展规律,在建设学校物质文化时,要考虑不同层次、不同性质的学校和年级的差异,使之适合学生的年龄特点和成长需要。(4)实用性原则。学校物质文化建设,是为传递学校精神文化和提高学校教育教学成效服务的,学校物质文化建设要根据学校文化建设和教育教学的实际需要,突出实用性和实效性,量力而行,实用为先,多做实实在在、行之有效的实际建设,为学校师生提供美观和谐、充满生机和活力的学校物质文化环境。(5)创新性原则。学校物质文化建设,很重要的一点是要展现鲜明的个性特色,在学校物质文化的规划和建设过程中,可以借鉴他校的先进做法,但不能照搬照抄,而是要结合时代要求、区域特点和学校校情,走个性化的创新建设之路。深入挖掘学校文化内涵,创造性地设计施工,力求打造出学校自身的特色,彰显学校的个性魅力。

在学校文化构建中,精神文化是目标,物质文化是实现目的的途径和载体,是构建学校文化的必要前提。构建物质文化是构建学校文化的重要组成部分和重要的支撑。学校物质文化是显性化存在的,是学校文化的有形外壳,以物质为载体来外显学校精神文化,传递学校的思想、规范和价值,为学校师生的学习和生活以及学校的发展提供物质条件。其内容包括学校地理环境,学校规划布局,学校建筑、绿化、人文景观……学校物质文化以其特有形式发挥着多重教育功能,学校物质文化的构建意义重大。

总之,对于学校物质文化的建设,我们始终应该牢记学生的健康成长这个主题,一切都聚焦于学生的健康成长。

(二)构建学校精神文化

学校精神文化又被称为"学校精神",是学校文化的核心内容,也是学校文化的最高层次。牛津、剑桥、哈佛、北大、清华等中外名校之所以魅力无穷,就在于他们能够始终坚持和弘扬自己的优秀文化传统,经过历史的积淀、凝炼,最终形成一种更高境界的学校精神文化——学校精神,并由此彰显出独特的感染力、凝聚力和震撼力,陶冶和启迪着一代又一代的学子。中小学校的精神文化建设也不例外。学校精神文化主要包括学校历史传统和被全体师生员工共同认同的文化观念、价值观念、生活观念等意识形态,是一个学校本质、个性、精神面貌的集中反映。学校精神文化可分为外显和内隐两类。外显体现在校风、教风、学风、班风和学校人际关系上,是全校师生价值追求的理想境界。学校精神文化内隐表现在师生的观念之中,这些观念形态主要包括价值观、道德观、人生观、世界观、教育观、人才观、审美观等,其中居于主导地位的是价值观。学校精神文化还内隐于师生的态度之中,主要包括管理态度、教育态度、工作态度、学习态度、人际交往态度等。其次,学校精神文化内隐于师生的意识之中,如责任意识、民主意识、创新意识、服务意识、进取意识、竞争意识、勤奋意识、纪律意识、主人翁意识、团结合作意识等。无论是内隐的还是外显的精神文化都是学校精神文化构建的重要内容,二者相互依存,相得益彰。

目前,一些学校的文化建设,出现了"有文化,无精神"的现象,这实在是不应该的,这无异于没有灵魂的人。所以,学校文化建设,尤其不能没有了"精神"这一灵魂。

(三)构建学校制度文化

制度文化是指学校中的规范所构成的一种文化,是学校教育管理思想、管理体制及管理模式的凝结形式,反映和体现着学校文化的发展水平,对于师生的价值观念、行为准则的形成起着十分重要的甚至是决定性的作用。学校制度文化作为学校文化的内在机制,包括学校的传统、仪式和规章制度,是维系学校正常秩序运行必不可少的保障机制,是学校文化建设的保障系统。构建制度文化实际上包括制度建设、组织机构建设和队伍建设三个方面,组织机构建设和队伍建设是确保制度建设落到实处,并使其真正起到规范师生言行的关键作用。学校组织机构的健全和完善,学校教师队伍的勤奋与能干,对加强校园制度文化建设,具有十分重要的作用。因此,作为一个专业化的校长,构建先进的学校制度文化,要确立先进的管理理念,要有自己的办学思想和办学方略,要明确学校文化建设的方向。学校只有实行法治和德治相结合,形成一种制度文化,才能在潜移默化中达到无为而治的境地。

我们知道,制度不仅仅是一些原则、规范的集合,它更是一种引导,一种指向。它不仅仅具有规范作用,它更重要的作用在于导向,在于将学生和教师引导到优质学校建设的目标上来。

同时,现代学校制度建设还必须体现与时俱进的办学思想,增强制度的创新意识,用制度创新来引领学校发展方向,通过制度创新来促进学校的校园文化建设落实到每个管理细节和活动中,保证学校各项资源得到充分合理的运用,推动优质学校的建设和发展。

(四)构建学校行为文化

学校行为文化,是学校文化的一个重要组成部分,是学校传统及观念的认同在师生员工言行举止上的具体可感的表现,是学校行为规范、人际关系、公共关系的综合反映。学校本身就是传播文化的场所,学校办学实际上就是办文化。校长对学校的领导,主要体现为对学校文化的领导。一所学校的行为文化建设,映射着一个校长的眼界、心胸、素养和行为。

校长的眼界、思路不仅在一定意义上决定着学校发展的出路和发展空间,而且也决定着教师的眼界。校长的眼界有多高,思路有多阔,学校的出路就会有多远,发展的空间也就会有多大。学校行为文化作为学校文化建设系统工程的一个子系统,需要校长在把握了教育的形势、理解了教育的价值、掌握了教育教学的规律、领会了新课程改革的精神的基础上,为学校准确定位,科学决策。只有这样,全校师生员工才能够在校长的带领下向着目标奋勇前行。

学校行为文化作为学校文化的一个方面,是一所学校历史文化积淀在一定阶段的显露,而作为学校文化"动态"的部分又是需要维护和可以塑造的。在学校行为文化建设中,校长不仅是设计者、指导者,更是塑造者、维护者、推进者。校长对学校事业影响力最大的因素是作为校长特有的人文知识构建起的文化程度,行政管理经验积淀成的文化因素。因为校长的行政管理经验尤其是文化素养程度决定着学校文化建设的力度,校长本人的文化素养所产生的对于学校行为文化的认识与评价会不知不觉地演变成学校行为文化建设的标准和模式。当学校行为文化建设处于进取状态时,学校事业的发展不仅强劲而且具有可持续发展的态势。可以说,校长的文化素养,不仅影响着学校行为文化建设在学校整体工作中的地位,而且直接影响学校文化建设中的运作力度。

校长的文化素养深厚,眼界就开阔,思想就灵活,校长就可以宏观地设计学校行为文化建设的思路。校长的专业知识积累所形成的文化素养的特点,决定了在学校行为文化建设中相关专业知识提升起的特有的文化内容。校长的文化品位在学校行为文化建设中占据突出的地位,因为校长在文化方面的兴趣爱好,决定着学校行为文化建设的具体方向。如果校长缺少或没有因文化素养而形成的动态变化,没有不断生成的思维,他就只能沿着学校固有的模式重复前人的经验,或干脆让其自生自灭。

校长应当是一个思想者,要在自己的办学过程中形成自己的教育思想,提出自己个性化的办学理念。但校长更应当成为一个有思想的践行者,而不仅仅只是一个思想者。前苏联著名教育家苏霍姆林斯基在做校长期间,每天早晨八点整到学校走廊去迎接上学的孩子们,整个白天都用来做班主任工作、上课或听课,晚上则忙于整理笔记。在他担任校长的 30 年间,他致力于跟踪观察和研究不同家庭的学生在童年、少年和青年期的各种表现,对 3700 名左右的学生做了观察记录,始终亲自带着四五个最难教育的学生,重点观察和教育他们。他每天听教师的一节课,关注一名困难学生,观察、记录一次学生的言行;捡起地上的废纸,换下坏灯泡,拧紧螺丝钉。苏霍姆林斯基正是通过这些具体实践成就了一番事业,影响了世界教育。作为校长,我们的每一点思考,每一步设计,每一个行动都要能为师生所仿效。因此,我们要用我们的思考、设计和行动去影响我们的师生员工,要用全新的理念去影响师生员工的理念,改变他们的行为方式。

总之,学校的行为文化建设,关键在校长。校长的眼界有多高,学校的行为文化建设就会走多远;校长的心胸有多阔,学校的行为文化建设思路就有多广;校长的素养有多好,学校的行为文化建设就会有多美;校长的行为有多灵动,学校的行为文化建设就会有多丰富。校长用心思考并躬身践行了,我们的学校必将是充满健康文化的,我们的师生员工的行为一定会是魅力四射的,更是充满睿智的。

五、引领学校教学

校长是优质学校建设的第一责任人,也是提高教育教学质量的第一责任人。校长对学校教学方向的引领,对教学管理指挥权的科学把握,深入教学第一线进行的实践调研,理性分析学校教学的能力和由此表现出来的情感、态度和价值导向,是促进学校教学工作深入开展的重要因素。因此,引领学校教学是一个专业化校长的重要使命,是优质学校建设的重要保证。校长引领学校教学应注意以下几个方面:

(一)明确教学质量愿景

校长要把建设优质学校的思想落实在教学工作之中,引领广大师生形成科学的教育观、教学观、教育价值观、学生观、评价观、管理观和质量观。在此基础上,明确教学质量愿景,发挥学校教学指挥系统的功能,引领和促使广大教师朝着这个被广泛认同的、期望的目标,积极主动地逐步接近它和实现它。这就要求校长要关注教师的工作、教学状态,关注学生的生活、学习状态,使他们幸福快乐地从事教学和学习。特别是在评价教师教学这个问题上,校长要积极主动参与;在定性与定量评价、自由与规范、标准与个性化等关系上,要高瞻远瞩、以人为本,立足教师发展,关注教师思想和情感,解决评价中的相关矛盾,使评价能够发挥促进教师的专业成长和工作发展的引领作用,把"冷冰冰"的科学管理与"暖融融"的人文管理处理得艺术高效,这是优质学校建设中一个专业化校长应该努力追求的目标。

(二)遵循教育教学规律

学校教育与教学,是有着基本规律的,这是提高教育教学质量所不可违背的。校长引领学校教学应当遵循教育教学的客观规律:首先,校长要引领教师贯彻国家的教育方针,落实课程方案,完成教育教学任务。采取有效措施,对教师的教学行为进行监控管理,实施有效的评价,使其明确各课程承载的育人功能和具体目标,自我规范教学行为,创新教学特色,完成教育教学任务;其次,校长要引领教师遵循教育教学规律,努力追求"低耗高效"的教育教学境界。作为专业化的校长既要精通教育教学规律,又要大力引导教师潜心研究教育教学规律,做教育教学规律的研究者和实践者。校长要指导教师在工作中遵照学生生理成长、身心发展和认知规律特点开展教学,致力于追求课堂教学的高效益。校长要在制度上逐步规范,采取诸如坚决执行国家课程标准、不无故增减课时、严格控制作业量等措施,让教师把精力和智慧运用于课堂,增强教师从教的科研意识,全力提高课堂教学效益。

在这里,校长的引领,就要求校长带头担任教学工作,带头深入课堂一线,带头进行教育科研。以自己的实际行动,成为教师的榜样。

(三)扎根课堂教学阵地

前苏联教育家苏霍姆林斯基曾说过:"对一个有经验的校长来说,他的注意和关心的中心就是课。……由于学校领导人对课进行深思熟虑的分析而使课堂教学得到不断的改进,就能提高学校整个教育过程的水平。……只有当学校的领导人掌握了足够的事实和进行足够的观察时,才能在教学和教育过程的这个领域里达到工作的高质量。"因此,校长要引领学校教学的方向,把握教学管理的指挥权,必须走入课堂教学的前沿,积极参与听课评课,扎根于课堂教学主阵地,这样才能真正地引领优质学校建设中的课堂教学。作为学校教育教学的引领者,校长听课中要侧重发现教学中存在的普遍性问题,并分析原因,提出解决问题的思路,抽取与本学科或与整个学科教学关联性大的问题作为教科研课题,深入探讨和研究;要研究和发展教师的教学经验,推广成功的教学经验,使之成为全校教师的教学财富;要营造教师成长和专业发展的良好环境:对迫切希望指导的教师,校长的任务是帮他"登高";对盼望展示自己才华的教师,校长的任务是给他们"搭台";对害怕听课的教师,校长的任务是为他们"加油"。

六、处理学校危机

学校危机事件是指那些在学校的日常教育、教学、活动和管理工作中突然发生的,对学校形象和声誉可能产生不利影响的事件。诸如食物中毒、校舍倒塌、学生游泳溺水、教学设施疏于检修而导致学生死亡、安全事故、学校与家长的纠纷、学校与社区及新闻媒介的突发矛盾等学校责任及无责任事件,以及如何化解学校教师之间的矛盾、如何对付"刺儿头"教师、缺勤问题的处理等都是我们在现实中可能遇到的危机事件。在优质学校的发展过程中遇到危机事件是不可避免的,因此,处理学校危机也是一个具有专业化水平校长的重要责任和使命。

（一）学校危机事件的应对策略

身为专业化的校长,应对学校危机应当讲究策略。(1)要作好充分的危机应对心理准备。当前的生存环境复杂难测,会给学校和个人带来意想不到的灾难和危机,身为学校管理者的校长,应树立强烈的危机意识和做好应对危机的心理准备,做到未雨绸缪,预见学校管理过程中有可能产生的危机,并做好相应的预案,真正做到防患于未然。(2)要建立学校危机信息预警系统。学校危机一般在爆发前都会出现某些征兆,因此学校可通过建立预警系统来及时捕捉这些危机的先兆。建立预警系统的工作可由学校办公室协同各个职能部门进行,它主要包括以下一些内容：①学校各部门先开展多种调研活动,然后由学校党委、支部和校长办公室一起来研究、预测可能引起学校危机的事件,防患于未然。②密切关注国家教育改革的现状和发展趋向,以及国家在政治、教育改革政策等方面的变化,使学校的管理决策与国家政令相一致。③加强与家长、社区、政府各职能部门的沟通与联系,集思广益。④凡事预则立,不预则废,要定期或不定期地召开汇报会,听取各方的不同声音,分析学校各管理部门的运行状态,找出薄弱环节,及时整改,预测有可能产生的危机问题,制定应对方案。(3)制定危机应变预案。危机预警固然重要,但在现实中,许多危机是在意料不到或不可抗拒的状态下发生的,因此,要解决危机就要制定应对预案,它是提供应付、处理紧急事件所需要的人力、组织、方法和措施的一整套方案,如应对地震、龙卷风等自然灾害预案,应对甲型(H1N1)流感预案。

（二）学校危机事件的处置原则

学校危机事件的处置不是随心所欲的行为,校长处置学校危机应当坚持以下原则：(1)迅速控制事态原则。学校管理人员对学校危机事件的发生决不能听之任之,而是应该迅速采取措施,有效地控制事态的发展和蔓延。(2)勇于担当责任原则。学校危机事件发生后,校长必须勇于承担责任,不能企图逃避和推卸责任。否则,在事件面前含糊其辞,肯定是于事无补,难辞其咎。(3)开诚布公原则。在大多数情况下,学校危机事件关系到当事人和学校双方之间的切身利益,因而容易引起人们的揣测和误解,也容易引起新闻媒介的关注。面对这种情况,校长应开诚布公地向人们说明事情的真相,这应该是摆脱人们无休止关注的有效方法。(4)人道与同情原则。学校危机事件在大多数情况下会给另一方当事人(如学生、家长)带来经济上的损失和精神上的打击。面对这种情形,无论学校应否承担何种责任、多大责任乃至无责任,校长都应该表现出足够的人道与同情。因为这种做法可以使学校在有责任的情况下,求得另一方当事人的谅解,在无责任的情况下,会使学校的形象和声誉更加完美。学校危机事件的处置,是检验学校管理者在学校公关活动中的态度、能力和智慧的时机,处理不好,有损学校的形象和声誉,带来不必要的负面连锁反应;处理好了,不但能够化被动为主动,而且也有助于展现学校形象,提高学校声誉,变成一次有益的公关活动。

（三）学校危机事件的应对程序和措施

学校危机发生时,校长要立即启动危机应对预案。一般的应对程序和措施是：(1)准确判断危机。判断危机影响的范围和影响的人员,估计危机可能造成的后果。(2)及时控制危机。危机处理人员认清危机后,要尽最大力量控制危机的事态,防止其影响其他的人员和事物。在必要时,可以迅速成立组织,由专门人员处理危机。这一环节同时也应包括控制危机的信息传播,学校可确定一位发言人,或一个专门的发布信息的部门,使其成为所有正式信息的唯一来源,在发布消息或声明时,在尽力维护学校形象的前提下说明真相,以正视听。(3)深入调查危机。一般在控制危机时,情况紧急,不易对危机作深入调查,以免贻误时机。但在危机得到控制后,危机处理小组成员就要立即展开对危机范围、原因和后果的全面调查,这是危机决策处理的重要前提。(4)制定危机处理对策。危机决策要在学校危机处理小组成员共同商议的基础上产生。如产生不同的决策方案,要进行优选,选择最接近成功解决危机的方案。决策方案一旦作出,就要迅速地加以实施。(5)及时总结经验教训。学校危机解决完以后,学校应及时总结经验和教训,可采取书面总结和口头总结的形式进行,把其中有价值的经验和教训提取出来,作为修改、完善危机预案的重要根据,并要加强日常的危机模拟训练,提高训练水平,增长应对智慧。总之,学校危机管理是管理过程中不可或缺的一个重要方面,其目标直接指向于保护学校师生员工的生命安全和学校财产安全,保证学校教育教学活动的正常进行。因此,作为学校管理者的校长必须增强危机意识,提高学校管理的水平,降低危机事件的发生率,这也是优质学校建设得以成功、保持优质的必要条件。

第二节　校长角色的实质和要素

随着社会的发展,人们对教育的关注程度越来越高,对学校的期望值也越来越高,对中小学校长角色的定位也越来越多元化。如要求校长既是教学能手,又是管理能手,既是思想家,又是教育家。校长就集各种角色于一身,成为学校各项工作的第一责任人。

一、校长角色的实质

校长是学校的法人代表,对外代表学校,对内主持学校工作。《全国中小学校长任职条件和岗位要求(试行)》向我们说明了校长角色的实质,概括起来有三项:一是全面贯彻执行党和国家的教育方针、政策、法规,自觉抵制各种违反教育方针、政策、法规的倾向,即学校办学方向的引导者,教育方针政策的贯彻者;二是认真执行党的知识分子政策和干部政策,团结、依靠教职员工,即师生员工的表率和教育者;三是全面主持学校工作,并发挥学校教育的主导作用,努力促进学校教育、家庭教育、社会教育的协调一致、相互配合,形成良好的育人环境,即学校运转的组织者,人际关系的协调者。

二、校长角色的要素

校长的领导角色与党政机关的领导角色不同,校长的领导角色主要指先进教育理念的指引者和教育教学工作的科学决策者,是办学权力的拥有者,是对学校师生精神、工作和生活的引领者。一个专业化的校长应从行政管理走向业务管理、知识管理(专业引领),以引导、促进学生的全面发展为己任,为学生的终生发展领航、负责。这就要求校长要自觉探究人的发展与教育的规律,并遵循这些规律策划、组织学校工作,激励教师追求专业发展,指导教师卓有成效地开展工作。校长是专业领导,而党政机关领导则是行政领导,这就是他们的根本区别。以行政领导自居的校长,是混淆了这两类角色的区别。

校长作为学校的一把手,往往同时扮演着多重角色,其中最主要的是教育者、领导者和管理者三重角色。"校长应成为导师,一个好校长首先应当是一个好组织者、好教育者和好教师。"(苏霍姆林斯基语)这给校长的角色做了很好的定位,也就是说,校长应是学校中人的素质发展、教育发生规律及其协同作用与本校培养目标、办学目标、方案的探索者和研究者;校长是学校中人的素质发展阶段目标、培育战略与学校相应发展工作战略、战役的策划者和指挥者;校长是学校文化与教职工队伍建设的激励者;校长是学校教育教学工作设计、实施的组织者和引导者。

具体言之,优质学校校长角色的要素应包含如下几个方面。

（一）学校的法人代表

学校是法人单位,学校民事能力是通过校长实行的,校长应该依法执教,依法治校,善于维护学校的权益;校长是学校的法人代表,对外代表学校,是学校的外部形象和品牌的象征。

（二）学校的领导者

校长对学校教学及其他工作全面负责,贯彻和落实党的路线、方针、政策,并通过自己的表率作用,带领全校教职工为实现学校办学的总体目标,为建设优质学校而努力工作。校长按照教育规律办学,全面完成学校各项工作任务,管理学校的一切行政事务,是校内最高行政领导,全面负责学校的人、财、物,管理着学校的教育教学工作,决定着学校的发展方向和办学水平。

（三）学校的管理者

校长是学校教育教学活动的组织者,直接领导教导处、德育处、总务处等各职能部门,全面管理学校的教育、教学等各方面工作,审批各处室工作计划,听取各处室工作汇报,并统一协调和推动各部门开展工作。校长按照教育教学工作规律办事,是学校教育教学的管理者和领导者。

（四）学校的服务者

社会对学校要求越来越高,校长要为教师和学生服务,为家长和社区服务。服务教师,就是关心教师的思想、生活、学习乃至心理,实现人与人的和谐相处,进而引领教师去服务每一位学生,使服务不断地外延到社会,收到良好的效果。

（五）学校的经营者

建设优质学校也是一个经营过程。校长要学会经营学校,要用先进的办学理念经营成本、经营文化、经营资源,最大限度地开发和利用学校资源。不过,归根结底是经营学校质量的优质,创造出优质的"产品"——培养优秀的学生和优秀的教师。

（六）学校的决策者

在学校管理过程中,校长经常会遇到各种各样的问题,需要随时做出决策,提出解决问题的办法。决策是学校管理中赋予校长的一种重要任务。因此,校长需要对学校的未来发展作战略性、前瞻性、长远性、整体性的思考和设计,专业化的校长应成为有视野、有境界的优质学校建设的科学决策者。需要特别提出的是,校长的决策还包括应急性的临时性决策,这靠的是校长的管理智慧和应变能力。

第三节　优质学校建设对校长角色的要求

优质学校建设不仅要求校长加强自身的专业发展,还要求校长为教师的专业发展搭建平台;校长不仅要管理好校内事务,还要努力改善学校的外部环境,实施开放的学校管理;校长不仅要关注学校的生存与发展,更要着眼于学生的全面发展,努力解放学生的生命潜能,促进学生健康地成长。

一、优质学校建设对校长角色的挑战

优质学校建设对校长的角色提出了新的挑战,它要求校长不仅仅是学校领导,还要成为一名教育家;要求校长不仅要教书育人,言传身教,还要注重科研兴校,成为一名研究者;要求校长不仅是一名研究者,还要成为一名决策者、经营者;要求校长不仅是一名控制者和决策者,还要成为一名反思者和超越者。

(一)优质学校建设对校长专业素质的挑战

建设优质学校,要求专业化校长必须具备通识型、通才型、一专多能的知识结构。专业化校长的知识结构由现代科学与人文基础知识、教育管理的专业基础知识和现代信息知识等组成。校长在优质学校建设中要充当复合型角色,这就要求校长在处理各种事务时既要做领导,又要做参与者、引领者;要求校长既是将才又是帅才,能够用"十个手指头弹琴";要求校长必须具备学校管理的专业能力,如校长的决策能力,理解他人和与他人沟通、交往的能力,指挥、组织、协调的能力,学校经营和处理公共关系的能力,反思与探索研究的能力等。

校长的素质是一种综合的素质,它既包含着作为人的基本的政治素质,道德品质,专业能力,也包含着人文知识构建起的文化程度、行政管理经验积淀成的文化因素。这便是校长区别于其他单位领导者的特质。因为他既是管理者,更是教育专家。作为管理者兼专家的校长,其道德素养和专业素养对学校的文化建设有着不可估量的影响力。

新课程的进一步实施,更是对校长专业素质根本性的挑战,需要校长们适时调整自己,转变观念,担负起引领与推动学校走向优质化的职责。

(二)优质学校建设对校长应变能力的挑战

社会在进步,时代在发展,教育在改革。作为一名专业化的校长,在推进优质学校建设的过程中,应当具有适应教育市场、教育改革的应变能力。教育是个基础事业,在发展过程中必然会涉及历史的、新生的、突发的、偶发的等多方面的问题,这些都是对校长应变能力的严峻挑战。比如,片面追求升学率是我国教育改革与发展过程中存在的一个顽症。在优质学校建设的推进过程中,校长面对的挑战越来越严峻,这也是对专业化校长的胆识、魄力、应变能力和专业水平的全面挑战。基于此,一名专业素质高、有远见的校长,就必须经得住压力,抵挡得住来自家长、社区等方面的阻力,切实解放教师,解放学生,减轻学生负担,走真正内涵发展的素质教育之路。

(三)优质学校建设对校长经营能力的挑战

校长在建设优质学校的过程中,不仅要管理好校内事务、改善学校的外部环境,还要科学有效地开发学校的相关资源。学校资源,是指学校发展中可以挖掘和利用的各种条件,它包括学校的和社会的,历史的和现实的,物质的和精神的,已有的和潜在的各种教育资源。开发与管理学校资源的本质是要以"经营学校"的理念来管理学校,这是随着市场经济的发展而带来的新的挑战,因为市场最讲究成本与效益。对所有中小学校长而言,这是一个时代赋予的新课题。

校长在经营学校的各种资源时,要着眼于学生的全面发展,努力解放学生的生命潜能,促进学生的健康成长。因此,校长需要具备较强的学校经营能力,经营好学校软硬件建设,经营好教师德能建设,经营好学生品行的培养;校长要适应新形势下学校发展的需要,在激烈的学校竞争中始终保持自己的优势,用专业才智应对各种可能的、现实的挑战。

二、优质学校建设中校长应承担的角色

在优质学校建设中,一个专业化的校长应承担的角色主要是:学校文化的塑造者、把握方向的领跑者、讲究成本的经营者、内引外联的协调者和追求和谐的管理者。

(一)学校文化的塑造者(设计师)

成为学校文化的塑造者,构建学校文化,推动优质学校建设,这是一个具有专业化水平的校长应承担的基本角色。优质学校文化建设需要校长的专业化引领,其建设过程是一个长期而艰辛的过程,为此,校长要带领学校领导班子,立足学校、教师和学生实际,把握学生成长与学校发展的客观规律,继承学校优良传统,充分挖掘学校潜在的文化内涵,努力建设以课程为核心的学校文化,形成属于学校的具有独特价值和意义的、个性化的精神形象。

优质学校的文化还应当包括学科教学之间整合的文化,一方面,校长要集全体教师智慧,共同研讨和解决学科教学之间如何整合的专业性问题,如不同学科的教学如何渗透与贯通,新课程改革如何全面实施等一系列问题;另一方面,校长要把优质学校的办学思想和办学理念转化为教师的共同追求,引领教师通力合作,彼此支持,有创造"1＋1＞2"的积极意识。因此,校长在学校文化的生成与发展过程中起着设计和塑造的重要作用。在优质学校建设中,一个素质高、具有专业化水平的校长,就是学校文化的代表。

(二)把握方向的领跑者(引领者)

著名教育家陶行知先生说过:"校长是一所学校的灵魂,要想评论一所学校,先评论他的校长。"校长的角色不能只是"学校保姆",而应该是"精神领袖",是举着大旗走在前面的"导航仪",其主要作用表现为校长的引领力。校长的引领力表现为学习引领力和文化引领力,引领学校文化变革,引领教师专业发展,引领学校特色发展。这就要求校长把学校管理的重点放在理清思路、搞好协调、树立形象和凝聚人心上,要求校长经常思考为什么办学校、怎样办学校以及一所优质学校应该形成什么样的共同愿景等深层次问题,要求校长要做到懂教育、懂教学。作为一名优质学校的校长,绝不能只做学校财产的看护人,绝不能只做上级文件的传声筒,必须在学习实践基础上思考,在思考探索基础上创新,激情满怀地、身体力行地按教育规律办事,不断提升组织引领力,不断地在人格引领力上下功夫,努力做到性格气质吸引人、处世任事引导人、道德品质影响人。

(三)讲究成本的经营者(实践者)

做品牌,以最低的成本创造最大效益的优质产品,不仅是企业追求的发展道路,也是学校创造优质品牌的必然途径。优质学校的品牌发展策划,是对创建优质学校进行的运筹和谋略,这样才能规避运行风险,以求得资源分配合理,从而实现办学效益的最大化。所以说,讲究办学成本是创建优质学校的一门学问。作为一名具有专业化水平的校长,讲究办学成本应当扎根于培养优秀的教师队伍。教师队伍素质的高低直接决定着学校的办学质量,培养一支素质过硬的教师队伍,应当成为校长永恒追求的目标。校长要全力以赴地帮助教师成长和发展,为教师的专业发展搭建平台,创造一个宽松和谐的环境。同时应当给教师更多的人文关怀,努力建设一支高水平的教师队伍。校长要善于找出管理不善、教师无为的根源所在,并想方设法从根本上解决这些问题,这是降低学校办学成本、创造优质教育的有效途径。

(四)内引外联的协调者(协调员)

一个具有专业化水平的校长,应当是一个人际交往的专家,懂得做一个内引外联的协调者。校长不能把目光仅仅停留在校内,或者把目光仅仅停留在上级部门,而是要努力改善学校的外部环境,加强与社区合作,促进学校与社区的有效沟通。校长要通过与社会各界的有效沟通,宣传学校的办学理念,树立学校良好的公众形象,以求得社会对学校办学的理解,并将社区资源引向学校,为学校发展服务。为此,校长要认真研究社区对学校存在的潜在影响和不断出现的机遇与挑战,了解社区环境的多样性和复杂性,充分开发和利用社区资源,形成学校和社区的良性互动,实现学校与社区资源共享,并积极做好各个方面的协调工作,实施开放式的学校管理。

(五)追求和谐的管理者(创造者)

心理学家指出:"人在和谐的环境中,其性情顺达、精神振奋,就会对单位产生出极大的认同感、归属感,就会自觉主动地履行各种义务。"在优质学校建设中,构建科学和谐的管理氛围,就能够充分发挥教职工的积极作用,提高教职工的劳动效率,从而提高学校的管理效益;学校、教师和学生三者的和谐发展,就能够实现学校管理的现代化,学校质量的优质化;和谐的学校管理,就能够使学校的人、财、物和谐配置,教学资源合理利用,实现教育目标、过程、结果和谐统一。因此,优质学校的校长应当成为学校和谐管理的智者,要以高尚无私的人格魅力激发广大教师的工作热情,树立稳固的威信,使学校管理处于一个和谐的氛围之中。

第三章
优质学校校长办学理念的确立、提炼和实现

办学理念，是一所学校办学的理想和信念，是学校办学的灵魂和指针，是学校可持续发展的精神支柱，是对学校整体发展的价值追求和理性认识，它决定着学校群体的教育行为，指导着学校的办学方向，定位学校的品牌形象。先进的办学理念可以外塑形象，内聚人心，为学校的改革、发展提供强大的动力。古往今来，所有走向成功的学校，都有自己的蕴涵人文精神和思辨特色的办学理念，以及为实现办学理念而采取的一系列行之有效的实践策略。所以，优质学校校长要树立先进的办学理念，并在实践过程中转化为办学治校的教育行为，转化为广大师生的自觉行动。

第一节　办学理念的确立

校长作为学校的一把手，要有明确的办学理念，要理解办学理念的内涵及其与学校其他口号之间的关系、办学理念的核心问题、办学理念的表述等，并为学校确立一个先进的办学理念，这对优质学校的建设和校长专业化发展具有特别重要的意义。

一、办学理念的内涵

（一）理念与办学理念

理念，idea，顾名思义，即理想和信念。理念是概念、观点、观念或思想及其价值追求的复合体。它反映了对象的客观属性，反映了主体的理想追求，表明了主体的行为方向、策略与决心。

苏格拉底曾在"对话"中提出："所谓理念，就是思想想到的在一切情况下永远有着自身同一的那个单一的东西"。在苏格拉底看来，理念是一种主观见之于客观的行为，是人们思想中的设定或结果。18世纪，德国古典哲学的创始人康德认为："理念是指其对象不能在任何经验中表现出来的那些概念来说的，……是指从知性产生而超越经验可能性的纯理性的概念。"德国哲学家黑格尔在其著作《哲学全书》中也较为全面地论述了"理念"，他对"理念"的论述另辟蹊径，从思维的角度进行阐释，他说："理念并不是形式的思维，而是思维的持有规定和规律自身发展而成的全体，这些规定和规律，乃是思维自身给予的，决不是已经存在于外面的现成的事物。"

虽然因世界观和方法论不同，三位哲学家对"理念"的理解和使用不同，但是其论述中还是表现出了一些共性。首先，"理念"是一种形而上的概念，无论是"纯理性概念"还是"思维结果"，它们都是来自于人的思想，是主观见之于客观，而非事物本身的规定规律；其次，理念的对象是一种客观事物或客观行为，理念虽然是行而上概念，但是其目标直指的是一种客观实在，绝非思想或思维。

近现代以来,随着人们对学校精神和学校理念的关注,理念逐渐进入学校管理领域,成为办学者对学校办学实践和过程的总体性把握,成为对学校发展的理想展望,以及对学校教育本质的追求。

办学理念,即学校的办学理想和教育信念,是我们办学校的基本思想和核心价值观,包括对于学校教育、教学、管理等根本性问题的认识。所以也常常称之为"教育理念"、"教育思想"或"办学思想",也有人称之为"学校教育哲学"。办学理念是学校发展中的一系列教育观念、教育思想及其教育价值所追求的集合体,是学校自主建构起来的学校教育哲学,是校长对办学实践的理性思考和理想追求,是校长办学信念的集中体现。校长专业化成长与优质学校建设都离不开先进办学理念的指引。因为它可以回答我们"中小学为什么而存在、中小学应当做什么和应该怎么做"等基本问题,体现优质学校校长对教育的理想追求及对办学过程中教与学、发展与改革、理想与现实等基本关系的价值信念。

案例 ● ● ● ● ● ● ● ● ● ● ● ● ● ● ● ●

构建学生健全人格,奠定学生发展基础

重庆市第十一中学自一九一二年创办时,就秉承"博文修德"的办学宗旨。

然而,随着知识经济时代的到来,高中生如何成为全面建设小康社会的生力军?这是时代发展对高中教育提出的新要求。十一中经过挖掘九十余年的办学传统,结合高中教育的性质和功能,提出了顺应时代要求的、引领十一中可持续发展的办学理念:构建学生健全人格,奠定学生发展基础。

"健全人格"是指全面素质、综合能力、适应时代需要的良好道德品质和心理品质等内在与外在的人品;"学生发展"是教育的本质所在,教育就是为人的发展而存在;"奠定基础"是因为高中阶段仍属基础教育的范畴,它是为人的终身发展奠基的国民素质教育;"发展基础"是一个不断完善的现代化、高水平、高质量的体现。它是培养学生学会学习、学会生存、学会合作、学会生活、学会创新、学会做人的终身学习的一种需要和准备,而不是终止;"构建学生健全人格"是十一中新世纪的"修德"之体现,"奠定学生发展基础"是十一中新世纪的"博文"之需要,学生的发展包括思想发展、道德发展、思维发展、智能发展、情感发展、知识发展、能力发展、方法发展等。

教育是一个内心的旅程,它能使人日臻完善,使得人格丰富多彩,让其作为一个人,作为一个家庭和社会成员,作为一个公民和生产者来承担各种不同的责任。十一中办学理念的提出正是考虑到了这一重要内涵。全新的办学理念引领着学校办学行为的科学化和绩效化,学校荣获了"全国百所德育科研名校提名奖"、"全国体育科研明星学校"、"全国学校艺术教育工作先进单位"等称号。

【简评】

办学理念的核心就是一切为了学校的主体——学生的可持续发展。然而,现阶段的高中教育,由于激烈的升学竞争和各种复杂的原因,面临着生存与发展的巨大压力,几乎所有的学校都将办学目标直接指向升学。办学变成了一种工具,升学变成了一种目的,在追逐高分的过程中,忽略了学生健全人格和身心等各方面的发展。因此,十一中站在为学生终身发展负责,对国家民族的未来负责的高度而提出了上述的办学理念,并把办学理念融入到学校各项工作中,用办学理念指导学校教育、教学和管理工作,从多角度、多层面形成人格教育的整体合力,充分发挥学生的个性特长,为学生的终身发展打下了

坚实基础。他们的经验是值得广大学校学习和借鉴的。

（二）办学理念与学校其他口号

办学理念不是由一个"概念"来承载的，而应是由一组教育命题或教育观念构成的。办学理念与学校其他口号，如教学模式或教育模式、校训、学校特色等有着本质上的区别。

首先，办学理念不是一种教学模式或教育模式。20 世纪 80～90 年代，许多中小学校在进行教育改革与研究的时候，都试图提出一种教学模式或教育模式，并用这种教学模式或教育模式来彰显学校的办学理念。如"情景教学"、"启发式教学"、"愉快教育"、"成功教育"、"挫折教育"、"赏识教育"等。尽管这些教学模式或教育模式对改进学校的教学和教育工作都产生了积极作用，但是这种把某种教学模式或教育模式作为办学理念的做法是不恰当的，因为它难以承载"办学理念"的丰富内涵。

其次，办学理念不是校训。校训是规范学校全体教职员工及学生面对当前的学校情况的一种约束机制，而办学理念是引领学校教职员工及学生面对未来的一种理想愿景。校训一般涉及教风、学风、班风，往往是以词组的形式来表达的，词组不能表述命题或观点，故校训不能取代办学理念。

再次，办学理念不能完全等同于学校特色。有的学校把打造"现代教育技术学校"、"体育特色学校"、"艺术特色学校"、"科技发明学校"等口号作为办学理念，这是有局限性的。因为这些特色不是基础教育的全部内容，它是学校显在或潜在的某种优势教育资源的深度开发、挖掘和凸显。并且学校特色还务必在学校办学理念的正确指引下才能够得以实现。

案例 ● ● ● ● ● ● ● ● ● ● ● ● ● ● ●

办学理念与其他口号

下面是从网络上搜索到的一些学校的办学理念，现在列举出来进行分析：

1. 以人为本，从严治校。

2. 办人民满意的教育。

3. 一切为了学生，为了一切学生，为了学生的一切。

4. 把学校办成学生的家园、学园、乐园（即所谓的"三园"学校）。

【简评】

"以人为本"的办学理念本身并没有什么错误，但它不是一个有效的办学理念。因为"以人为本的科学发展观"是我国整个社会发展的基本战略指导思想，对于一所学校的办学而言，它不能清晰地凸显出具体的办学思想，没有揭示教育的独特性，也仅仅表达了对学生地位的尊重。如同"坚持社会主义办学方向"的提法一样，没有体现出对学生个体差异性的把握，而且难以从中解读出对教育的理解。况且，"从严治校"是每一所学校都要达到的境界，是每一所学校都要遵循的管理机制，它称不上是办学理念，只能说是学校管理的机制性内容而已。

"办人民满意的教育"没有清晰地回答办学者对教育本质观和教育价值观的理解，因而作为办学理念难以成立。

"一切为了学生，为了一切学生，为了学生的一切"，应该说，这一办学理念蕴涵着比较合理的教育价值观。但这一办学理念的提出也存在着局限性。一方面，提法一般，缺乏新意;另一方面,还需要内在地蕴涵着一定的学校观。因为办学理念是建立在对教育规律和时代特征深刻认识基础之上的,它必须回答"学校是什么","学校具有什么使命","学校发挥什么作用"等一系列基本问题。

"把学校办成学生的家园、学园、乐园"(即所谓的"三园"学校),这种理念凸显了学校的功能和价值,但又缺乏核心的教育本质观。

我们从以上案例可以知道,不能把办学理念视作一个口号,一个概念,一个教育政策,或一种教育模式。因为办学理念是沉淀学校的历史传统,反映学校的社区背景,以及校长和广大教师共同愿景的一整套教育思想体系的结晶。从这一点出发,可以把办学理念与学校的办学目标、办学模式、办学特色、校训、校风等区分开来。

(三)办学理念的核心

优质学校办学理念的核心是学生观、教育观、学校观。从一个与时俱进的、清晰的办学理念中,我们能够解读出学校所追求的学生观、教育观、学校观。在此意义上说,优质学校校长办学理念的确立要体现这三个观念。

1. 学生观

学生观是指教育者对学生的基本看法,它支配着教育行为,决定着教育者的工作态度和工作方式。学生观是办学理念的原点问题,虽然任何学校教育的根本目的是为了促进学生的发展,但是如果学校所持有的学生观不同,学校教育活动的设计、学校生活的创设就有差异。

从生命化教育的立场来看,简单地说,学生就是一个个活生生的生命个体。这里有两层意思:首先,学生具有一切动物与生俱来的自然属性,就如同马斯洛的需求层次理论所指出的,那种生理层次的需求是不需要"教育"的。但一个未能融入社会、未接受教育的野人,如"狼孩"等,本质上与动物是无异的。这也从反面揭示出教育的普世价值;其次,作为生命,尤其是高等生命的人,他们又具有内在的发展规律和天性,如果因势利导,顺天应时,则他们将来的可塑性和可持续发展性是无可估量的,教育的天职将得到最大程度的诠释;反之,凭性妄为,拔苗助长,不但令学生厌学、怕学,还限制了他们的终身发展高度。总之,专业化的校长必须视学生为"生命个体",这是为了区别于"非生物"而言的,因为他们能发展,有活性,有规律。因此,教育首先应当站在尊重生命、关爱生命的角度,用平等的眼光来看待学生,用理性的思维来启迪学生,用人性的光辉来照亮学生。唯有如此,学生才真正能以"人"的姿态来享受"真"教育。

具体说来,优质学校校长应秉持的学生观应该包含以下几个方面:

第一,学生是主体的人。因为每个学生都有自己的生理特点和心理特点,他们的感知、记忆、思维、行动规律等各不相同。每个学生只能用自己的方式进行学习,别人不能代替他们的学习与成长。

第二,学生是完整的人。学生不仅仅是受教育的对象或学习者,他们还是具有存在完整性的人。教师没有权利剥夺学生的欢乐和志趣,没有理由剥夺学生的生命角色。要把学生当做有血有肉、充满智慧和活力,富于想象的和情感的活生生的人,还给学生完整的生活世界,丰富学生的精神生活,给予学生全面发展、个性力量的时间和空间。

第三,学生是发展的人。学生的身心是在不断发展的,是在正确的教育影响下逐步成长起来的。学生的发展是有规律的,是有过程的。校长只有在认识和掌握学生身心发展规律的基础上,才能更好地开展教育教学活动,促进学生身心健康地发展。

第四,学生是独特的人。学生之间是存在差异的。由于个体的遗传因素、生活环境及所受的教育的不同,每个学生无论是智力水平、认识特点,还是情感、意志、个性、能力等方面,都是存在着巨大的差异,也正因为如此,这个世界才如此的丰富多彩。

2. 教育观

教育观是指人们对教育这一事物以及它与其他事物关系的看法。具体地说,就是人们对教育者、教育对象、教育内容、教育方法等教育要素及其属性和相互关系的认识。

那么,优质学校校长在建构自己的教育观时,就必须正确并深刻理解"教育是什么"这一根本问题。蒙台梭利认为:"教育就是激发生命,充实生命,协助孩子们用自己的力量生存下去,并帮助他们发展这种精神。"也即教育是一项丰富学生生命内涵的事业。说到底教育是一种对生命关怀与改善的活动。这种活动不同于其他任何一种活动,因为它自始至终都在与生命打交道,它的一举一动也必将影响甚至决定某些生命的运行轨迹。如果我们始终能抱着对生命负责的态度来发展教育,并不断地丰富它,那么应试之风就不会大行其道,教育改革之路也不会如此举步维艰。只有这样,教育才能打开新的局面。

3. 学校观

学校观是指校长对学校的认识、定位与理解。校长的学校观决定着学校行为、学校思维乃至整个学校的生活方式。

那么,优质学校校长确立正确的办学理念,首先要对"学校是什么"有一个非常清晰的认识。

第一,学校不只是知识传授的场所,而且是一种社会组织,是将制度化组织与日常生活组织整合而成的学校组织。学校组织具有强烈的生活意义,学校中的教育者、受教育者、管理者的学校行为不仅仅是教育行为,也是一种生活行为和生活方式,其展现着积极向上的生活态度。

第二,学校是一种充满着精神感召力的学习型与发展型的文化组织,是师生共同生活的处所。师生必须同甘共苦,才能实现精神的沟通、感情的融合、人格的感化。

第三,学校是具有文化品位的场所。学校作为一个社会组织,不同于工厂、医院、商场、政府等其他任何一个组织,它从事的是一种"通过人培养人"的活动。这种"精神生产"不能按照设定的程序去生产相同规格的部件,而只能在特定的文化氛围中熏陶,逐渐"养成"。

第四,学校是物质环境与心理、精神和谐统一的优质生活空间。新时期的学校形象并非只是校容校貌问题,更多的要讲求物质与精神、科学与人文、道德与审美的统一。学校只有融合学校文化诸因素,高度重视自身人文形象与环境的塑造,才能适应和满足社会需求。

二、办学理念的特点

学校办学理念体现着办学者对教育理想的追求,以及在办学过程中教与学、发展与改革、理想与现实等基本关系的价值信念。因此,优质学校校长确立的办学理念应具有以下几个特点:

1. 导向性

办学理念必须明确学校的核心价值观,即回答"把学生培养成什么样的人"这一根本问题。这在国家教育方针中已有明确的表述,学校的办学理念都应当充分体现教书育人的目标,并指导学校经过努力实践达成这一目标。

2. 精神性

办学理念有特定的精神内涵,反映学校成员对教育和学校工作的理性认识,是师生共同的理想和奋斗目标,应该最容易被教育实践工作者所理解和接受。其表述必须简单、明确,没有歧义,无须加以特别的解释。

3. 实践性

办学理念不是纯粹的观念,它渗透到学校教育教学的各个方面,融于办学实践并指导办学实践,还可以转化为教育实践的途径和方式,具体化为学校的校训、校风、教风、学风等。

4. 独特性

由于学校之间存在着办学环境、办学经验以及校长个人信念等差异,不同学校的办学理念也往往不同,表现出各自学校鲜明的个性特点。

5. 稳定性

办学理念主动适应学校及其发展环境,能够在一段时期内甚至很长时间内指导学校的办学实践,但又要根据时代的发展变化而不断创新。

6. 前瞻性

每一所学校的办学理念,都要根据时代的律动与时俱进,不断地更新发展。倘若校长无视社会的迅猛发展,不能把握住时代发展的脉搏,不能以敏锐的眼光洞察教育发展动态、始终站在教育改革的最前沿、保证办学理念的前瞻性的话,那么,其优质学校的建设目标就会如同雾里看花、水中捞月。

7. 凝聚性

办学理念的实质是学校的办学理想,是学校文化的重要组成部分,凝聚着全校师生的聪明才智,将给师生带来心理、观念、理想、信念等方面的变化,转化为广大师生的精神财富,从而强化师生的责任感、义务感和自豪感,对教师的教、学生的学和学校管理方方面面产生巨大的激励和调控作用。

案例 ●●●●●●●●●●●●●●●●●●

"真理"

哈佛大学是以英国剑桥大学的伊曼纽尔学院为模本建立起来的,其最初成立时名叫剑桥学院(Cambridge College),1639 年为纪念约翰·哈佛的慷慨捐赠而易名为哈佛学院,1780 年更名为哈佛大学。哈佛大学创建的宗旨可以从其校徽和校训中得到体现,由哈佛学院时代沿用至今的哈佛大学校徽上面,用拉丁文写着 VERITAS 字样,译为汉语意即"真理"。哈佛大学校训的原文也是用拉丁文写的,译作汉语即"以柏拉图为友,以亚里士多德为友,更要以真理为友"。

哈佛大学的校徽和校训,都昭示着该校以"求是崇真"为办学理念。在随后的 300 多年间,哈佛大学虽历经变革,但一直固守着寻求真理的办学理念,只是在不同的时期表述及侧重点不同。1933 年,科南特(James Bryant Conant)接替艾略特的继任者劳威尔出任哈佛大学校长。他指出:"当建立哈佛学院的清教徒们在校徽上写下'真理'二字的时候,在他们心目中有两条道路可以通往真理:一是在人类理性的帮助下得到宗教启示,一是增进知识和学问。因此,如果我们试图用一句话来概括高等教育目标的话,那么最好的概括就是寻求真理。"他认为"今天大学的主要任务是寻求真理,这也一直是大学的主要任务;直接运用知识是大学的次要任务。"哈佛大学第 26 任校长陆登庭(Neil. L. Rudenstine)把哈佛大学看作一个"不同寻常的社会区",该社区"把众多卓越非凡的天才聚集在一起去追求他们的最高理想,使他们从已知世界出发去探究和发现世界及自身未知的东西。对于个人和社会而言,没有比此更有价值的追求。"

【简评】

探究哈佛大学校长们的办学理念,就是"真理"二字。这一理念突出了办学理念的实践性、独特性、稳定性、前瞻性等特点。从哈佛大学合理的、与时俱进的、清晰的办学理念中,我们能够解读出该学校所具有并达到的学生观、教育观、学校观、价值观以及教师观的先进程度。所以,学校办学理念是全体学校成员办学理念的复合体。校长确定学校的办学理念,必须立足学校实际,从学校的办学传统、办学目标和宗旨,以及对学校未来的展望等方面作深入的分析和思考。只有这样,学校才能够科学、合理地确立办学理念,并在办学实践中彰显出其本来意义。

三、办学理念表述的要求

由于办学理念具有丰富的内涵,所以办学理念的提炼与表述应注意以下两个方面的要求。

第一,整合的思维方式。办学理念涉及教育本质观、教育价值观、学生观、学校观、教育质量观、学生发展观和学校发展战略等方面的内容,单一的办学理念往往是从某一个角度来表述的,缺乏整合的思路。如某实验中学"以德立校、依法治校、科研兴校、质量强校、特色名校"的办学理念,仅仅突出了学校发展思路和发展目标,缺少核心的教育观、价值观、学生观和学校观,没有体现"实验"学校的本质,理念的可解读性和包容性不强。山东省青岛市平安路第二小学的办学理念是"为每个孩子提供一生都值得回忆的优质小学教育",这一办学理念具有较强的可解读性和包容性,人们从中至少可以认识到:以学生为本的理念,终身教育的理念,关注学生终身发展的愿望和能力的价值观,学校是影响学生一生的发展组织的学校观,追求优质和卓越、超越平庸的教育质量观的丰富内涵,它没有标签式的"示范"或"特色"或"名校"等功利追求,切实体现了以人为本的学校发展观。因而,办学理念的表述应尽可能地统一其内核的基本要素,使办学理念具有一定的包容性和可解读性。

整合的思维方式并不是要求办学理念概括性越强、越广泛越好。整合要以核心理念和价值观清晰为前提,办学理念拒斥正确的废话,如某校的办学理念"坚持社会主义办学方向,办人们满意的教育",再如某中学的办学理念"传承文明、播种希望、与时俱进、开创未来"等,表面上正确,其实没有核心理念的存在。

第二,语句简洁,情理交融。办学理念的表述应该用简洁的文字,观点明确,内涵丰富,精要地表达丰富的思想和价值观。要尽量避免那些冗长而偏颇、不便记忆、不便于理解和把握的表述。我们提倡用简洁的文字表达丰富的思想和价值,寓情于理,情理交融,具有思想的冲击力和情感的冲击力,摒弃贴"示范"或"特色"或"名校"等标签。

四、办学理念确立的原则

办学理念是学校在传承历史、立足现实、着眼未来的基础上,长期教育实践过程中经过理性思考和理想追求,通过不断地总结、提炼、发展或创新而形成的一种具有理想性、全局性、实践性、独特性和相对稳定性的价值信念。因此,优质学校校长确立办学理念应该遵循以下几项原则:

遵守法规原则。我们校长提出的办学理念必须遵守党和国家的教育法规、教育方针、政策,包括对教育的本质、功能、目的、原则等方面所作出的规定,还要符合学校当地经济社会对学校发展的规划。

以人为本原则。办学理念的确立应以满足人的全面发展需要,以促进教师和学生素质的提高和可持续发展为制高点。具体来说,在教师方面,要加强师德建设,提高教师教书育人的自觉性;在学生方面,要全面实施素质教育,坚持以德育为核心,以培养学生的创新精神和实践能力为重点,促进全体学生的全面发展。

发展性原则。这里主要是指校长对学校发展所持有的态度与意向,其至少应该包括两个方面内容:一是校长不能只停留在局部或片面的思维层次上,而是要用发展的眼光来看待和规划学校的发展;二是校长确立办学理念的出发点与归宿都在于如何实现学校的可持续发展。

多元性原则。这主要体现在校长的特色办学思想上,主要包括两个方面:一是对外如何塑造学校形象,如何提高学校的知名度,即学校应该用什么来打响自己的战略品牌,以吸引学生前来就读和教师前来加盟;二是对内如何提升学校内涵,即如何提高学校的美誉度,这就要求我们校长要站高看远,办学理念要先进,管理方式要独特有效。

继承、发展与创新原则。确立学校办学理念,校长首先要了解学校的历史,辩证地看待学校的过去、现在和未来,实现继承与发展的统一。校长不仅要立足学校发展的实际,还要充分考虑当前社会经济和文化教育发展的实际,考虑到社会、政府和人民群众的需求,让学校的办学理念与时俱进,前瞻性地引领社会经济、文化的改革与发展,不断地发展创新。

五、办学理念确立的意义

学校的任何一项重大改革,从本质上讲都是对学校进行重新设计。这一设计是否成功,关键在于是否形成了明确的符合学校发展要求的共同愿景。如果没有一个共同愿景作指引,在行动上就会是"脚踏西瓜皮,滑到哪里算哪里"。校长确立学校办学理念,正是为学校广大师生确立一个共同的学校发展愿景,这对于优质学校建设而言是至关重要的。

(一)确立办学理念是优质学校自身发展的需要

学校作为专门的教育组织,与政治组织、经济组织的重要区别在于其文化属性。校长领导学校发展,关键在于不断地丰富学校的文化内涵,丰富学校的精神文化。校长的办学理念对学校精神文化的发展,对教师的精神生活具有重大而深刻的影响。校长有先进的办学理念,则教师就有信念,学校精神文化就丰富,也就会加快推进优质学校建设的进程。因此,在当前教育竞争日趋激烈的形势下,任何一所中小学校要走上可持续发展的道路,确立一个正确的、清晰的、既富于时代精神又体现学校特点的办学理念,是关键与前提。办学理念不仅关系着学校的生存和发展,也是提高学校核心竞争力、促进优质学校建设的需要。

(二)确立办学理念是校长专业化发展的需要

校长专业素养包括价值观、知识和技能等方面。其中专业价值观是与校长角色相关的一系列认识、观念、理想的综合体,包含着如教育观、学校观、质量观、教师观、学生观、办学理念等多方面内容,它是校长专业素养的核心要素。而办学理念是校长专业价值观的核心内容,是促进校长专业化发展的需要:第一,办学理念对校长专业化发展具有定向作用。办学理念引导校长从整体上把握办学活动,并引导校长确立起办学理想及办学的基本信念,从而使校长的办学活动成为在理想和信念指导下的自觉活动;第二,办学理念具有动力作用。它以其强大的理想力量和信念力量,引导校长在专业化发展道路上不断前行。校长专业化过程是一个不断克服内在矛盾和外在矛盾的长期过程,是校长各种素质不断成长的过程。有没有强大的内在动力,直接决定了校长专业化水平是否真正得到了有效的提升。而是否具有这种内在精神动力,与校长对人生、对教育、对办学的认识等办学理念密切相关;第三,办学理念具有升华作用。办学理念是校长对教育的追求和自我办学经验的概括和提升,是一个从实践探索到经验反思、再到理性概括和提升的成长过程。一个校长能够确立先进的办学理念,这标志着校长专业的成熟,这样具有专业自觉的校长就有可能办出一所好学校,校长个人也可能在办学实践中成长为教育家。

(三)确立办学理念是时代发展的需要

现代化是我们这个时代的主题。现代化在带来社会进步的同时,也带来了种种问题,其中最大的问题在于人们越来越远离精神生活,越来越远离崇高,越来越迷恋于物质生活和感官生活,使人们普遍生活在空洞、孤独与焦虑之中。虽然这不完全是由教育引起的,却是与教育有关的。可以说,物质主义和工具性的教育,扩大了现代化的局限性。对此,有学者指出,要走出时代困境,教育必须成为精神教育。即教育应当促使人心理的健康发展,不断提升人的道德水准,引导人们确定并坚守人的精神信念,促进人的精神发展。而开展精神教育,则必须确立一些基本信念。缺乏基本信念,教育就不可能成为精神教育,也就不可能发挥出对时代发展的引导作用。因此说,中小学校长的办学理念,不但影响着校长自身、他所领导的学校的发展,而且影响着他所处的时代的发展,确立先进的办学理念也是时代发展的需要。

第二节　办学理念的提炼

办学理念不是天外来石,更不是靠拍脑袋而空想出来的,而是根植于学校沃土的一株长青树。校长在提出和提炼办学理念时,应采用系统思考的方式来看待和处理理念的来源,遵循一定的依据进行科学提炼,并在办学实践过程中不断调整和丰富办学理念的内容要义。

一、办学理念提炼的依据

办学实践,是办学理念产生的源泉。理性思考,是校长提炼、形成、丰富和提升办学理念的必要过程。作为一名优质学校校长,在提炼学校办学理念时应考虑到以下几方面:

(一)政策理论是前提

办学理念的提炼应以国家的教育方针、政策和法规为指导,在学习和领会教育方针、政策和法规基础上,树立正确的现代教育观,思考并形成学校的办学理念。

(二)秉承传统是基础

办学理念的提炼应充分尊重学校的办学实践,以学校的优良传统为基础,在继承传统的基础上不断发展创新。

(三)借鉴经验是关键

目前我国的知名学校已如雨后春笋般涌现,学习并借鉴他们丰富的办学经验和鲜明的办学特色,将会开拓校长的思路,丰富校长的思想,从而使校长的办学理念有更高的思想高度,并且更充实。

(四)时代精神是核心

在我国教育发展的不同历史阶段,受社会环境影响,不同阶段的教育理念体现着不同的时代精神。因此,办学理念的提炼应与时俱进,体现时代精神。

案例 ●　●　●　●　●　●　●　●　●　●　●　●　●　●　●

为发展而教育

大连市甘井子区新甘井子小学有着近七十年的办学历史,该校提炼并确立的办学理念是"为发展而教育":即学校办学不仅要使学生发展,还要使教师、校长、家长共同发展;不仅使人发展,更要使家庭、社区、学校、教育、社会、国家发展。

"为发展而教育"办学理念是该校办学的出发点和归宿,更是学校办学的特色和精髓。该校办学理念的提炼依据是:

(1)邓小平教育理论是"为发展而教育"的根本指导思想。"教育要面向现代化、面向世界、面向未来"是邓小平教育理论的核心。其中,"面向现代化"又是"三个面向"的核心。

(2)教育人本论是"为发展而教育"的现代教育理论基础。

(3)当前基础教育课程改革的核心理念,如果用一句话来概括的话,那就是"一切为了学生的发展"。

因此,基础教育课程改革所反映的时代精神是"为发展而教育"办学理念的现实依托。

先进办学理念的实现使该校积淀了"绿色和谐,人文健康"的优良校风,完善了"课堂教学为主渠道,校本课程为补充,特色活动为辅助"的三大板块式课程结构体系,形成了"责任教育、特色教学、全面发展、人文见长"的办学特色。学校先后荣获中国教育学会书法教育专业委员会授予的"实验小学"、辽宁省语言文字示范学校、辽宁省中小学继续教育工作先进学校、辽宁省"双自主"课题研究优秀学校等称号,是一所"教学质量稳定,学生个性鲜明,学校特色彰显"的高质量高标准的优质学校。

【简评】

发展是历史的必然,发展是时代的主题,发展也是中国教育发展的主旋律。教育作为人类文明传承不熄的火炬,是经济社会发展通向明天的桥梁,是实现人的全面发展的基本条件。大连市甘井子区新甘井子小学的办学理念——"为发展而教育"的关键词是"发展"。这个"发展"应理解为:在个人和谐发展的基础上,促进社会的可持续发展。它是将"个人本位"与"社会本位"统一起来,实现个人与社会的协调发展。国际21世纪教育委员会提出的教育有四个支柱:"学会认知"、"学会做事"、"学会共同生活"、"学会做人"(或译为"学会生存"),这正是"为发展而教育"的整合的价值取向。因此,该校就如何提炼办学理念为各中小学校提供了一个很好的典范。

二、办学理念调整的过程

办学理念的调整过程是一个逐步更新、调整、丰富、完善和升华的过程,是在校长的人生实践和办学实践过程中,在校长的理论素养的提升和人生信念的发展中不断丰富、完善和升华的过程。

（一）优质学校校长要在自我人生实践和办学实践的过程中丰富办学理念

办学理念是在实践之藤上结出的理性之果。校长调整办学理念，应不断丰富自我人生实践和办学实践。不以实践为基础，办学理念就成为无本之木、无源之水。

第一，人生实践与办学实践是办学理念的重要来源。马克思指出："不是从观念出发来解释实践，而是从物质实践出发来解释观念的东西。"校长正是在对人生实践和办学实践中各类矛盾、冲突、困惑的思考、抉择、行动、观察、体验中，逐步形成特定办学理念的。越是先进的办学理念，越是反映了特定时代的人生实践和办学实践的实践成果。

第二，确立办学理念的过程是一个实践过程。办学理念不是纯粹的主体对客体的认知结果，不是纯粹的知识，不是精神世界中自娱自乐的产物。办学理念的确立，是在实践中认知、情感、意志等多种因素综合作用的结果，这是一个不断探索、不断否定和否定之否定的辩证过程。

第三，指导办学实践是办学理念的最主要功能。重视办学理念，不是因为心灵的玄想，不是因为理智的好奇，而是源于实践的需要。正是对办学实践的指导作用显示出办学理念的现实意义。因此，办学理念源于实践，为了实践，实践对办学理念具有本体论意义。

（二）优质学校校长要在理论素养的提升中完善办学理念

办学理念是高级理性的存在方式，其形成离不开理论思维的参与和理论的价值论证。所以，教育理论为办学经验上升为办学理念提供有力的思维工具和不可或缺的价值支持。首先，教育理论是关于教育的系统化的理性思考结果，不但包含着特定的教育价值，也包含着某种理性化的思维方式。以一定的教育理论为指导，不但能够为办学经验提升到办学理念提供教育价值支持，而且能够提供特定的理论思维方式的支持。如果缺乏相应的教育价值和教育思维方式基础，办学经验也只能以一种具体的、感性的、分散的形态存在，不可能升华为抽象的、概念性的、系统的理念体系；其次，从教育发展的历史进程中可以看到，有些校长虽然有丰富的办学经验和实践，但因为理论素养不够，结果总停留在经验层面而不能升华出先进的办学理念。陶行知、杜威、苏霍姆林斯基等教育家都有系统深厚的教育理论修养，所以他们都能够提出先进的办学理念。因此，优质学校的校长必须强化理论素养的提升，从而完善并升华自己的办学理念。

（三）优质学校校长要在人生信念的发展中提升办学理念

办学理念是校长信念系统的一部分，办学理念的调整，离不开人生信念的指导。首先，这是由人生信念的前瞻性决定的。校长，只是个体发展到一定阶段所承担的社会角色。因而，在时间序列上，人生信念的形成先于办学理念，是构建办学理念的价值基础；其次，这是由人生信念的基础性决定的。确立办学理念的过程，是校长人生实践的一部分。校长正是以自己的人生信念为基础来追求其教育理想和学校发展理想的。有什么样的人生信念就会有什么样的办学理念，人生信念与办学理念之间往往有某种内在的一致性。因此，调整先进的办学理念，校长应当自觉地以高远的人生信念为指导。

三、办学理念调整的内容

办学理念的调整虽然没有固定的程式，但无论如何调整，都不可逾越以下六个方面的内容：

（一）办学理念的调整应符合法律法规

依法治校是当代学校管理的必然选择，科学而严谨的规章制度是铸就学校的文化特质、保证学校的可持续发展的灵丹妙药。未按照教育法规制定学校章程,没有将学校的发展目标、重大决策等通过章程明确和稳定下来,且不说不利于学校的自主办学和自我发展,更谈不上对于办学理念的调整。因此,校长应当在遵循国家法律法规的前提下,在建立学校、政府、社区、家庭之间的互动机制上着力,包括政府与学校之间的关系调整,教育主体的回归,依法利用校外教育资源,扩大家长的知情权、参与权、监督权等等,从而实现学校办学理念的有效调整。

(二)办学理念的调整应适应社会发展

伟大的人民教育家陶行知先生曾提出过"生活即教育,社会即学校"的教育思想,这是富有远见卓识的"大教育"的崇高理想。现代学校教育是一个复杂开放的复合系统,无时不在与校外进行着信息与能量的交流。从根本上说,生活世界是教育魅力产生的源头,学生每天都处在大众传媒的信息包围之中,并接受它的巨大影响。因此,办学理念的调整应适应社会发展,校长应彻底打破传统教育的封闭办学思想和办学模式,坚持大教育、终身教育等先进理念,充分利用校内外教育资源,积极营造学习型学校、学习型社区,让学校教育走向社会,让社会教育走进学校。校长的眼界要更宽一些,理想更高远一些,办学更大气一些,加大教育开放力度,参与国际交流,敢于问鼎国际一流学校。

(三)办学理念调整应遵从以人为本

管理科学告诉我们,人始终是管理的中心。从本质上说,学校管理就是人的管理,促进人的成长、关注人的发展是教育目的,也是学校管理的终极目的。现代学校管理就是要尊重、关心学校内每个人的发展和需要。因此,办学理念调整应遵从以人为本,校长必须牢固树立以教师为本、以学生为本的思想。教师的发展是学生发展的重要前提,没有教师的可持续发展就没有学生的可持续发展。实现教师、学生的可持续发展,实质上就是实现了学校的可持续发展。

(四)办学理念调整应倡导民主合作

我们可分两个层面倡导并践行民主合作的管理理念:一是就学校管理者来说,要分工协作,不搞内耗,依靠教师办学,强化校内外民主监督、制约机制,如实行校务公开、竞聘上岗等;二是就师生关系来说,要依照新课程理念,建立民主合作型师生关系,提升学生的主体地位,转变教学方式和学习方式,加强学生自我教育、自我管理的能力,在坚持入学机会均等的前提下,尽可能促成每个学生成功、成才机会的均等。

(五)办学理念调整应依托教育科研

办学理念调整应依托教育科研。科研兴校要求校长增强教育预见性,这就必须加强学习,更新知识,提高自身整体素质。一要学习教育经济学,将需求预测、成本效益、人力资源、经营策略等经济学的有关概念整合到学校管理"神经"之中枢,准确把脉今天教育所面临的新形势、新变化、新环境、新要求,通过教育科研解决现实中的诸多难题和矛盾。二要迅速在教育科研理论与方法上"充电",增强领导学校教育科研的能力。三要带头学习,掌握现代教育技术手段,重视教师教育信息化。

(六)办学理念应服务全体师生

当今学校教育面临着严峻挑战:义务教育普及以后的大众教育,对选拔性的淘汰式精英教育模式提出了诸多质疑;社会多元化、价值多元化、智能多元化、需求多元化,对封闭的教育观念和学校生存方式、教学方式带来了很大的冲击;开放的、廉价的、快捷的信息和其他无限丰富的社会资源,同有限的学校教育资源和昂贵的教育成本形成强烈反差和鲜明对比。凡此种种挑战,逼迫学校教育的观念及功能发生转变,也为学校教育进一步发展提供了契机。因此,办学理念应服务全体师生。现代学校教育必须是一种大众教育,一种开放教育,必须服务于一切学生,服务于全体教师,必须能够最大限度地满足全体师生对教育的需求。

案 例 ● ● ● ● ● ● ● ● ● ● ● ● ● ●

从生活开始,为生命奠基

湖北省荆州市沙市区实验小学原有的办学理念是"一切为了孩子,一切为了明天"。应该说,这是一个很好的理念,但作为一个学校的办学理念来说还是不合适的。第一,它是别人的,自从北京史家胡同小学提出了这一理念后,全国上千所学校纷纷效仿,失去了作为办学理念的个性化需求;第二,它是目标性的叙述,对于具体办学行为的指导是模糊的、笼统的,可操作性并不强;第三,教育口号的色彩太浓,深刻性显得不够。

为此,沙市区实验小学摒弃了学校原有的方案,依托教育科研,从学校主导性课题中去寻找。他们发现,学校"十五"期间主导性课题"学生生活与学生主体性发展"不仅具有丰富的内涵,而且经过多年的研究,已经形成了较为完整的体系。于是研究组就地取材,从生活教育的角度切入,认真梳理了生活教育的相关理论,厘清了生活教育的实践路径,即学校教育应回归丰富多彩的生活世界,关注学生的生活方式,关心学生的生存状态,注重人文性与科学性相结合,书本知识与生活世界相结合,传道授业解惑与生活历练相结合。

基于这一思路,沙市区实验小学提出了"从生活开始,为生命奠基"的办学理念。表述简洁通俗,含咏深沉。学校对办学理念内涵的解说是:学校教育要立足生活世界,着眼生命价值,要认可生活的教育价值和教育的生活本质。

【简评】

有一首歌曾经这样唱道:"一笔一画写个人,一生一世学做人。"做人的过程是一个漫长而又曲折的过程。生活是启蒙之师,是终身之师,向往生活的学生进入生活,就会如鱼得水,如鸟入林。所以,沙市实验小学的办学理念从原来的"一切为了孩子,一切为了明天"调整为"从生活开始,为生命奠基",这既尊重了学生的主体地位和个性品质,又激发了学生的创造力,让学校生活成为学生生命历程的重要构成,为学生一生的发展奠基。这一提法,朴实的叙述中包含深刻的教育哲学,操作要素与目标要素俱全,上溯可以从杜威和陶行知的理论中找到依据,当代可以兼收裴娣娜的"生活教育"理论和叶澜的"生命教育"教育理论,实可谓办学理念调整的典型例子。

第三节 办学理念的实现

优质学校的办学理念蕴涵着学校文化的核心价值观和精神追求,它担负着"文化培根"的特殊使命,同时还承担资源辐射和文化反哺的职责,成为先进文化和积极价值的辐射源。所以,学校办学理念的实现是受众多复杂因素影响的。要使办学理念得以贯彻、实现,我们校长既要制定切合实际、强而有力又具备可操作性的实现方案,又要有严谨的实现策略加以保障,同时还要通过评价这一管理工具来促进办学理念的实现。

一、办学理念实现的策略

办学理念的实现需要讲究策略,它是一个循序渐进的过程,是在文化传统中生根、在办学实践中超越、在经验借鉴中创新、在特色彰显中升华而成的。

(一)在文化传统中生根

每所学校在办学过程中,都有不同于其他学校的历史,在历史的长河中必将积淀并衍生出属于自己的、深厚的学校文化。办学理念是学校长期积累所形成的,是学校传统的重要组成部分,它承载着学校的核心价值和精神追求。因此,围绕办学理念的实现,校长要基于学校自身的历史文化底蕴所蕴涵的学校发展的机遇,要关注学校的历史传统、尊重学校的文化积累,到学校的历史文化中重新发现、解读和建构学校思想和文化资源,直面学校文化现实,用心诠释,让历史走向未来,使之符合时代精神和教育改革与发展的要求。

(二)在办学实践中超越

一所学校要走上科学发展的道路,关键是要有自己的、独特的、极具时代特征和先进文化发展方向的办学理念,它是基于对学校的发展背景、学校发展战略分析、学校发展战略构想、学校发展战术策略、学校发展战略实施等多方面、全方位解析后,经过专家专业论证后形成的学校发展行动纲领。所以,实现办学理念,不是脱离实际的空想,而应立足现在,在现实中超越,循序渐进,稳步发展。辩证务实地规划现在,理智地反思过去,弘扬优良传统,科学安排,把反思、目标、实践紧密结合起来,促进学生的全面发展和个性发展,促进办学理念在实践和反思中超越。

(三)在经验借鉴中创新

学校办学理念是校长在追寻教育理想的过程中动态生成的,它是源于经验、高于经验、并且在经验积累过程中不断发展和完善的。因此,办学理念的实现,还要在经验借鉴中创新,因为任何"放之四海而皆准"的办学理念,只有结合学校的具体情况和已有的办学经验,加以创造性地运用,才能落地生根,具有生命的活力。正如苏霍姆林斯基所说,"创造性地借鉴经验,就是发展自己的教育思想,也是在形成自己的教育信念"。

(四)在特色彰显中升华

学校特色是学校理念和精神由内而外的自然呈现与自然生成,是全体师生所共同认可的,并表现为师生基本行为,是在学校氛围中能够感觉到的,而不需要刻意讲解和阐述。特色学校在具有一般学校共性的基础上,又有与众不同的个性,即"人无我有,人有我优,人优我精"的独特风格。从某种意义上说,特色学校之所以成为特色学校,就是因为它基于学校自身的历史文化底蕴,蕴涵着学校发展的机遇。因此,作为一名优质学校校长,必须学会把握这种特色,并将其加以提炼和升华为个性鲜明的办学理念。

二、办学理念实现的过程

办学理念的实现是一项复杂的系统化工程,需要校长以专业化的姿态来借助合理的规划、形象的塑造、认识的提高、实践的检验、适当的调整来实现。

步骤一:制订规划,建立机构

办学理念是一个"纲",实践它必须有相应的"目",纲举方能目张。因此,学校必须围绕办学理念这个主题,制订一个中长期的实施规划,将办学理念渗透到工作的各个层面、各个阶段。让每个部门都成为烘托主旋律的一个声部,在学校奏响"理念"交响乐。这个过程不会自动出现、自发生成,它需要引导、指导、训练、约束。在这段时间内,校长有必要成立一个专门的领导小组,设立一个精干的工作机构,统一部署,分步推进,从而将办学理念这朵精神之花化为清新明媚的春天。

步骤二:塑造形象,营造氛围

开展以"塑造形象,打造品牌"为主题的教育活动,是实现办学理念的中心环节。形象塑造好了,有利于提升教师对学校的归属感,有利于提升教师对办学理念的认同感。这项活动可以从仪容服饰、言谈举止的规范开始,从表而里,从浅而深,从易而难,从形式到内容,逐步推进到待人接物、立身处事等各方面,一步步深化到人生观、价值观的内核区域。校长要大造声势,开展内容丰富、形式多样的活动,让学校生活变得丰富多彩,这既是对学校办学理念内涵的显性化诠释,又是推进学校工作顺利开展的动力。

步骤三:加强宣传,提高认识

在提炼并确立办学理念之后,就应该把基本认可的方案通过一定的沟通方式,来提高全体师生的认识,让办学理念深入人心。其具体做法可以是:

(1)利用黑板报、标语、报纸、电视等各种宣传媒体,宣传学校办学理念的内容和精要,使之家喻户晓,以创造浓厚的环境氛围。

(2)培养和树立典型。榜样和优秀人物是学校精神和学校文化的人格化身与形象缩影,能够以其特有的感召力和影响力为学校师生提供可以仿效的具体榜样。

(3)加强培训教育。有目的的培训与教育,能够使学校师生系统地接受学校办学理念并强化师生认同感。

步骤四:实践检验,不断调整

办学理念作为一种理性认识和价值追求,其对办学实践的反映是否合理,是否具有科学性,是否能起到引领的作用,只能靠办学实践来检验。任何一种学校办学理念都是特定的历史产物,当学校的内外条件发生变化时,如领导换届、校址搬迁等,学校必须不失时机地丰富、完善和发展办学理念。所以,办学理念的调整,要根据办学实践的效果,具体考察办学理念是否正确反映教育的本质和规律,是否符合学校的办学实际,是否具有现实可行性,并在此基础上进行相应的调整,努力实现办学理念与办学实践的良性互动。校长只有不断地通过反思学校教育状况,不断调整自己的教育理念,与时俱进,学校建设发展才有可能取得成功。

三、办学理念实现的评价

办学理念实现的评价起着"指挥棒"的作用,它的内容与形式都必然影响到学校的未来发展走向。它从影响校长的决策到影响教师的教育教学方式再到学生的学习方式,办学理念实现的评价具有目标导向性和强大的启动力,对校长的优质学校建设不断发挥着激励、调控和反馈作用。

(一)对办学理念实现的评价目的

办学理念实现的评价是一个连续的运动过程,它贯穿于办学理念实现的全过程。因为在办学理念实现的所有环节都存在着一个对工作的评价问题。制定新的办学理念实现计划需要对原来的工作计划执行情况进行评价,选择的执行方法也必须对原来的工作方法进行研究。办学理念能否实现,实现的水平如何,都可以在评价中显示出来。对办学理念实现的评价的优劣,直接影响办学理念实现的效果,没有完善的办学理念实现的评价,就不可能提高办学理念实现的层次与水平。具体言之,评价的目的有二:一是通过对办学理念实现的评价,可以取得有益的经验与教训,为以后的办学理念的更好落实奠定良好的基础;二是通过对办学理念实现的评价,可以检查在制定和执行办学理念过程中出现的偏差,了解在落实办学理念过程中存在的问题,以便在今后的执行过程中进一步明确要求。

(二)对办学理念实现的评价步骤

办学理念的实现是一个动态的活动过程,在办学理念落实过程中进行评价是不可缺少的环节,一般要经历收集资料、组织评价和改进计划这几个步骤。

1. 收集资料

对学校办学理念实现的资料的收集,一方面,用事实证明办学理念的先进性,使办学理念得到广大教职工的进一步认可与支持;另一方面,校长可以根据收集的有关资料,及时发现办学理念实现过程中存在的不足,以便为下一阶段工作的开展指明方向。在收集资料时,校长可以采用观察、访谈、问卷和查阅文献资料等多种方法。在掌握了大量的办学理念实现过程中的优势与不足的资料和证据后,校长可以对办学理念实践与发展状况进行分析,并做出客观的概括性描述。

2. 组织评价

优质学校校长根据办学理念的目的、内容、要求,组织评价小组进行自查、自评,通过自查、自评,使学校的领导与教职工统一认识,自我解剖、自我认识、自我教育、自我纠正在办学理念实现过程中的缺点和错误,弥补不足和缺陷,增强参与办学理念实现的意识和主动性。其采取的做法主要是,评价小组深入学校各相关部门听取情况汇报,查阅有关文献资料,进行现场调查,召开各种座谈会,对广大教职工进行问卷调查和测试等方式,广泛、系统地获取与评价事项有关的信息。经过整理分析、综合判断,形成评价结论,写出评价报告,并提出办学理念评价意见。

3. 改进计划

评价是为了促进学校办学理念的进一步落实,因此对于评价意见,校长不能停留在简单分析总结上,而要帮助学校各职能部门以开放、坦荡的胸怀勇于面对评价的结果,和教师一起讨论并确定办学理念改进要点,制定改进计划。

(三)变革传统模式,实施全新评价

1. 实施多元化评价

学校在实现办学理念过程中往往会表现出各种差异,因此,在对优质学校进行办学理念实现的评价过程中,要充分尊重学校在发展过程中所表现出来的特征,不宜用一把"标准尺"去衡量实现办学理念过程中所表现出来的差异。应建立多元化的评价标准,以此来鼓励学校在办学目标、办学形式、管理方法、课程设置、教育评价、学生发展、教师成长等方面形成自己独有的办学理念,促使学校完善自己的办学理念。

2. 关注发展性评价

对优质学校办学理念实现的评价,校长不能简单地以学校是否达到所设定的各项指标来衡量学校办学理念的实现,而是要关注学校原有的基础以及学校在原有基础上沿着办学理念设计的方案发展变化的程度,特别是要看到学校在这种发展变化过程中所采取的有效措施和付出的努力。只有这样,才能使优质学校的办学理念的实现得到公正的评价,才有利于激励学校奋发向上、努力进取。

3. 重视周期性评价

优质学校办学理念实现的评价让广大教职工主动参与其中,这样不仅使教职工更加深刻理解办学理念,而且还能有效提升其自我发展意识和自主办学精神。这样的评价活动不可能一蹴而就,而应该是呈周期性推进状态的。其基本程序为:出台评价目标、确定评价计划、收集评价信息、实施评价、指导反馈。这样经过多次循环,形成螺旋上升之势,从而完成"确立理念——实践理念——评价理念——修订理念"的循环反复的周期性评价过程。

4. 注重自我评价

长期以来,在学校评价中,学校一直被当作评价的客体来对待,它总是借助外力来评价学校办学目标实现的情况,而学校本身没有参与评价,这是不符合学校可持续发展战略的。随着新课程改革的不断推进,学校的职能定位发生了很大变化,学校要求变被动发展为主动发展,而且,根据优质学校的评价理念,学校在办学理念实现的评价活动中,变革传统模式,广大教职工是积极的自我评价者,这突出表现在学校自评活动中,也表现在学校积极参与到评价活动的始终,并在其中扮演着重要的角色。

第四章
优质学校校长的人才管理、人资开发策略

　　校长是专业化人才,但一花独放不是春,校长依靠其专业化水平去积极开发和利用学校的人力资源,这是建设优质学校的必然选择!学校的人才资源,主要是广大专任教师和班主任,他们的专业化水平决定着校长办学理念的实现,决定着学校办学水平的提升,决定着学校特色的形成。校长只有采取行之有效的措施开发学校人才资源,才能打造出一支专业化的教师队伍。

第一节　校长的人才培养战略

　　管理学校是校长的职责,培养人才是校长管理工作的重要内容。校长的人才培养战略包括两个方面的内容:一是培养以学科教学为己任的专任教师队伍,二是培养以班级管理为主要任务的班主任队伍。校长不能仅仅满足于为管学校而管学校,而是应当自觉树立起人才培养战略意识。因为只有拥有一流的教师队伍,校长才能充分施展其管理才能,建设出优质学校。具备了这样的理念和意识,校长的专业化水平才能得以彰显,其作用才会得到最大限度的发挥。

一、人才培养战略释义

　　何为人才?我们通常将其理解为人的能力。在学校,它指教师从事教育教学及科研的能力,即教师的专业知识和专业技能。校长应该做到眼中有人才,心中有教师,牢固树立"教师人人都是人才"的意识,发掘每一位教师的能力,只有这样,校长的人才培养战略才能得以实施。

　　何谓战略?在目前的辞书中,它的解释是:指导战争全局的计划和策略,比喻决定全局的策略。落实到教育工作中,战略即指导教师专业发展的策略,即人才培养战略。我们之所以把人才培养作为战略,是因为人才培养是打造优质学校的关键,人才资源的开发与培养关系着学校的长足发展。调查中发现,一些学校一方面缺乏建设优质学校的人才,另一方面有人才却留不住,或者是人才无用武之地。面对上述严峻的问题,专业化的校长必须实施人才管理、人力资源开发这项富有时代意义和战略意义的工作。

二、校长实施人才培养战略的现实意义

　　校长实施人才培养战略是一项富有现实意义和时代意义的工作,它的实施是全面推进素质教育的需要,是促进教师专业发展的需要,是建设优质学校、服务学生健康成长的需要。办学有三个基本要素:师资、生源、管理。师资是保证,生源是基础,管理是关键。三者之中,生源一般不好选择,而师资和管理则具有巨大的动态生成性。管理和师资质量上去了,不理想的生源是可以改变的。管理措施的有效实施,教育质量的提升,依赖于

高质量的教师队伍。因此,有人提出了"教师第一"的办学主张。"教师第一"是现代学校管理者办好一所学校必须确立的理念,只有确立了"教师第一"的理念,才能打造一流的教师队伍,这是学校管理者的第一要务。

(一)全面推进素质教育的需要

党的十七大明确提出,新时期我们的教育方针是:坚持育人为本、德育为先,实施素质教育,提高教育现代化水平,培养德智体美全面发展的社会主义建设者和接班人,办好人民满意的教育。作为校长,全面落实党的教育方针的基础就是要切实实施人才培养战略。因为教师是推进素质教育的根本和保证,学校是否具有一流的教师队伍,不仅关系到学校的办学水平问题,更关系到一流人才培养的问题。校长只有既重视一流教师的培养,又重视一流学生的培养,才能更好地贯彻素质教育的要求,推进教育事业的发展。所以,校长积极实施人才培养战略,功在当代,利在千秋。

(二)促进教师专业发展的需要

学校有两支很重要的队伍,一是专任教师队伍,二是班主任队伍。班主任虽然属于专任教师队伍的范畴,但随着教育的深入发展,班主任具有了更加明显的专业特殊性。校长要善于从战略高度分析学校两支队伍的现状,善于发现每一名教师身上的内在潜能,找出制约每一名教师专业发展的瓶颈问题,解决两支队伍专业水平发展不平衡的问题,这样才便于校长运筹帷幄,统筹安排,实现人尽其才。在此基础上,校长还要善于实施有效的人才培养战略,使不同专业发展水平的教师的成长形成一个良性发展链条,保证两支队伍专业发展的科学化、有序化,避免人才队伍的断层和青黄不接现象。

(三)建设优质学校,服务学生健康成长的需要

一是有利于建设优质学校。教师的专业化水平决定着素质教育的水平,校长培养出优秀的专任教师与班主任,学校就会培养出优秀的学生,进而实现优质学校建设的目标。

二是有利于给学生提供优质教育。学校的教师专业发展水平是制约学校办学水平和教育教学水平的瓶颈,学生能否人人享受到优质教育,直接取决于教师的专业化水平。因此,校长能否有效实施人才培养战略,关系着每一名学生能否都享受到优质教育。

三是有利于提升学校对学生的服务水平。教育的本质是服务,是为学生的健康成长服务,专任教师与班主任是直接的服务者,而校长就是服务人员的调配者和指导者。学校是学生享受教育的重要场所,学校对其承担着服务功能,学校服务水平的高低决定着学生在校学习和生活幸福指数的高低。因此,校长大力实施人才培养战略,有利于更好地提升学校的服务水平。

四是有利于实现学校对社会的服务价值。打造优质学校是为了更好地实现学校的育人目标,为国家培养具有创新精神和实践能力的合格建设者和接班人,从而较好地实现学校对社会的服务价值。实施人才培养战略就是要求校长时刻以振兴教育为己任,把满腔热情投入到教育事业的发展上来,充分开发和利用好学校现有的人力资源,办好学校教育,振兴一方经济,为祖国教育事业的发展做出应有的贡献。

第二节　以校长专业化助推教师专业化

马斯洛的需求层次理论认为,人的自我实现的需要是最高层次的需要,它是指实现个人理想、抱负,发挥个人的能力到最大程度。对教师而言,专业成长应该是生命价值提

升,是教师职业中最为重要、最为充实的生活方式。教师明确个人的专业发展目标,才能守住心灵的净土,找到尽快成长的舞台,实现生命价值的提升,这样才能使他们感到最大的快乐。在教师的专业成长过程中,很大程度上需要得到校长的专业化引领,从而实现从"普通人"到"教育者"的角色转变。

一、以校长专业化促进教师专业化的策略

教师专业化是指教师职业具有自己独特的职业要求和职业条件,有专门的培养制度和管理制度。它的基本含义是:第一,教师专业既包括学科专业性,也包括教育专业性,即国家对教师任职既有规定的学历标准,也有必要的教育知识、能力和职业道德的要求;第二,国家有教师教育的专门机构,专门教育内容和措施;第三,国家对教师资格和教师教育机构的认定制度和管理制度;第四,教师专业发展是一个持续不断的过程,教师专业化也是一个发展的概念,既是一种状态,又是一个不断深化的过程。要想实现校长专业化对教师专业化的助推作用,校长必须有计划、有步骤地为教师的专业发展搭建平台。教师是学校的主人,是办好学校的最关键因素。学校是教师人生发展的大舞台,一个有思想并善于思考的校长总能在自己管辖的学校里找到适合教师专业化发展的平台。在这里,我们就校长自身专业化发展对教师的影响、技术运用、文化熏陶、学生推动策略的实施进行简要的阐述。

(一)校长影响策略

依靠校长的专业化水平和影响带动教师的专业化水平不断提升,这是校长专业化促进教师专业化的一个重要策略。教育部中学校长培训中心主任陈玉琨说:"从内涵与特征上来分析,教育家型的校长应具有强烈的教育情感、高远的教育追求、忘我的奉献精神、主动的专业发展、系统的教育思想和成功的教育实践。"这段话比较全面地阐述了校长专业化的内涵,它告诉我们,校长的专业化内容应该是多元化的,校长的专业化水平对教师的影响应该是全方位的,在具体的学校工作中应该表现为百花齐放、五彩缤纷。因此,在实施校长影响策略时,应该让教师充分感受到校长的智慧和风采,在潜移默化中促进教师的专业成长。

(二)技术铸就素质策略

如果说文化引领的核心是要在团队中形成共同的价值取向,那么技术的运用则是铸造教师素质,强化教师内功的重要手段。观念的形成、精神的培育,光靠说教、灌输是不一定能见效的,最有效的办法是让团队的每一个成员实实在在地分享到团队成功的喜悦。他们看到了团队的成功,才可能接受团队的意志,才会把团队的价值取向变成自己的价值取向。这就需要学校管理者在管理技术上下功夫,改变传统观念,创新管理手段,反弹琵琶,树立先行动再结果的管理思想。因为再先进的理念、再美好的愿景,不去行动也是空话。行动的目的是为了有一个好的结果,要有好的结果,就要讲究行动的技术。技术先进,则会引导人们改变观念,接受团队的价值取向,进而改变行为方式去追寻理想的结果。

(三)文化熏陶策略

学校既是一个充满文化色彩的场所,又是一个人才成长的摇篮。因此,校长必须把不断打造学校文化当作一项长期工程来抓,从而使学校的文化底蕴不断得到深化,学校的精神不断得到传承。只有不断加强学校文化建设,大力实施文化熏陶策略,努力给教师搭建富有时代气息和学校特色的文化平台,努力营造起浓厚的发展氛围,教师的专业

素养才能在文化的熏陶中逐渐形成积淀,专业发展才能不断成为现实。

(四)学生推动教师策略

韩愈早在他的《师说》中指出:"弟子不必不如师,师不必贤于弟子。"现代社会经济迅猛发展,科技突飞猛进,网络时代已经来临,借助互联网学生可以登上信息高速公路,并且推动着自己的家长、教师迅速进入。在这样的文化背景下,学生自然成了教师学习提高的推动者。这就是知识经济时代所具有的典型文化特征——"文化反哺"。

二、以校长专业化促进教师专业化的途径

在在校长专业化促进教师专业化策略的指导下,可以采取以下途径促进教师的专业化发展:

(一)实施校长影响策略的途径

途径一:校长影响教师理念的更新

校长影响教师理念的更新主要包括两个方面:一是基本教育教学理念的更新;二是掌握前沿教育教学动态。

1. 捕捉前沿的课改信息,引领教师更新教育理念

《关于基础教育改革和发展的决定》明确指出,实施素质教育必须端正教育思想,转变教育观。如果我们全体教育工作者不能做到这一点,课程改革就难以取得预期的效果,素质教育就会流于形式。同以往相比,新课程改革在如何看待学生、学习、知识、发展、课程等方面,都有着重大的转变。因此,校长在引领教师更新教育教学理念时,首当其冲的应该是引领教师树立起科学的、适应新课程改革的学生观、发展观、知识观、课程观。要准确定向,既要传承民族文化,更要让未来大师级人才的成长根植于世界先进文化的沃土上。

2. 发挥非权力性影响力,提高教师管理的效度

一些校长往往依靠权力引导师生围绕学校目标进行有序活动,必要时用强制手段要求教师服从学校的意志。这样一味地追求权威化、程式化、统一化,久而久之会造成教师心理厌倦、被动工作的习惯,极大地压抑了教师专业化发展的积极性和主动性。同为"校长",其"权位"带来的"权力"是大致相同的,但其领导力、执行力、管理效能、学校发展水平却有着很大的差别。校长领导力的差别主要来自于"权位"以外的因素——校长个人的非智力因素。领导不是天生的,领导是个人后天"选择"的结果;领导力不是后天培养的,领导力的形成也是个人"选择"的结果。有"权力"不一定有"权威",有"权威"不一定要有"权力"。"权力+影响力=真正的、卓越的领导力"。

那么,专业化的校长应当如何发挥非权力性影响力的作用,提高教师管理的效度呢?首先,校长应尊重教师并包容教师的缺点,这是校长和教师的关系长期、良性、健康发展的前提;其次,在处理教师管理中的问题时,校长要坚持以原则为重心,从小事开始,从细节入手。要引领教师明白,人对于同一事物有不同的看法,在多大程度上接近真理,就在多大程度上具有发言权,让人信服。要努力培植教师的奉献精神、责任感,让教师意识到"服务"和诚信同样是一项普世法则,主动选择就意味着承担责任;要帮助教师乐观起来,因为教师的安全感不是建立在财富、权力或者别人的态度、评价的基础上的,任何时候都给教师选择的自由和可能;要强化沟通的艺术与技巧,通过个别谈心和茶话会的形式倾听教师的心声,及时排解教师成长中遇到的难题与困惑。

途径二：校长影响科研工作的发展

学校的教育科研工作往往流于形式，而科研工作又是学校教育教学工作发展的不竭动力。校长能否重视科研工作，对教师来讲是一张非常敏感的晴雨表。因此，校长要站在学校发展的高度，以教育科研工作第一责任人的角色来影响和领导学校的教科研工作，靠教科研工作的发展打造一支教师专业发展的领军团队。那么，校长应当如何建立起这样一支领军团队，并使之发挥更大的领军作用呢？校长需要遵循以下步骤开展工作：

第一步：思想先行，树立科研兴校的意识。一所没有研究项目和研究课题的学校很难想象是什么样子，一名没有科研意识和专业精神的校长很难想象他领导的学校是一所怎样的学校，一名没有经过科研工作打造的教师很难理解他将怎样成长为一名高水平的专业化教师。因此，校长能否树立起牢固的科研意识，是否具有高度的专业精神，在某种程度上决定着一所学校的前途命运。这就要求校长必须牢固树立科研兴校的意识，高度的专业精神，重视学校教育科研工作，充分发挥教育科研工作对教师专业发展的促进作用。

第二步：当好伯乐，发现学校的科研型人才。一位聪明的校长从不把自己高高凌驾于教师之上，总是善于和教师打成一片，这是校长能够发现人才的基础。司马迁在《史记》里写了这么一则故事：刘邦统一天下以后，大摆宴席庆功。他在宴席上向群臣提出这样的问题："列侯诸将无敢隐朕，皆言其情。吾所以有天下者何？项氏之所以失天下者何？"席间有人恭维了一番，刘邦听了没有飘飘然。他说："公知其一，未知其二。夫运筹策帷帐之中，决胜千里之外，吾不如子房；镇国家，扶百姓，给馈饷，不绝粮道，吾不如萧何；连百万之军，战必胜，攻必取，吾不如韩信。此三者皆人杰也，吾能用之，此吾所以取天下也。项羽有一范增而不能用，此其所以为我擒也。"这段话说明，刘邦对张良、萧何、韩信有着深刻的了解，而且能充分发挥他们的长处；同时还说明，刘邦不仅能知人善任，而且有自知之明。他当着这么多诸侯、将军的面，公开承认自己在某一方面不如张良、不如萧何、不如韩信，这是需要有勇气的。作为新时代的校长，应该比两千多年前的帝王做得更好些，应该放下校长的架子，与教师打成一片，发现教师中的科研型人才，为学校所用，为教育事业的发展所用。在某种意义上讲，他们是校长助推教师专业化成长的的智囊团。

第三步：统筹规划，构建科研工作新机制。学校的教育科研工作应该具有很强的规范性，它的运行要符合科研的规律，要遵照科研的办法。所以，校长根据学校规模在构建学校科研工作机制时，要通盘考虑，既要考虑科研型人才的选拔任用机制，又要考虑对所选用人才的工作培训机制，这样，才能够保证科研人员的工作科学有效。这就要求校长要建立起科研工作的有效机制，以确保科研工作的运行畅通。

第四步：科学评价，规范科研工作评价办法。教育科研有其自身的规律，并非所有研究工作迎来的都是成功，在失败中，也包含着研究人员的辛勤汗水和酸甜苦辣。校长要善于理解他们，善于对他们的工作做出公平、公正、合理的评价，保护研究人员的工作积极性，避免"谈研色变"。同时，校长要善于引导广大教师积极支持学校教育科研工作，唤起广大教师的科研工作热情，将教育科研工作与校本研究活动紧密结合，做到二者相互补充，和谐发展，共同进步。只有这样，教师专业发展的信心才能得到保护，专业技能才能得到更好的锻炼，并更容易走向成熟。

（二）实施技术铸就素质策略的途径

何为管理技术呢？决策理论学派的代表西蒙认为：决策技术，即在一定的"合理性"前提下，通过对各种行为的比较和选择，使总效用或边际效用达到最大。他们强调，不同类型的决策需要不同的决策技术。决策理论学派对决策技术的阐述启示我们：管理是要有技术的，这技术的关键是对行动的评价，寻找决策的依据和制定行动方案是达成目标的基础，技术的运用要因人、因事、因时而宜。借用决策技术的理论来说，管理技术，就是管理者在实施管理的过程中，有效地收集各种信息，因人、因事、因时而宜地制定行动方案，采取相应的管理手段（措施）去实现管理目标。因此，管理技术至少应该包括硬件设施的配置调整和工作方法、措施两个方面。基于这样的认识，在教师队伍建设的技术层面，我们可以从以下几个方面入手：

1. 建立健全培训机制

学校要形成校长亲自抓、部门主任具体抓、职能科室协同抓的校本培训管理网络，确保教师培训机制的正常运行。还要建立相应的制度，如集体备课制度、听课评课制度、师徒结对制度、不同层次教师培养制度（新任老师的"入格"培养；成长教师的"合格"保证；成熟教师的"升格"推动；成名教师的"风格"凸现）等，从技术层面上保证并激励教师全员参加校本培训活动。教师专业成长耗力大、耗资多，要有一定的物质基础。校长必须根据教育部《中小学教师继续教育规定》的要求，多渠道筹措经费，在活动组织、教学设备尤其是信息技术基础设施建设上加大投入，为教师的专业成长创造必要的物质条件。要积极争取教育行政部门、教研部门以及高等院校的支持与指导；要重视加强与兄弟学校间的联系与协作，组织校际教研共同体，建立教师专业发展联盟，实现资源共享，优势互补，共同发展。

2. 培养树立先进典型

一个没有英雄的民族是没有活力的民族，同样地，一个没有英雄的团队是没有战斗力的团队。高素质的教师队伍建设，必须有高素质的典型人物引路。学校要制定各类教师的培养计划，积极创设让优秀教师展示才华的平台，把那些德才兼备、品学兼优、潜质聪颖的教师纳入各种培养渠道，让他们脱颖而出。要采取多种手段引导广大教师树立正确的世界观、人生观和价值观，把那些忠于人民的教育事业、恪守教师职业道德的优秀教师推上前台，通过广播、电台、报纸、网络等媒体大力宣传他们的先进事迹；要借助各类评比表彰活动激发广大教师学先进、赶先进的热情，自觉培养良好的师德行为习惯和教育教学研究习惯，充分发挥教师团队中先进典型的示范、引领作用，努力推动奋发向上、和谐团结的学校教师团队建设。

3. 开展有效研究活动

有效的教育教学研究，是学校教师队伍建设的重要抓手。我们要在教育教学实践中扎扎实实地开展各种有利于学校、团队、个人发展的研究活动，促进教师队伍建设和发展。如教师个人的自我反思，教师集体的同伴互助，专业研究人员的专业引领。自我反思是教师形成自己对教育行为、教学现象、教学问题的独立思考和创造性见解，使自己真正成为教学和教学研究的主人的有效途径。同伴互助，是教师与同行的对话，是校本研究的标志和灵魂。教师间在教育教学活动上的切磋、协调和合作，共同分享经验，互相学习，彼此支持，会促使他们共同成长。专业人员的专业引领，有助于实现理论对实践的指导，进而提高教师的理论水平。从方法上讲，教师个体研究的最佳选择是行动研究和叙事研究。行动研究能针对学校的实际问题，采用各种研究方法统领教育教学工作，达到在行动中解决实际问题,改善行为方式的目的。尤其要提倡叙事研究,因为当教师在讲述自己的教育教学研究过程及所发生的事件时,就已经是在研究、反思自己的教育教学行为,这种叙述自然会带领教师走上"研究性教学"之路。

有效的管理技术,会使学校的理念融入每一位教师的心灵,提升他们的素质,推动他们更好地行动。

途径一:积极开展校本研究活动

实践证明,坚持开展校本研究活动是推进学校人才培养战略实施、促进教师专业发展的一条有效途径。因此,校长应当重视这项研究活动,不断推陈出新,创新开展各种校本研究活动,营造浓厚的群体研究氛围,促进教师的专业化水平不断提升。如何建立一套有力的保障体系?下面的案例给了我们深刻的启迪。

案例● ● ● ● ● ● ● ● ● ● ● ● ●

肥城市实验小学校本研究工作实施方案

一、指导思想:

在倾听中学习,在实践中探索,在研讨中改进,在反思中发展。

二、管理网络

校长——业务校长——教科室(教导处)——教研组——教师

三、研究流程

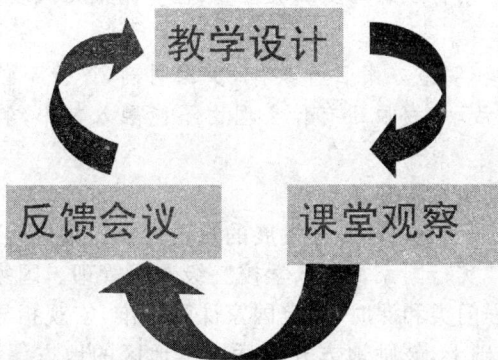

四、具体操作

步骤1:确立研究课题

各教研组要树立团队意识,加强课题研讨。学期初,要召开专门的开题研讨会,依据学校"主体互动、共同发展"课堂教学改革研究课题体系,集中研讨论证本年级本学科存在的突出问题,确定本教研组的课题。

步骤2:进行教学设计

校本研究中的教学设计意味着教师在发现某个值得追究、追踪的教学问题之后,在课堂教学的设计(备课)中寻找和确定解决该问题的基本思路和方法。在教学设计时,一要关注教研组教师的已有经验,二要关注新课程理念如何落实,三要关注教学设计和课堂实施之间的差距。

步骤3:开展课堂观察

行动是指将已经设计好的方案付诸实践。行动既包括教师的上课,也包括相关的合作者的听课,即课堂观察。

就教师的上课而言,行动不仅意味着观察事先所设计的方案是否能够解决问题,而且意味着在教学对话中创造性地执行事先设计的方案。

教研组的全体成员通过课堂观察,记录师生的活动,在观察过程中及时分析、反思,察看问题解决的程度,提取好的做法,找出存在的问题,进一步寻求好的解决方法。

步骤4:举行反馈会议

反思一般指回头思考,它指教师以及合作研究者在行动结束后回头思考解决问题的整个过程,明确所设计的方案是否能够有效地解决问题。

由于校本研究常常是一种基于教师个体自主思考的合作研究,因此这种反思也可以称为反馈会议,它与此前的教学设计、课堂观察相呼应。

在交流讨论的过程中,教师们一般能够提出问题,但对于如何解决问题却往往感到无计可施。交流的关键在于开阔眼界,汲取他人的经验,并将他人的经验转化为自己的设计和自己的行动。只有反思自己的经验并使自己的经验与他人的经验相互关照,教师才能真正发现和解决问题。专业引领要充分发挥理论优势,适时地引领教师学习运用新课改理念,学会用课改理念解决教师思想上的疑惑。

每个教研组每学期将研究成果撰写成一篇有价值的课例。教研组和个人的过程性研究资料和学校平时下发的校本培训材料、校本研究方面的有关规定都放入"我的成长之路"校本研究夹中。

鼓励教师积极撰写教育随感,学校统一下发记录本,取名为《教育随感集》。

以上内容,学校每学期将组织二至三次检查,检查结果记入教科研成绩。

【简评】

该校的校本研究活动实施方案目标具体,步骤明确,评价到位,实效性强,在这样的方案规定之下开展研究活动,教师还有什么理由不能融入其中,教师的专业化水平还有什么理由得不到发展呢?

途径二:有效进行校本课程开发

有效进行校本课程开发是教师专业发展的重要内涵。国务院《关于基础教育改革与发展的决定》明确提出,"实行国家、地方、学校三级课程管理。国家制定中小学课程发展总体规划,确定国家课程门类和课时,制定国家课程标准,宏观指导中小学课程实施。在保证实施国家课程的基础上,鼓励地方开发适应本地区的地方课程,学校可开发或选用适合本校特点的课程。"

校本课程是以学校教师为主体,在具体实施国家课程和地方课程的前提下,通过对本校学生的需求进行科学的评估,充分利用当地社区和学校的课程资源,根据学校的办学思想而开发的多样性的、可供学生选择的课程。校本课程的开发主要依据国家教育方针、国家或地方课程计划、学校教育哲学、学生需求评估以及学校课程资源,强调以学校为主体和基础,充分尊重和满足学校师生的独特性和差异性,使学生在国家课程和地方课程中难以满足的那部分发展需要得到更好的满足,是国家课程计划中一项不可或缺的组成部分。既然如此,就要求教师要逐渐掌握校本课程开发的基本知识,提高校本课程开发能力,使开发出的每一种校本课程都能够与社会和时代发展的需要和特点相联系,与学生的生活经验、兴趣爱好和发展需要等相联系。

很多校长已认识到开发校本课程工作的重要性,但在具体实践中,由于工作难度大,教师的积极性并不高。因此,校长应根据学校实际制定切实可行的校本课程开发制度,引导教师积极参与校本课程开发活动,促进教师专业化水平持续发展。

途径三:积极推动教师梯次培养

促进教师专业发展是一项长期工程,是一项薪火相传的工作,因此,在促进教师专业发展的工作中,校长要构建一种具有长期性和长效性的工作机制,积极推动教师梯次培养,这是促进教师专业发展的一条科学途径。

首先,校长要善于将责权利有机结合,启动骨干教师人人主动承担培养任务的内部动力。校长在引导骨干教师履行培养职责时,既要满足教师培养"权"的欲望,又要满足教师"利"的欲望。所谓培养权,即在一定程度上要尊重骨干教师在学术上的权威,让骨干教师牵头负责在学校举行的各种研究活动,可以确立其为发言人或首席发言人;所谓利,即让那些为学校的学术发展,为学校教育教学质量的提高,为教师梯次培养做出卓越贡献的教师享受到应该享受的待遇。这样,他们才能感受到校长的公平、公正和公道,并竭尽全力地投入工作之中。

其次,校长要特别重视青年教师的培养。青年教师是学校的后备力量,校长不能认为青年教师的回报是将来的事情,只求其付出,不管其回报,如果那样的话,将会不同程度地挫伤青年教师的积极性,甚至影响到他们对未来自身专业发展的信心。因此,校长要特别重视青年教师的成长,在制定教师的梯次培养制度时,一定要用发展的眼光把青年教师的培养放在十分重要的位置上,兼顾到学校教师队伍的各个层面,使学校的梯次培养工作更加科学合理。

最后,校长要关注每一位教师的成长。任何一位教师的成长都不是一朝一夕的事情,其间,不仅包含着教师自身的辛勤汗水和心血,而且包含着校长对每位教师的关心和培养,学校这块沃土为其提供了成长的广阔天地。所以,校长要爱护已经成长起来的每一名教师,教育他们认识到自己的成长离不开学校这个大家庭,从内心唤起一种关心学校发展、关注其他教师专业发展的强烈愿望,鼓励他们勇于挑起培养新时代教师的重担。

(三)实施文化熏陶策略的途径

学校文化作为学校可持续发展的载体,应该成为校长实施文化熏陶策略的中介。校长可以有意识地策划丰富的个性化文化活动,促进学校文化沿着温馨、人文的方向发展。而开展书香校园活动是学校校风、教风、学风建设的基础,也是促进教师专业发展的有力途径。因为优质学校应该具备学习型学校的特征,一所学校是否具备学习型学校的特征,一个显性的标志就是读书活动开展得如何。因此,开展书香校园活动是实施文化熏陶策略的基本途径。

案 例 ● ● ● ● ● ● ● ● ● ● ● ● ● ●

重庆大同实验学校——书香大同

重庆大同实验学校是一所闹中取静的"书香校园"。走进学校大门,拾级而上,一块镌刻着孔子的"礼记·礼运·大同"的古色古香的巨幅牌匾映入眼帘,昭示着学校独特的"大同精神"。放眼看去,"读万卷书,行万里路","与知识相伴,让文明相随","打开一本书,我发现我有了一双翅膀"等读书格言随处可见,形成了"桃李不言,下自成蹊"的隐性教育资源。学校每间教室设立了"好书推荐角"、"智慧加油站"、"流动图书箱",学生在这里共同分享阅读的乐趣;教室黑板报专门开辟《读好书》栏,定期更换中外名篇的经典段落;温馨舒适的"校园小书吧"设在每层楼道的平台处,孩子们课间随时可以在这里翻阅自己喜爱的书籍——在这书香浓郁的校园文化熏陶下,师生们形成了热爱书籍、亲近书籍的习惯。

学校在创建"书香大同"特色学校的过程中,为实现"让大同的孩子随时有书读,随处有书看,每天都有收获"的读书理想,不断追寻、探索,形成了一整套系统的实施策略。教师是建设"书香大同"特色学校的主体,他们承担着引领和指导学生读书的重任,需要具备高水准的专业素质和人文内涵。为此,重庆大同实验学校把加强教师队伍建设,培养书香教师作为推进学校特色发展的一项重要策略。学校要求教师制订读书和专业发展规划,以提升个人的知识水平和人文素养。他们在教师中开展了"读经典、品书香、润情操"的活动,指导和鼓励教师进行多方位、多层次的阅读。阅读的形式从图书拓展到影视、音像等多媒体;阅读的时空超越了学校、图书馆、书店,走上立体、全方位的以互联网为标志的快车道。

学校还开展了"同读一本书"和"我读我爱的书"活动。许多教师一遍又一遍地反复阅读苏霍姆林斯基的《给教师的100条建议》,在汲取理论营养的同时,找出课堂教学中存在的问题,改进自己的教学行为。在"大同百家讲坛"和每学期举办的2~3次读书沙龙活动中,邀请专家对教师进行专业导读。为了拓宽教师的知识视野,进一步把专业知识转化为专业能力,学校开展了"两坛一研"的校本研修活动。"两坛"指"教师走进新课程论坛","一研"指"课程研究100分"。论坛的主题从《细节决定成败》、《我为大同添光彩》到《讲述大同人的普通故事》、《我是这样成为今天的我》等,内容包括班主任的管理心得、学科带头人的独特见解、青年教师成长的感悟等。学校还要求教师们将读书心得、教育随笔,随时上传到校园网上,相互学习交流,并按点击率进行评比,培养老师"随想随写、随写随传"的习惯。如今,阅读已经成为教师的自觉需求,在阅读中教师获得了专业成长,课堂教学洋溢着诗情画意,迸发着思想与智慧碰撞的火花。

【简评】

重庆大同实验学校为打造"书香校园",培养了一支具有高水准专业化素质的"书香教师"队伍,有效促进了学校特色的建设和经验的推广,从而使师生读书活动蔚然成风,增强了学生读书的兴趣,让他们体验到知识带来的无限乐趣,为养成终身阅读习惯打下了坚实的基础,该校是一所当之无愧的"书香校园"。重庆大同实验学校的"书香校园"成功办学案例给了我们启示:开展书香校园活动也是促进教师专业成长的有效途径,是读书给了教师丰富的营养,是读书给了教师无限的力量,是读书让教师的生命底蕴变得丰厚起来!是读书活动丰富了教师的专业内涵!我们的学生之所以能够茁壮成长,是教师的丰厚底蕴给了他们无限的润泽!由此可知,教师的专业发展需要读书,优质学校的建设需要大力开展读书活动。

此外,在实施文化熏陶策略的过程中,校长还可以秉承学校的办学宗旨和办学理念,以开放的思路,敞开大门来办学,采用读书感悟、专家培训、外出求学、博客交流等立体式的策略来引领教师的专业化发展。

案例 ●　●　●　●　●　●　●　●　●　●　●　●

在文化熏陶中引领教师专业化成长

江苏省南通市通州区二甲中学始终以"办有灵气的教育,育有个性的人才"为办学目标,坚持"人文关怀、文化立校、效益优先、质量第一"的办学理念,以人文的元素润泽师生,以人本的理念启迪智慧,以和谐的管理塑造校园,以文化的传承奠基人生,取得了令人瞩目的办学业绩。这里的教师队伍中先后走出去三名特级教师、一名南通市副市长、一名南通市教育局长、两名全国劳动模范。此外,学校还涌现出一批南通市、通州市的学科带头人、骨干教师、市级的拔尖人才、通州市高三优秀教师。

该校凌宗伟校长系江苏省著名特级教师,对于学校管理与教师专业化发展有很深的研究,他对于教师专业化成长的引领主要从以下四个方面做起:

提供精神食粮,大兴读书之风

凌校长经常性的购买经典的教育图书,给领导发管理学方面的书籍,给教师奖励也是发书,分发给教师们时也不提什么具体的要求。2008 年 10 月份,凌校长组织开展了"为责任而读书"教师读书月活动,他率先垂范,倡导教师"与书为伴",要求教师认真阅读 2 本以上由学校推荐的书籍,通过教育名著,诵经典、品名著,使老师们走近苏霍姆林斯基、陶行知等教育专家。学校给教师列出一个必读书目,并给每人发 200 元的购书券,最后每人写一篇读书心得。2009 年 5 月 9 日,该校成立了本区域第一支教师读书队伍——"二甲中学张文质之友读书会"。该读书会是在全国著名学者张文质先生的影响下,也是在凌校长长期对学校一线青年教师专业成长的关怀下成立的。在此基础上,学校及时地提出了"创造一切机会促进每一位教师的成长,使每一位教师都能成为有特色的名师"的发展战略,把教育追求和读书进取之火越烧越旺。

借助专家引领,现场诊断指导

凌校长积极邀请省市教育名家、特级教师来校指导,先后有南通中学教科室主任陈杰、通州中学陈颖等 6 位特级教师来二甲中学,还就近请来南通大学搞创新教育的王灿明院长和心理学教育方面专家姜永杰教授等多位大学老师,通过专家讲座、心得交流等形式,引领教师学习理论。特级教师和专家教授的谈笑风生、言传身教,提升了二中教师的眼界,一定程度上点燃了二中教师的职业激情!凌校长还邀请了生命化教育的倡导者和实践者张文质先生先后四次来到该校,对症开方,一起和教师思考和寻找学校新的发展之路。在二甲中学,张文质先生和管理者对话,和教师对话,和读书会成员对话,和学生对话,和家长对话,谈文化发展学校,谈生命化课堂,谈家校协作互动。2009 年 10 月,凌校长把由"中国阅读学会经典阅读中心"和"全国中青年优秀中学语文教师课堂教学多种风格展示会组委会"主办的第二届"简约语文·精致课堂"展示活动的现场请到二甲中学,黄厚江等 14 位享誉全国的语文教学专家和精英齐聚二甲,精彩的课堂展示和精辟的课堂点评又一次极大地拓展了二中教师的视野。

走出校门取经,提升成长质量

在这里,每个人都有学习的机会、成长的机会。凌校长尽可能地将各位分管校长、中层干部和骨干教师带到周围有影响的学校去参观、去培训。学校曾安排几十位教师到各地参加各类培训,如"全国初中语文新课程名师精品课观摩",华东师大的"两岸四地中小学校长高级研修班"和语、数、外等科目的培训班,这样的力度、这样的奖励,在学校经济上并不宽裕的情况下,每个教师心里都十分清楚凌校长的用心。周边的文山初中、白蒲中学、搬经中学、杨思中学,再远一点的有东庐中学、杜郎口中学,回来以后,教师们对照反思,逐步改变自我教育教学观念,进而改变自我的教学行为。

建立教师博客,倡导文化交流

"教育行者"博客圈是二甲中学"青年教师成长沙龙"的网上交流平台。学校五位校长的教学博客既是学术讨论的阵地,又是与广大教师交流的平台。在博客上,校长与教师通过观念的碰撞,通过沟通改变教师教育观念,为他们解除生活与理想的困惑,让教师感悟到人生的价值,奋进的目标。凌校长在博客圈中组织开展了关于"中学课堂教学的课感与动态生成"、关于"集体备课"的反思与建议、关于"怎样提高自习课的效益"、"为理想而教书"等多个专题研讨,激发教师潜能,提升教师的创造精神,是"把创造还给教师,让教育充满智慧的挑战",形成相互尊重、彼此信赖、团结合作、乐于争鸣的文化氛围,从而引领教师的精神追求,唤起教师实现其生命价值的需要。

【简评】

二甲中学在凌宗伟校长的专业化引领之下,采取了立体式的四大举措,成功地激发了教师专业化发展的自觉性和原动力。其引领举措的核心就是文化浸润,文化的魅力在这里得到了张扬,文化激活了教师的思维,为广大教师的教育教学和研究提供了理论支撑,加快了教师个人成长,提升了教师对教育生命质量的深层思考,营造了浓郁的书香校园氛围。这样的文化浸润,能够不断激励教师超越自我,不断升华自己的教育人生,通过教师的不懈努力和追求,这股"星星之火"必将形成"燎原之势",他们小团体的力量也终将影响学校大团队的成长与发展。在这里,我们可以感悟到,在教师的专业化成长方面,仅靠校长的硬性规定并不一定奏效,而采用专家们到校引领的方式更能彰显出校长引领教师发展的智慧。这样的引领既有理论的深度,又有实践的可操作性,比校长直着嗓子喊有效多了。专家学者的现身说法,说到底就是文化的浸润。正如知名学者张文质老师所说的:"其实整个学校的这种文化品格、文化影响力提高之后,学校师生都会成为受益者。"由此我们也可认识到,校长的生命状态影响制约着教师的生命状态,教师的生命状态也同样会影响制约着学生的生命状态。

(三)实施学生推动教师成长的策略

如潮而至的"文化反哺"现象启迪我们,在全新的时代背景下,教师个人的专业发展、教师队伍的建设必须关注学生的发展,要采取有效措施顺应时代的要求。

1. 学生评教促进教师发展

学生评教是学校教学质量保障体系的一个重要组成部分。从管理者的角度来看,通过学生评教,有助于发现学生一致看好的优秀教师,及时推广他们的先进经验和做法,推动教师学先进、赶先进、超先进,进而促进学校整体教育教学和管理水平的不断提高;从教师的角度来看,学生评教有利于教师更好地了解学生真实的、深层的想法,进一步解决师生之间可能存在的矛盾与问题,及时总结经验和教训,调整教育教学策略,改变教育教学模式和方法,有利于促进良好学风、教风建设,提高教师教学的综合能力,更有利于学生向高素质创新人才发展。从这个意义上讲,学校管理者应该看到时代发展对教师专业水准的要求不断提高的现实,看到学生评教对于教师发展的作用,将学生评教与教师专业水平提高结合起来。一旦我们将学生评教作为推动教师的专业发展的推进器来定位,使其以一种系统组织的形式开展,它所能收到的效果将不仅仅是对教师的考核的某种依据,而且能够成为全体教师系统而有步骤地沿着教师专业发展的方向不断前进的燃烧剂。

2. 教学相长增添活力

新课程理念强调教育教学是师生相互学习、相互促进的过程。尤其是信息社会的到来,摧毁了教师是知识拥有者的基石。教师参照现成的教案进行教学的陈旧教学方式,已不能适应当代学生的需要。教师作为一种职业而得以存在的基础,要求我们由"知识的拥有者"成为"持续的学习者"。教师的职责决定了教师的教育教学活动设计必须依据整体的教育教学目标、课程标准、教材内容来预设相应的目标、方案,这方案面对不同的对象和场景,实施的达成程度是肯定会有差异的。要很好地收到预期效果,教师在教育教学过程中就要随时捕捉学生的疑问、想象等,因势利导地调整原来的预设,依据教育目标、课程标准、教材内容和学生实际来动态生成。学生的疑问、想象、认识必然会推动教师改变原有的教育教学思想、模式和方法,以适应学生的需要。在这个过程中,学生的疑难得到了解决,教师的潜能得到了开发,师生的生命在教育教学的互动中得到了张扬。

3. 转换角色准确定位

在信息时代,人们很容易从网络等媒介中获得信息和知识,教师已不再是知识的拥有者,学生可能通过各种信息途径获取比教师更多、更精确的知识,新课程改革正是在这样的背景下提出的。这一背景下的教师,与传统的教师相比,其角色发生了很大的变化,他们不仅是文化知识的传授者,更是学生学习的引导者、启发者,是教学活动的参与者,是学生发展的促进者,是学生学习能力的培养者,是课程的研究者和教学资源的开发者。这一背景下的教师,一定要有蹲下来看学生的心态,成为学生主动建构意义的帮助者、促进者,课堂教学的组织者、指导者。在教育教学活动中,帮助学生确定适合个体需要和个体实际的学习目标,创设丰富的教学情景,激发学生学习的动机,发展学生认知、判断和选择的能力,培养学生良好的学习习惯,塑造学生高尚的道德、健全的人格和健康的心理,应为当代教师努力的目标。变化了的时代,变化了的学生,要求教师成为教育教学的创新者,在教育教学改革的潮流中,勇敢地探索。"一个有创造性的教师,应能帮助学生在自学的道路上迅速前进,教会学生怎样应对大量的信息,他更多的是一名向导和顾问,而不是机械传递知识的简单工具。"可见,创造性的教师关注的是学生学习力、创造力的发展。广大教师通过课题研究、教改实验、总结反思,一定会开拓思维,扩大眼界,创新实践,在教育改革的浪潮中搏击、前进、成功。

第三节 以校长专业化促进班主任专业化

班主任队伍是学校中一支具有特殊性专业要求的队伍,他们肩负着学科教学和班级管理的双重任务。因此,校长要十分重视班主任队伍建设,积极探讨班主任队伍建设的策略和途径,通过自身专业水平的不断提升,影响和带动班主任队伍整体专业化水平的不断提升,从而实现打造优质学校的目标。

那么,什么是班主任专业化? 班主任专业化的基本内涵有哪些?

《教育部关于进一步加强中小学班主任工作的意见》中指出:"在普遍要求全体教师都要努力承担育人工作的情况下,班主任的责任更重,要求更高。"在专业知识方面,班主任除了与一般任科教师一样要了解和掌握教育学、心理学、伦理学等教育理论知识外,班主任还需要了解"德育原理"、"班主任学"的基本理论知识和实践知识,需要掌握"班级管理学"和"班主任工作行为学"的相关理论知识并逐步运用到实践中,形成自己的班级管理风格。在专业技能方面,不同于科任教师的是要对班集体进行建设与管理,要组织开展丰富多彩的班集体活动。因此,班主任必须具备多方面的能力,如:深入了解和研究学生的能力,创建班集体的能力,做好个别学生工作的能力,组织开展多种活动的能力,灵活、机智的教育应变能力和交往协调能力,此外还有熟练运用网络开展德育工作的能力等。教育不仅是一个严谨的知识接收过程,更是一个充满灵活性、创造性的艺术过程,因此,从班级管理工作的需要来看,班主任还应该多才多艺,没有渊博知识和高超技能的班主任就难以获得教育的成功,更难以体验到教育的幸福。

一、以校长专业化促进班主任专业化的策略

以校长专业化促进班主任专业化的基本策略主要包括以下四种。

(一)本土培养策略

班主任专业化水平的提高,校长负有义不容辞的责任。校长要把班主任的培养工作当作一项长期而又艰巨的工程抓实抓好。校长要立足现状,放眼未来,大力实施本土培养策略,让学校成为班主任专业化水平不断提升的一片沃土,让自己成为班主任专业化水平不断提升的催化剂。之所以要实施本土培养策略,是因为班主任在学校是一支相应较庞大的队伍,班主任工作千头万绪,对学生必须实施全方位的管理,他们既有学科教学任务,又承担着班级管理任务。这些工作特点决定了班主任必须以校为家,以班级为家。校长应充分认识班主任工作特点,合理安排班主任的培养提高计划,采取本土培养为主,其他措施为辅的策略加强对班主任的培养。

(二)虚拟达标策略

校长对对班主任的培养要有明确的目标和可操作性的培养规划,必须克服随意性和盲目性。班主任在学校工作中,也要有在学校培养目标和规划指导下的自我发展目标和规划,将自己的成长纳入学校培养轨道之中,这样才能在学校这片沃土中健康成长,最终成为一名优秀的班主任。有了目标和规划,班主任还要善于设定自己发展的虚拟目标,寻找一位优秀班主任作为自己成长的榜样。所设定的虚拟目标可以是校内德才兼备的优秀班主任,也可以是校外具有较高知名度的优秀班主任。为便于教师找到恰当的虚拟目标,校长应当积极向本校班主任推荐校内外具有不同特点的优秀班主任,并对本校班主任的选择进行必要的指导,避免本校班主任选择的盲目性和随意性,让每一位本校班主任能够真正找到自己心中所崇拜的虚拟对象,并成为为之奋斗的动力源泉。

(三)典型带动策略

班主任的专业化水平提高具有不平衡性的特点。每学期、每学年,均有风格各异的普通班主任成长为学校的优秀班主任,他们都是学校的财富。因此,校长要积极实施典型带动策略,合理开发和使用这些宝贵的资源,使其在学校内部最大限度地发挥典型带动作用,成为全体班主任学习的榜样。在实施这一策略的过程中,关键是校长要具有一双慧眼,善于识才,能够当好伯乐,否则,学校的千里马再多再优秀,也会视而不见。对于发现的优秀典型,校长要善于剖析并寻找每位班主任身上的闪光点,并放大这些闪光点,使这些闪光点更大更亮,更容易让其他班主任看得见、学得会。这样,才有利于其他班主任进行比学赶超,典型带动策略才能有效实施。同时,实施典型带动策略,还要内外兼容,既注重校内典型,也要重视校外典型。

二、以校长专业化促进班主任专业化的途径

在校长专业化促进班主任专业化发展策略的指导下,可以采取以下途径促进班主任的专业化发展。

(一)实施本土培养策略的途径

本土培养重在实践,校长要创造灵活多样的方式方法对班主任进行培养,基本途径主要包括以下五个方面:

途径一:以班主任经验交流会为载体进行培养

班级是学校的一个重要组成单位,班主任是这一组成单位的直接责任人。班级情况

千差万别,每位班主任在班级管理中都会遇到各种各样的问题,也都会采取各种各样的处理办法。可以说,在班级管理中,每位班主任都有自己的"绝活"。将每位班主任的管理经验汇集成为全体班主任共同的财富,是促进班主任专业化水平不断提升的重要途径。实践证明,定期组织召开班主任经验交流会是个行之有效的措施。因此,校长要充分利用班主任经验交流会这一途径,推进班主任专业化水平不断提升。在组织召开班主任经验交流会时,校长要提前准备,选择好交流的不同典型,让参加会议的每位班主任都能够有所收获,在精彩之处能够产生心灵共鸣,确保会议开出成效。在会议中,校长还要有的放矢地安排必要的讲座,其目的在于汇集每位优秀班主任的经验,让这些经验在每位班主任心中生根发芽,真正成为全体班主任的共同财富。

途径二:以班级学科教学研讨会为载体进行培养

协调班级内各学科教学工作是班主任的一项重要任务,能否做好这项工作是班主任专业化水平的一个重要体现,若协调得好,则有利于促进学生的全面发展,有利于推进素质教育的顺利实施。反之,则会影响学生的健康成长,甚至会使学生出现心理障碍。因此,班主任不但要把这项任务做好,而且要做细,切实对每一位学生的健康成长负责。然而,在具体工作中,不同的班主任往往会形成不同的协调模式和风格,因此,需要校长定期组织召开班级学科教学专题研讨会。在专题研讨会上,校长既要让优秀班主任交流成功案例,推出优秀工作经验,又要拿出失败的案例,与班主任进行推心置腹的案例解剖,寻找失败的根源,研讨解决的办法,尽可能与班主任达成共识,便于校长与班主任一起进行跟踪研究。

途径三:以推行学生管理自治为载体进行培养

班级管理是一项综合性很强的工作,它涉及学生成长的方方面面。在一个班集体当中,不同的生活背景给学生打上了不同的烙印。基于此,在班级管理当中,班主任如果采取相同的模式和办法,必定会收效甚微,事倍功半。那么,怎样才能实现有效管理呢?人民教育家陶行知在为中华儿童教育社创作的社歌中说:"发现你的小孩,了解你的小孩,解放你的小孩,信仰你的小孩,变成一个小孩。"我们从陶行知的话中不难看出,要想实现学生管理的最优化,必须与学生融为一体。然而,教师毕竟与学生有差距,这种差距包括心理水平的差距、认识能力的差距、时代背景的差距等,这些差距的存在是一种实实在在的现实,无法更改。如何缩小这种差距,陶行知的一番话也给了我们很多的启示,这种启示就是让我们不但要学会换位思考,更重要的是要学会让学生管理学生,实现学生管理的自治,锻炼学生的自我管理能力。它要求班主任既要敢于放,又要科学指导,是一种在班主任科学指导下的班级自主化管理方法。班主任要积极有效的引导学生实现这种管理方法,这也是对班主任专业实践的一种锻炼和提高。

途径四:以开展班级家长委员会工作为载体进行培养

家长委员会是学校进行家庭、学校和社会的三位一体教育的重要形式,它起着沟通学校、家庭、社会的重要作用,在这方面的工作,每位校长都有着许多成熟的经验和做法。然而,在家校结合的教育过程中,班主任是一个被动的客体,因为家长代表的数额少,导致在实际工作中对本班所起的作用并不大。因此,为了最大限度地发挥家长委员会的作用,校长要研究如何引导班主任在班级中建立适当规模的班级家长委员会,并将这一基本组织纳入到学校的学生家长委员会整体框架之中,使之成为学校学生家长委员会的重要组成部分,从而最大限度发挥班主任工作的积极性和主动性。这一做法,不仅能够丰富学校学生家长委员会的内容,而且能够使辐射的面更加广泛,使实施过程更加具有可操作性,使班主任的专业技能更容易得到锻炼。

途径五:以定期评选优秀教育随笔为载体进行培养

教育随笔,作为一种教育思想的表达方式,受到越来越多教师的青睐。因为随笔就像朋友之间的抵膝而谈,不求全面,不求严谨,甚至也不求立论的"公允"、命题的"科学"。它表达的是一种情怀,一种趣味,一种心境,一种追求;它所记录的是一种教育的真实;它所透出的是一种教育的智慧,在教育随笔中处处闪烁着教师心灵的光芒。校长作为班主任的专业引领者,应当把蕴藏在每位班主任心中的这些智慧和灵光进行深层次的挖掘,把散落在每位班主任心中的一束束智慧和灵光进行汇集和凝聚,使之放射出更加夺目的光芒,照亮每位班主任的工作实践,并让这种思路成为提升班主任专业化水平的重要途径。其基本做法就是,校长要定期评选班主任优秀教育随笔,把每次评选出的优秀教育随笔通过校长博客、学校网站、校刊等载体进行刊登。这样一来,不仅能够让班主任达到博采众长的目的,而且也能够在一定程度上满足优秀班主任的心理需求,从而使优秀班主任研究的意识更加强烈。同时,也会促使全体班主任在今后的实践中创造出更加优秀的班级管理经验。

(二)实施虚拟达标策略的途径

虚拟达标策略体现着班主任专业发展的渐进过程,因此,需要有计划、有步骤地进行。基本步骤主要包括:

第一步:确定虚拟达标对象

自《教育部办公厅关于启动实施全国中小学班主任培训计划的通知》颁布以来,班主任培训成为各级教育行政部门的一个工作重点。2007 年 11 月 9 日,"全国中小学骨干班主任培训班"开班典礼和"万名中小学班主任远程培训计划"启动仪式在北京师范大学英东学术会堂举行。这次培训是教育部贯彻落实《中共中央国务院关于进一步加强和改进未成年人思想道德建设若干意见》精神,加强班主任教师队伍建设,提高中小学班主任素质和业务能力的一个重要举措。通过这次培训,把从全国各地挑选的优秀班主任打造成了既了解班主任工作和学生特点,又具备班主任专业理论知识的班主任培训专家。校长要引导班主任从这些专家当中挑选出自己的虚拟达标对象。

第二步:制定虚拟达标规划

有了目标,就可以付诸行动。校长要积极引导班主任围绕自己的虚拟达标对象,通过网络、电话等手段与其进行沟通交流,在交流中感受他们的智慧和班级管理风格,进而结合自己的实际制定出切实可行的达标规划。班主任的个人达标规划应上交学校存档,已备跟踪考核。

第三步:跟踪监控

校长应当组织相关部门对班主任达标规划的实施进行过程性的跟踪监控。通过监控,一方面督促班主任克服半途而废的思想,另一方面还可以进行相关问题的研究和跟踪指导。

第四步:达标考核

学校可按照学期或者学年对班主任的达标情况进行考核,通过考核检验班主任的专业发展情况。考核可分为自我评价和学校评价两种方式。自我评价方式以反思沉淀为主,总结经验,吸取教训;学校评价以管理成效为主,发现典型,推广经验。

(三)实施典型带动策略的途径

典型带动策略可分为校内典型带动和校外典型带动两条途径。

1. 校内典型带动途径

这是一条基本的途径,校长可随时随地发现学校典型,并随时随地推广典型,使班主任经常看到自己身边的榜样,从而见贤思齐。

2. 校外典型带动途径

校外班主任,明星林立,群星璀璨。校长在选择校外典型时,一要注意切合学校实际;二要体现弥补本校班主任薄弱环节的特点。在具体实施时,可分门别类对班主任进行专业引领。

(1)体现班级整体调控艺术的引领

从班主任的专业内涵中可以知道,班集体的建设与管理是班主任的一项专业技能,这项技能综合性强,包括班级管理的方方面面,因此,需要班主任练就一身过硬的班级整体调控艺术。校长要立足校内,眼睛向外,搜寻那些与其相关的优秀典型,并引进学校,引导班主任进行细致解剖,探寻其成长规律,从而提升班主任的专业化水平。

(2)体现学生细节教育艺术的引领

班主任工作是一项琐细的、繁重的工作,在日常工作中,班主任只有不断加强在教育细节上的锻炼,才能使自己的工作达到细致入微、得心应手、润物无声的境界。因此,校长对班主任的专业引领应关注细节教育艺术的指导,经常向班主任介绍一些成功的案例,让班主任在案例中得到启迪,产生灵感。

(3)体现学生信息捕捉艺术的引领

有经验的班主任总是具有较强的学生信息捕捉能力,这是班主任必须具备的一种专业技能。校长应善于发现这方面的典型,请他们进行经验介绍,或者善于通过一些成功案例引导班主任加强这方面的修养。这样,班主任在日常班级管理中,才能够及时发现学生的生活、学习、心理、行为、习惯等方面的各种新的变化信息和变化趋势,并进行必要的疏导,从而提高班主任的管理效果。

(4)体现班级管理创新艺术的引领

前面已经谈到,教育不仅是一个严谨的知识接收过程,也是一个充满灵活性、创造性的艺术过程,因此,从班级管理工作的需要来看,班主任还应该多才多艺,因为没有渊博知识和高超技能的班主任就不会获得班级管理的成功,更不会体验到教育的幸福。因此,校长在遴选体现班级管理创新案例时,既要重视创新案例表面的东西,更要重视隐藏在案例背后的东西。案例在表面上容易给人一种清晰的模式,展示一种优秀的做法,而案例的背后则可能是班主任一辈子也学不完的东西。因为在案例的背后饱含着他们治学的态度、学术的精神、做人的目标、专业的追求等深层次的东西,这些才是班主任最需要学习的内容。班主任只有把这些东西学到手,才能真正提升自己班级管理的创新本领,才能做一个幸福的班主任。这种幸福也才能在班主任的创新工作中在教师和学生之间传递。

第五章
优质学校校长引领学校文化建设的策略

学校文化是学校的灵魂,是学校可持续发展的动力所在。一所学校,只有依靠深厚的文化底蕴,才能寻得办学的核心支撑力,才能有效整合学校的各项教育资源,使学校得到和谐、科学、持续的发展。因此,学校文化建设是校长专业化与优质学校建设中的一个必须特别关注的重要课题,校长必须对其进行系统的、长期的规划与设计,使学校文化和优质学校建设、校长专业化发展有效结合起来。学校文化建设既是学校建设与发展的必然要求,又是时代赋予校长专业化发展的神圣使命。

第一节　学校文化建设概念的解读

随着国家教育改革的不断深入,追求精致教育、建设优质学校已经成为当代教育的主流。优质学校建设的突破点在哪里呢?洋思中学等学校的学校文化建设告诉我们:学校文化建设是优质学校建设、发展和成熟的重要前提。学校文化作为文化的子系统,我们有必要对其内涵做一个清晰的解读。

一、学校文化的概念

正确理解学校文化的概念,是正确理解校长专业化与优质学校建设的理论基石,因此,我们有必要对文化、学校文化等做一个简要的概述。

(一)文化的概述

现代"文化热"带来了关于"文化"的定义近三百种,可谓众说纷纭:

英国爱德华·泰勒可以说是最早给文化下定义的人,他在《原始文化》一书中说:"文化或文明,就其广泛的民族学的意义来看,乃是一个复杂的整体,它包括知识、信仰、艺术、道德、法律、习俗以及人作为一个社会成员所获得的任何其他能力和习性。"泰勒认为,文化是与社会生活中人类所特有的状态相关联的东西。

《辞海》是这样解释"文化"的:从广义来说,指人类社会历史实践过程中所创造的物质财富和精神财富的总和。从狭义来说,指社会的意识形态,以及与之相适应的制度和组织结构。

《牛津现代词典》的解释为:人类能力的高度发展,即训练与经验而促成的身心的发展、锻炼、修炼,或曰人类社会智力发展的证据、文明,如艺术、科学等。

由此可见,"文化"是一个内涵丰富的多维、多元范畴,可以从不同角度、不同层面、不同理论架构界定和研究。我们认为,文化是一定群体所共有的或共享的意义体系,是群体精神的感召力,是一个群体在发展过程中沉淀下来的、不可泯灭的价值取向和行为方式。

（二）学校文化的界定

对"文化"理解的多元化，从而带来"学校文化"理解的多元化。

著名教育家顾明远认为：学校文化是指"学校内有关教学及其他一切活动的价值观念及行为形态"。

俞国梁、王卫东、刘黎明在《学校文化新论》中认为："学校文化是学校特有的文化现象，是以师生价值观（学生为主体、教师为主导）为核心以及承载这些价值观的活动形式和物质形态。包括学校的教育目标、校园环境、校园思潮、校风学风以及学校教育为特点的文化生活、教育设施、学生社团组织、学校传统习惯和学校的制度规范、人财物等内容"。

石欧在《学校文化引论》中认为："所谓学校文化，大而言之，是学校全体人员通过共同努力所达到的学校总体文明状态，它既包括学校的物质财富和环境资源条件，也包括学校成员群体的学校意识、学校精神以及学校的行为规范等精神财富，是物质财富和精神财富的总和，是科学文化、教育文化和传统文化的综合反映；小而言之，一所学校的文化是由其传统、风气与行为准则所构成，着重在精神形态方面。学校文化将学校文化的价值观、人生观和信念、理想等输送给师生员工并对他们产生积极意义；更窄一点说，学校文化指的是学校成员在长期实践中创造的、共同遵循的精神准则以及在这些准则指导下的学校成员的行为、心理取向及其风貌"。

当前，比较流行的说法是鲁宏飞等人下的定义："学校文化是从属于社会文化中的亚文化范畴，具有文化质的规定性和内涵，还有其自身的个性特征。学校文化是学校师生以学校校园为重要空间，以学校精神为主要特征，在学校的各项活动中共同培育和营建，并通过理想信念、价值取向、群体行为、生活方式、舆论氛围、校园环境等所蕴涵、表达或体现出来的，得到学校师生共同认可的，具有趋同性心理特征和价值取向的学校物质文化、精神文化、制度文化、行为文化的总和。"

我们认为，学校文化是指学校主体在整个学校生活中所形成的具有独特凝聚力的学校面貌、制度规范和学校精神气氛等，其核心是学校在长期办学中所形成的共同价值观念，共同的思想观念和行为方式，它常常对学校的教育产生重大的影响，它决定着学校精神面貌，左右着学校教育发展的方向。

二、学校文化的内在联系

学校文化属于亚文化。从文化形态上划分，学校文化又可以划分为物质文化、制度文化、行为文化和精神文化四个层面或结构这是学校文化的四个支柱，它们决定着学校文化的程度、深度、广度和效度等。

学校精神文化，是特定学校环境中校园人头脑中所拥有的信念、观念体系，内含情感、价值观、道德、习惯、传统、人际关系、集体舆论、理想等成分，是学校文化的核心和灵魂。学校制度文化是学校中所特有的多种规章制度，是学校文化中部分观念文化层的具体化和规范化，是学校文化的行为规则。学校行为文化是多种精神文化传播的组织与设计，隶属于方式文化。

物质文化也叫载体文化，它是学校文化的物质载体和基础，是学校文化的主要体现者。因此，物质文化是学校表层文化，行为文化是学校浅层文化，制度文化是学校中层文化，精神文化则是学校深层文化。

总之，学校文化其基本构成而言，可示意如下：

$$学校文化 \longrightarrow \begin{cases} 物质文化 \\ 精神文化 \\ 制度文化 \\ 行为文化 \end{cases}$$

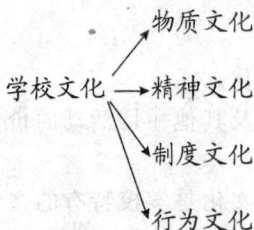

三、校长是优质学校文化建设的创新者

优质学校文化是凝聚和激励全体成员进行教育教学改革的强大精神力量,是先进管理理念得以贯彻实施的有效保障,是学校发展的强大内驱力。在优质学校文化建设中,校长作为优质学校文化建设的创新者,起着决定性的作用。有什么样的校长就有什么样的学校,就有什么样的学校文化,就有什么样的学校气质。

(一)让学校文化成为优质学校建设的增值点

优质学校的文化是一种合作性、自主性、参与性的学校文化,这种文化的作用在于吸收全体组织成员的隐性知识进而转变为显性知识,同时也能够积极地吸收组织外部新的思想和知识。因此,对于优质学校校长来说,最主要的责任就是创建一种有效的合作性文化,最根本的工作就是充当学校文化的塑造者和领导者。那么,在优质学校文化建设中,校长应该从哪些方面努力才能创建一个和谐的优质学校呢?

1. 教育理念的更新是优质学校建设的前提

教育理念是学校文化的精髓和灵魂,是校长从宏观视野上对学校发展所作的理论思考,是优质学校学校文化的核心内容。校长专业化的前提是校长教育理念的专业化,优质学校校长一定要有自己的教育理念,也就是说,校长要站在教育发展以及教育管理发展的立场来思索校长职业、事业。因此,在优质学校文化建设中,校长要树立以师生发展为本的教育理念,促进校长专业化管理模式从"学校科学管理"向"学校文化管理"的方向转变。

2. 共同愿景的确立是优质学校建设的基石

在优质学校建设中,校长要让教师深刻理解并接受自己的教育理念,从而转变成学校的教育理念,形成全校教职工的共同发展愿景。学校愿景是学校发展的蓝图,是学校价值观的建构,是一种共同的追求,一种理想的目标。愿景可以使学校成员预见学校的美好,创造学校的未来。因此,共同愿景的预设是优质学校建设过程中的基石,是校长在学校文化建设中倾尽全力,在深入了解学校的历史与现状的基础上,发动教职工,几上几下,精心谋划的。只有这样,才能形成源源不断的优质学校建设动力,使大家积极、主动地投入到优质学校建设中。

3. 团队意识的构建是优质学校建设的关键

团队意识的构建是优质学校建设的关键。在优质学校建设中,校长要有时代意识、改革意识、发展意识,要在学校文化建设中构建团队发展目标,并努力培养教职工的协作意识。团队精神就是学校上下精诚团结、目标一致、协同共进。就如航行于大海的巨舰,有智慧舰长的正确指挥,有勇敢船员的协同配合,在这艘巨舰上每一个人都发挥着重要的作用,凝聚成劈波斩浪的巨大动力。团队精神对任何一个组织来讲都是不可缺少的精髓,否则就如同一盘散沙。一根筷子容易弯,十根筷子折不断,这就是团队精神重要性力量的直观表现,也是团队精神重要之所在。

4. 实施人性化管理是优质学校建设的保障

人性化管理,就是一种在学校管理过程中充分注意人性要素,以充分挖掘人的潜能为己任的管理模式。具体内容很多,如对人的尊重,物质激励和精神鼓励,给人提供各种成长与发展的机会,制定教职工的生涯计划,注重学校与个人的双赢。学校管理"把师生放在心中",从而使师生愿意怀着一种满足的心态以最佳的精神状态投入到工作与学习中去,进而直接提高学校的管理效率。在优质学校建设中,校长实施人性化管理是非常重要的。人性化管理不是优质化学校建设的目的,而是达成目标的重要手段。因此,在优质学校建设中,校长实施人性化的管理,是学校文化建设的现实需要,也是人本原理在学校管理中的必然应用。

(二)让师生互动成为优质学校建设的动力点

文化是一种精神期待,学校文化是一种持续的精神力量。在优质学校建设中,教师既是学校文化建设的创造者、经营者,又是学校文化建设的传承者、发展者;学生是学校文化建设的受益者、参与者,也是学校文化建设的客体和重要力量。如何在优质学校建设中充分发挥师生互动性,是校长专业化发展的必然要求,也是优质学校建设的动力源。

在学校文化中,核心的内容是学校成员的互动模式和价值取向,特别是学校的办学传统中形成的价值传统和当前的办学目标、师生互动的模式,这些因素对学校文化整体具有决定性的影响。

1. 民主管理是优质学校建设的"催化剂"

优质学校建设,是教育民主化、现代化、人文化发展的归因式结果。因此,在优质学校建设中,实施民主管理是校长专业化的必然要求,也是教师专业化的明智选择。通过民主、科学的管理,建立一种和谐、科学、民主的学校文化氛围,将使每一个校园人在优质学校建设进程中找准自己的人生目标,从而为优质学校建设提供良好的环境氛围和有效的人力资源。刘良华先生说,做教师的人,他很可能因为自己"闻道有先后"而鄙视学生的"无知"与"少知";教师很容易因为学生的频繁出错而取消学生亲自探究知识的权利,以教师讲授取代学生的自学;教师很容易因为学生的"慢速度"的求知活动而直接告诉学生相关知识的答案。所以,他强调,好的教育不只是让儿童自由生长和自由发展,而且为儿童的自由生长和自由发展提供一个公平竞争的环境。坏的教育常常为儿童的生长与发展制造不平等的竞争环境。

2. 师生互动是优质学校建设的"助推器"

教师和学生,是优质学校建设的主力军,是学校文化的永恒话题。在优质学校建设中,充分发挥师生的能动作用,让教师和学生站在不同的角度去实践优质学校建设的理念,这不仅是优质学校建设的现实需要,更是学校文化建设的一个重要纬度。因此,对于一个专业化校长而言,在实践中切实整合他们之间的合作、交流与互动的有效性,关系到先进文化的建设和人文精神的培植。

3. 全员参与是优质学校建设的"原动力"

优质学校建设,是一项系统性的工程,需要各部门、各成员之间的统筹安排、协调发展。因此,在学校文化建设中,校长要积极创造条件,搭建各种有效平台,使得人人有时间、有空间、有途径,以各种方式和方法参与到优质学校建设中去。

(三)让人文精神成为优质学校建设的思想源

所谓"人文精神",按照近代启蒙主义思想者的定义可解释为"自由之思想、独立之人格"。有学者将之表述为"一种普遍的人类自我关怀，表现为对别人的尊严、价值、命运的维护、追求和关切，对人类遗留下来的多种精神文化现象的高度珍视，对一种全面发展的人格的肯定和塑造。"在优质文化建设中，校长加强对学校人文精神的培养，将最大限度地创造出学校文化建设的成果。因此，在校长专业化进程中，校长要围绕素质教育目标，大力加强学校人文精神的培育，创新学校文化建设，把学校建成以社会主义价值观为核心的优质文化家园。

1. 人文意识是优质学校建设的思想基础

人文意识是学校文化的软实力、巧实力，是优质学校建设的思想基础。校长在办学实践中能否真正有效地发挥人文意识的效力、张力，将关系到优质学校建设的程度、深度、广度和效度。因此，校长在学校文化建设中要切实加强学校人文意识的培养，真正使学校成为溢满人文精神的优质学校。

2. 人文精神是优质学校建设的动力源泉

在学校文化中，蕴涵着丰富的人文精神。校长专业化的过程就是释放教师和学生对人文精神的热情追寻的动态发展过程，从而使校长专业化和人文精神的培养有效地整合、有机地磨合。校长专业化，也要求学校活动专业化、有序化与多样化。因此，学校可开展各种蕴涵人文精神的活动，从而有效地提升优质学校学校文化建设的速度和效率。

案例 ● ● ● ● ● ● ● ● ● ● ● ● ●

南开中学，以人文精神点燃学生心灯

天津市南开中学原名天津南开学校，从20世纪初爱国教育家严范孙、张伯苓创办至今已105年。在南开校友中涌现了一批政治、文化、艺术、教育等领域的名人，其办学独到之处可以归为四个字：南开精神。

校长张伯苓深感国家缺乏振作有为之才，将创办南开学校的目的定位于矫正民族五大弊病，培育救国建国人才。南开学校"允公允能，日新月异"的八字校训，就画龙点睛地体现了南开教育的目标与内容。

南开中学的爱国、乐群、敬业，崇尚科学，追求发展，是学校之魂，成为团结师生的凝聚力、向心力。温家宝总理曾在南开就学。1984年，他为母校建校80周年撰写的一篇文章中写道："随着光阴流逝，过去许多事情都记得不那么清楚了。可是在南开6年的生活却都深深地印在我的脑海里。南开精神一直鼓舞着我在工作和生活的道路上不断前进。可以说，中学时期是我树立共产主义理想和革命人生观的重要时期。这个时期在南开中学所接受的思想教育，为以后参加革命工作打下了良好的基础。"

现在，南开中学不但仍然保持着优良传统，并且与时俱进，融入了时代的内容。多少年来，新教师、新学生一入校即开始"入轨教育"——入南开精神的轨道。学校提出："让南开的教育为学生终身学习、终生发展奠定坚实基础，使其有强烈的社会责任感，有健全的身躯及心理品质，科学素养、人文素养兼备，智商、情商皆高，创新思维、实践能力两翼齐飞。"

以德育为例，至今，南开中学每周一次的集会仍是修身课，这是南开百年来从未淡化过的传统。近十年中，南开学生基本进入重点大学，但它不是用减少德育、体育等取得的。南开的德育、体育活动由始至终，高三期间更为加强。全校学生的思想品德教育活动分学校组织、年级组织、班集体组织，均纳入大课程中。每年学校组织的教育活动就有

6大类24项,其中贯穿一条主线:以杰出校友周恩来总理为人生楷模,树立正确的人生观、价值观、世界观。南开有自己传统的教育内容,又有很多有时代特色的教育形式,使学生、老师一走进南开校园,很快就融入一种爱国、乐群、敬业、文明的风气和氛围中,这种氛围促使他们"潜心默修,敦品励学"。

【简评】

南开精神中起支撑作用的是人文精神。科学教育,教学生认识客观世界及其规律,知道"怎么做",掌握"改变人类生活的工具";人文教育作用于心灵,让学生知道"应不应该做",二者共生互动。人文精神是学校的脊梁。

南开学校百年来人才辈出,长盛不衰、与时俱进,是因为学校始终关注人文教育与科学教育的融合。现在我们应更加重视人文教育,努力使人文教育与科学教育共生互动、相同互通、相异互补,在科学文化知识的教育过程中坚持文道结合的教学德育观,让人文精神在学校整体和谐教育中起动力、导向、保证作用。

第二节　校长引领学校文化建设的策略

校长专业化发展的最终目标不仅仅是为了提升校长的专业能力,更是为了促进学校的可持续发展。学校文化在校长专业化和优质学校建设中具有独特价值和显著功效,决定着学校发展的主导方向和未来趋势。学校文化建设不是一个短期行为,是一个由低级到高级、由浅入深、由表及里的逐步推进过程。校长必须对其进行系统的、长期的规划与设计,使学校文化和优质学校建设有机整合起来,和校长专业化发展有效结合起来。

一、校长引领学校物质文化建设的策略

学校物质文化是由学校师生员工在教育实践过程中创造的各种物质设施,是学校文化的物态形式。作为载体,学校物质文化起着构建学校文化氛围,沟通信息,扩展人际关系,为师生员工提供良好的育人设施和丰富校园生活等作用。学校物质文化是学校文化的物质载体,是整个学校文化的外在标志。校长必须高瞻远瞩、整体规划、循序渐进地使学校物质文化更富人文含量。总体来说,一个专业化的校长,他谋求的优质学校硬件建设应凸显"四园"建设。

(一)以"公园化"规范校园区建设

学校与公园似乎风马不相及,实则不然。一个专业化的校长,应该有着"公园意识",也就是说,对于学校的每一个硬件建设,要像建设公园一样从各个角度来看皆成风景。无论你从任何一个地方、角度来看,学校是美的、大气的,而不是只靠门面支撑着。如果校长在学校物质建设时遵循"公园意识",那么学校从硬件来说就是一所现代化、国际化的学校。所以,校长在设计学校硬件建设时,不仅要考虑硬件的布局、造价等,也要适当考虑学校的景观化、景致化,使得教师学生等一来到学校就产生愉悦兴致的情感,这无疑将推动优质学校建设。

(二)以"花园化"凸显绿化区建设

一所优质学校,其不仅在于学校硬件的大气、名气,而且在于各角度审视显得淡妆相宜、皆成风景,使学校整体上犹如"花园"。如果校长在学校硬件建设中注意适时引入花园化建设理念,让四季花草点缀校园,使学校处处彰显绿色、时时感受绿意,那么师生就会有一种愉悦、心怡的感觉;自然,这样的环境能营造一种高尚、时尚的学校文化氛围,无

形中有益于优质学校文化建设。让学校充满绿色和鲜花,洁美飘香,一草一木、每个角落都散发出文化育人的生机和活力,是学校花园化建设的必然要求。优质学校应是这样:学校充满书声歌声,让每个学生在洋溢着文化精神的美丽校园中生活学习。所以,一个专业化的校长,在学校硬件建设时,要有教育家、设计师、建筑师的气魄,时时处处给师生营造一种"花园"般的环境,使学校成为培育学生良好个性品质、行为习惯的精神家园,真正为每个学生健康成长、终身幸福奠基。

(三)以"家园化"升华生活区建设

生活区是广大学校人休息、生活的场所和区域,它的文化场景布置有别于教学区,这同其功能和作用不同有关。但生活区同样是学校文化建设的重要阵地,虽有别于教学区和活动区的主渠道作用,但却有其独特而不可替代的功能,它是以潜移默化的道德渗透,修身养性的心理优化,无声浸润的审美养成来达到对学校人特别是学生素质的全面提高。一个专业化校长,在学校硬件建设时,应结合当地建筑风格、民族习性等,应注重给师生营造一个宾至如归的环境,给学生营造一种"家园"般的氛围,使学生感觉到学校的温馨、温暖、温情。

(四)以"学园化"完善学习区建设

学习区,主要指教室、实验室、图书室及其附近区域。创造一个文明高雅的学习区文化,是学校文化建设的重要内容。学校人只要置身于其中,就能感受到这种特定的亚文化对其心理、思想行为的影响,产生由"观景入性"至"由情入理",由"形象思维"到"抽象思维"的升华过程。因此,校长在学校文化建设设计时,要注意给学生营造一种有利于学习的硬件设施。此外,图书馆、花园等地方都要注意"学园化"设计,最大限度地发挥建筑物的辐射功能。校长以"学园化"来统筹优质学校建设,将大大增强学校的格调、档次,无疑促进学校文化建设和人文精神的培养。

二、专业化校长引领学校精神文化建设的策略

学校精神文化是学校文化的深层表现形式,是学校在长期的办学实践中,受一定的社会文化背景、意识形态影响,而形成的为全校师生所认同和遵循的文化观念,表现为学校风气、学校传统以及学校教职员工的思维方式等,是学校整体面貌的集中体现。学校精神文化建设是学校文化建设的核心内容,也是学校文化建设的高级层次。它主要包括学校的共同文化观念、价值观念、生活观念等意识形态,是一所优质学校本质、个性、精神面貌的集中反映,也是校长专业化的一个重要范畴。

(一)追寻熟悉与平常的学校常规文化

校长在优质学校建设中,要注意学校常规文化建设,把熟悉与平常的学校常规文化做为学校文化建设的基石,使学校常规文化建设成为优质学校建设的主渠道、主阵地。

1. 激发师生价值观念

学校价值观是优质学校建设的精神支柱,是学校文化建设持久的精神支撑力。在优质学校建设中,校长要尽力使其价值观为全校师生员工所接受,激发师生文化意识,从而使学校获得生存与发展的良好机遇。校长要依据学校价值观启发、引导全校师生员工的言行,并时刻反省自身,这样一来,学校领导层的决策就易于被师生员工所理解,他们就会自觉按照学校整体目标调整自己的行为,从而使学校形成强大的教育合力,大大提高学校的办学质量。学校价值观的培育主要有以下途径:第一,全体师生员工要共同参与学校价值观的建构过程;第二,学校价值观的表达要简单易懂,能够激励人心;第三,要坚

持不懈地进行学校价值观的宣传。第四,学校要塑造楷模,以实现学校价值观向学校师生员工行为的转换。

2. 提升师生学校精神

学校精神,是学校在长期的办学实践过程中,为谋求发展而精心培育的,并与学校个性相结合而形成的一种学校主导意识。在校长专业化进程中,校长应积极营造一种强大的"文化效应场",使学校师生行为适应学校精神的要求,产生强大的向心力和凝聚力。那么,校长在优质学校建设中应当如何培育学校精神呢?首先,精心设计学校标志;其次,学校精神的培育必须注重方式上的有效性,切忌表面化;第三,学校精神的培育必须重视整体性,切忌"典型化";第四,学校精神的培育必须明确全过程的反复性,切忌"简单化";第五,学校精神的培育应该注重形成学校、社会和家庭的合力。

3. 发展师生文化意识

学校形象,指的就是社会、家长等对学校的总体印象,是学校整体素质与文明程度的综合表现,也是学校文化最直接的外在体现形式。校长通过建立学校的良好形象,发展师生的文化意识,可以产生强烈的学校向心力,使师生切实感受到学校的社会效应和社会认同所带来的巨大"回报"。那么,校长在优质学校建设中如何塑造学校形象呢?首先,注重学校形象设计;其次,注重学校形象的宣传;最后,还要注重与家长和社区之间的沟通。

(二)追寻传统与古典的学校节日文化

学校节日文化,是指学校根据学校文化发展需要,设立的文化节、科技节、艺术节、体育节、读书节等。这些贴近学生生活实际的学校节日文化,来源于学生实际,符合学生年龄特征,能够真正引起学生的兴趣。精心设计学校节日,充分发挥学校节日文化的德育教育价值,是值得专业化校长认真思索的重要问题,也是优质学校建设的标志性工程。

1. 利用学校节日文化,凝聚学生传统观念

学校节日文化活动的开展,对于学生的集体意识、团队意识等都能得到有效的发展,这有利于优质学校文化建设与发展,有利于素质教育的实施,也是校长专业化素养的体现。

2. 发掘学校节日文化,提升学生德育意识

有的校长将学校节日文化视为一个传统的学校项目,很少站在校长专业化和优质学校建设的高度来思考这个问题。其实,学校节日文化中蕴藏着丰富的德育教育资源,充分发掘学校节日文化的教育价值,是提升学生德育意识,促进优质学校建设的一条重要途径。

3. 优化学校节日文化,推动优质学校建设

优质学校建设是校长专业化的历史使命,校长在优质学校建设中要充分发挥其主动性,使学校建设走上有条不紊的发展道路。学校节日文化的庆祝活动需要校长来优化设计,最大限度地发挥其教育合力。校长要认真思考这些节日与学生素质发展的内在联系和潜在教育价值,从学校教育的角度来开发节日的教育资源,系统地、有机地将学校节日文化跟学校日常安排结合起来,最大限度地发挥学校节日教育的价值。

以"节日文化"为切入点,做好未成年人思想道德建设文章

镇海区中心学校根据我国节日、纪念日资源丰富,同时这些节日、纪念日中所蕴藏的教育载体丰富(如香港回归纪念日、抗战胜利纪念日、国际和平日、世界环境日等),但是许多少先队员们对此知之甚少,有些甚至从未涉及过的特点,积极探索适合青少年特点的教育形式,在全校开展了"缤纷节日"中队活动。

在活动中,组织各中队结合队员的实际情况,自主申报活动项目,让队员们通过自己的探究了解相关的节日知识或纪念日的由来,从形式多样的实践活动中感受节日文化所体现出来的教育魅力与吸引力,潜移默化地感受来自各方面的爱国主义的熏陶与教育,感受人文知识,从而促进队员身心的健康成长。在临近期末时,学校大队部又抱着"资源共享,经验交流"的目的,推出中队"缤纷节日"活动的网上评选活动,评选活动中,具体的活动介绍、详尽的活动照片、录像使同学们又如亲临每个活动的现场,同时请关注队员成长的老师、同学、家长、社会各界登陆学校的网站,选出最佳"缤纷节日"。

"缤纷节日"活动的开展,把丰富的节日文化与少先队员的思想道德、传统文化的教育结合起来,在少先队员中形成了一种探索历史、了解传统文化的良好风气,创造爱国主义教育的社会氛围,对于少先队员爱国意识、民族意识的引导起到了非常好的效果。

【简评】

学校文化建设的资源无处不在,校长要有敏锐的眼光,从教育的细微之处去洞察学校文化的途径。将节日教育与学校文化建设有机结合起来,将大大拓宽学校文化的范畴,这既是校本建设的重要途径,也是校长专业化发展的重要领域。

(三)追寻创新与时尚的学校网络文化

校园网络化的直接结果是网络文化与校园文化形成"交叉",进而产生一种新型的学校文化——学校网络文化。学校网络文化是传统学校文化的虚拟、发展、延伸,学校网络文化具有社会化、个性化、知识化、实践化等教育功能。作为一种新兴学校文化形态,学校网络文化从广度上讲,它覆盖德智体美劳等多个层面,在课堂教学、课外学习和学校文化建设、科研和信息上均起着重要的作用;从深度上讲,学校网络文化正在促进教学内容和形式、方式和方法的变革,促进学校教育和社会教育的发展。所以说,学校网络文化是优质学校建设的一个新阵地、新渠道,充分发挥学校网络文化在校长专业化和优质学校建设中的作用,既是教育改革与发展的要求,也是校长专业化发展的要求。

1. 利用学校网络技术,拓展学校文化建设空间

学校网络技术的出现,给学校文化建设提供了更加广大的空间,因此,学校文化建设不要仅拘泥于传统教育媒体,网络技术也大有可为。学校可以通过BBS、个人网站、博客等形式,扩大学校文化活动的范围和时空。学校可以利用网络优势,积极开展丰富多彩的教育活动和网上交流活动,使学生受到多方面、多纬度、多时空的学校文化教育。

2. 发挥学校网络优势,积极开展学校文化活动

学校网络技术的出现,使得学校网建设成为现实,在优质学校建设中,校长要充分发挥学校网络的优势,结合教学内容、活动安排等,给学生展示一些时事教育资料、录音录像资料等,并适时公布一些活动信息,这将大大提升学生对学校网络文化建设的认同感和支持度。

3. 建设数字学校网络，深化提升学校文化模式

硬件加软件的学校信息化模式还远不能发挥出学校网的优势，更不能实现教育信息化所要求的对传统教学模式的改革和对全新教育模式的建构，这样，数字化学校的概念便应运而生了。对于数字化学校模式、内容和建设的探讨，也就成为当前学校信息化建设的研究方向和热点话题。学校文化建设的高级阶段以数字化学校建设为主，建设数字学校网络将为"网上办公、网上管理、网上教学、网上服务"提供全面的支持。

三、校长引领学校制度文化建设的策略

学校制度包括学校机构、学校管理制度以及二者背后所蕴涵的形成学校制度的制度。学校文化和学校制度的融合，就形成了制度文化。学校制度文化是学校文化的重要组成部分，制度文化是精神文化的发扬。因此，在校长专业化进程中，校长应寻求制度文化的支撑点，谋求将学校的价值理念内化为师生员工的自觉行为，从而建设好学校的制度文化。

（一）管理制度的创新

学校管理制度是学校在教育实践中制订的各种规章制度。学校规章制度不是一成不变的，而是要根据时势的变化、学生的实际予以适时调整、调节。在优质学校文化建设中，校长要从当代教育发展趋势出发，充分发挥集体智慧，努力实践管理制度的创新，使管理制度逐渐变得人性化、科学化、公平化。

（二）规章制度的整合

在优质学校建设中，学校规章制度的整合，是学校文化软实力的重要组成部分。学校规章制度的有效整合，能充分提升优质学校建设的速度，确保学校文化建设的方向、质量等。学校规章的整合，是校长专业化的必然趋势，也是优质学校文化的现实需求。

（三）执行制度的灵活

在学校文化建设中，建立健全学校制度能够营造良好的纪律和风气，推动学校管理的规范有序化，促进学校的可持续发展。但在学校规章制度的执行过程中，校长要务必在遵守"制度面前人人平等"的前提下，客观分析学校管理中遇到的各种实际问题，灵活执行制度，让学校制度彰显人文关怀。

（四）教育方法的重建

在校长专业化的进程中，校长要时刻注意教育方法的重建，这不仅关系到教育方法的有效性、可用性，也关系到学校文化的建设。教育方法的重建，给学校提供了一个自我否定、自我发展的破立机会，也关系到如何建设优质学校等实际问题。

案例　●　●　●　●　●　●　●　●　●　●　●　●　●　●

校长只做校长的事

由于学校布局的调整，许多农村初中的规模迅速扩大，由原来的几所合并成一所，规模扩大了，学生和教师增加了，但好多校长的管理方式还停留在原来的层次上，还是沿用原来的管理模式，还是采用集权式管理，这跟学校的发展很不适应，势必造成管理中的许多漏洞和缺位。如王江泾镇中学，现在有 39 个班级，每个年级有 13 个班级，相当于原来规模中等的一所学校，校长怎么可能管到每个班级、每个教师、每个学生？根本没有这个

时间与精力。唯一有效的办法就是改变思路,转变方法,变"集权式"管理为"分层式"管理,制定明确的岗位职责,一级管一级,一级抓一级,层层抓落实,校长根本没有必要事必躬亲,事事过问,校长只做校长的事,做校长该做的事。王江泾镇中学是舟山市规模较大的一所中学。新任校长提出了"十六字分层管理"模式:"统一领导、分层管理、条块结合、以块为主。"该校在具体实施过程中,加强民主管理与监督机制建设,加强分层管理后的绩效考核制度建设,力求发挥"十六字分层管理"模式的最大潜力,取得了令人满意的答论效果。

知名校长李希贵的做法与王江泾镇中学校长的作法也有异曲同工之妙。李希贵在任高密四中校长的时候,有一年暑假开学不久,县教育局在他学校召开教师节表彰大会,他和到会的几位领导正在办公室商量事情。这时,负责布置会场的教师跑到办公室,手里抱着不知谁送来的大花瓶,看到校长的第一句话就是:"校长,这两个大花瓶该放在哪里?"李希贵校长不假思索地回答:"谁安排你的就找谁去。"这位教师会心地笑着走了。坐在一起的几位领导都以异样的目光看着他,他也笑了。李校长说:"说实话,我不是不知道花瓶该放在哪里,而是我不能破坏这一规矩。我不能越级指挥,他也不可以越级请示。"

李希贵是这样认为的,单纯就事论事,的确没有什么大不了的,但关键在于这样说了会引发一系列的问题,使得中间执行层的职能萎缩。这样的事多了,不仅放花瓶的,而且烧锅炉的,剪草坪的,全都有理由跑到校长那里请示一些根本不用请示校长的事情。我不知道我们的校长有没有这样做,但我时常听到校长说忙,忙得晕头转向,是不是都是需要你去做呢?校长只要有宽广的胸怀,能够充分授权让下属、中层去做,事情一样可以完成,而且会做得更好,更出色。

【简评】

校长在学校制度文化建设中,要注意从我做起,时时刻刻维护学校制度文化的权威。在管理制度、学校规章、执行制度、教育方法等方面制定一系列有效措施,在工作中对下属放权、放手、放心,这样才能建设好良好的学校制度文化。

四、校长引领学校行为文化建设的策略

学校行为文化就是指学校教职员工在教育实践过程中产生的活动文化,是学校作风、精神风貌、人际关系的动态体现,也是学校精神、学校价值观的折射。一所学校,其真正的知名度不在于大楼的雄伟,而是在于这所学校的人文底蕴、师生的行为文化。一个专业化校长,必须站在优质学校建设这一时代要求的高度,充分创造条件,使教师和学生成为学校文化的创造者、营造者、传承者、发展者。

(一)教师行为文化的建设

即使拥有现代化的硬件设施,如果学校文化不更新,那么学校教育不是真正意义上的现代化教育。教师文化作为学校文化的重要组成部分,在学校文化建设中起着重要的作用。那么,在学校文化重塑中,究竟需要什么样的教师行为文化呢?

李润洲指出:"从静态来看,教师文化就是教师群体在长期的教育教学实践中形成的教育思想、教育信念、教学观念以及教师角色认同等精神因素的总称,其核心是教育教学价值观;从动态来看,教师文化就是教师在教育教学活动中表现出来的习性、习惯、思维与行为方式,其核心则是行为方式。前者主要体现在教师身份文化之中,后者则主要表现在教师形象文化、交往文化之中。这样看来,教师文化主要由精神因素和行为方式两

部分构成,具有历史性、稳定性、民族性、可塑性等特征。"日本著名学者佐藤学在《课程与教师》一文中设定了教师文化检视的以下四个视点:第一,教师文化的多样性和多层性,教师文化不限于制度文化,而且在制度的深层及其周边形成了复杂的下位文化和抵抗文化;第二,教师文化是基于学校和课堂的社会语脉而生成的人际关系;第三,教师文化不仅有经验世界生成的侧面,还有作为符号性意义空间起作用的侧面;第四,教师文化的传承与再生产过程。

1. 唤醒教师的人生幸福

如果将教师视为职业,那很难感觉到教师职业的幸福;如果将教师视为事业,那无时不会感觉到教师职业的幸福。美国心理学家马斯洛提出了需要层次论:生理需要、安全需要、归属和爱的需要、尊重需要、自我实现需要。马斯洛的需要层次论给教师的人生幸福提供了一个值得借鉴的思路,作为校长专业化的一个子系统,校长要积极引导教师的职业幸福感。教师的幸福有两个层面:第一层面,是教师在物质层面的各种合理需求得到满足。在优质学校建设中,校长尽可能地关注教师的物质生活,努力解决教师生活和安全方面的困难,这无疑将大大提升教师的幸福感。但功利的、物质的刺激只能激发教师一时的积极性和上进心,不能持续、永恒地发挥作用,所以,第一层面的唤醒,是低层次的唤醒;第二层面,是教师在精神层面的积极向上需求。教师也有归属和爱的需要、尊重的需要、自我实现的心理需求,他们关注人生价值的实现,渴求人性化的管理方式、理性化的工作模式、感性化的交流机制,体验并感受职业、事业的幸福。

因此,在优质学校建设中,校长要立足于教师的人生幸福,使教师感受到物质和精神上的双重满足。教师幸福感的打造,绝不是一朝一夕的事情,需要校长努力创设适合教师发展和成长的氛围。在教师专业化发展过程中,校长要充分发挥自己的引领作用,给教师创造一种成长、成才、成名的时间与空间,使其在无拘无束的环境下自由自在地发展,实现学术领域中强化增值点、专业领域找到生长点,最大限度地满足教师人生幸福的感受与体验。

2. 优化教师的人际环境

在优质学校建设中,建立良好的学校人际关系,既是学校文化建设的重要目标,也是校长专业化的必然要求。学校文化引领下的教师人际关系是简单的而不是复杂的,是沟通的而不是对立的,是和谐的而不是矛盾的。校长优化教师的人际环境,给教师创造一个和谐的人际环境,是教师专业化发展的自然需求,也是优质学校建设中人际关系的诉求。因此,校长要树立这样一种观念,即每一位教师都是优秀的,都会努力工作的。校长不但要使自己能够容忍所有的教师,还要学会引导个性差异的教师学会合作、学会沟通。用这样的观念去审视每一位教师,那么学校的人际环境无疑会逐渐变得越来越温馨、和谐。

3. 创造独特的合作氛围

在优质学校建设的过程中,校长应该为教师创造一种独特的合作氛围:教师可以自由地表达自己的学术观点、自由地表达自己的个人意见,这就是真正的合作。因此,校长为教师创造一个独特的合作氛围,能更大程度地促进教师发挥自己的创造力、想象力和教育力,有利于自由和幸福的教师在文化水平上更大程度地提高。那么,在优质学校建设中,校长应如何为教师创造独特的合作氛围呢?首先,要以人为本,要把人的需求贯穿于优质学校建设进程中的每一环节,充分重视教师和学生正当、合理的需求,使之体会到学校管理之人性化;其次,要因人制宜,对学校教学工作的开展,要有法而无定法,注重发挥教师个人特质,积极为教师创设一种良好的学校工作环境,使教师的才能得到合理、有效、科学的应用和开发。

4. 展现教师的人生价值

人生价值是教师文化的最本质、最根本的内容,是校长专业化追寻的最终目的之一。教师只有实现自己的人生价值,其自由与幸福的教师文化才能得到真正的诠释。教师的人生价值,体现在教育教学的创造性、独特性、个体性,体现在其对优质学校建设的突出性贡献。因此,校长为教师提供一个展现人生价值的舞台,既是对教师劳动的尊重,也是对教育规律的践行。

(二)学生行为文化的建设

学生行为文化是衡量一所学校是否优质的重要标准,如果学生行为文化是低级的、庸俗的、腐朽的,那么其学校就不是真正意义上的优质学校。学生行为文化在学校文化建设中有着特殊的意义,是检验校长专业化的一个重要尺度,是体现素质教育的一个窗口。学生行为文化建设是学校文化建设的主体,如何激发学生参与学校文化建设,是校长在专业化进程中必须予以解决的问题。学生行为文化和教师行为文化二者构成了学校文化的整体,从功能上为优质学校文化建设创造了一个完备的空间。

1. 提供健康成长的空间

对于一部分学生而言,学校生活是苦闷、枯燥、单调的,他们感受不到学校生活的乐趣,显然,这是不符合优质学校建设理念的。因此,在优质学校的文化建设中,校长尤其要重视学生文化建设,以学生的视角去建设优质学校文化,使学生文化在最大程度上成为学生成长的动力,使学生文化在内容上不偏离优质文化建设、在形式上不背离校长专业化。作为优质学校,其提供给学生的校园文化不是一个天马行空式的空中楼阁,而是一个为学生的发展奠定基础的乐园。

2. 创造快乐体验的源泉

学生文化建设中,让学生享受学校生活的乐趣、体验学习过程的愉悦,是校长必须考虑的一个现实问题。新课程改革倡导提供给学生一个自主探究、合作学习的愉悦式学习经历,使学生感受到学习的快乐、体验到学校文化的魅力,这是时代对教育发展的必然要求。因此,校长应创设一种积极有效的学习氛围,使学生体验到学习的幸福与快乐,既是教育发展的出发点。在学校文化建设中,校长要有统筹意识,要站在社会发展和教育改革的前沿,审视学生文化建设,使校长专业化和文化学生化在相互协调、相互促进的过程中螺旋式提升。

3. 开展多元化的活动

校长专业化的一个重要任务,就是营造多样性、多元化的学生行为文化活动,通过活动促进学生的成长、成熟。因此,校长要着眼于素质教育的有效实施,扎实开展学生文化的建设,给学生创设多种个性张扬、生命意识洋溢的学校社团活动,让学生自主活动,快乐成长。

案例 ● ● ● ● ● ● ● ● ● ● ● ● ● ● ●

用文化、行为和活动构筑二甲中学学生行为文化的基石

江苏省南通市通州区二甲中学学生文化建设的关键词是"文化重建",包括塑造新的学校价值取向、学生的精神追求、学生的人际关系和生活方式等,重建了一所莘莘学子向往的和谐的、温馨的、成长的、解放的、创生的家园。

传统文化根植学生行为

中国的文化源远流长,其中蕴涵的思想宝藏,对于学校管理而言善莫大焉!该校凌宗伟校长通过钻研中国的文化、历史、宗教等传统文化,把一些心得、思想、体会用日记、故事等形式发表在教师组建的"教育行者"的博客圈上。要求学生在晨读课前大声朗读励志故事。学校凡是学生目光所及的地方都张贴了一些充满哲理的小故事,以此启迪学生智慧,润泽学生生命。

二甲校训"行于天地,止于至善"来自于《大学》:"大学之道,在明明德,在亲民,在止于至善",这是一种古已有之、奉行者甚众的事业理念,是一种以"卓越"为核心要义的境界追求。"止"是"到达"的意思。昭示的是一种永不止息、创新超越的"进取"心态,是一种对完善、完美的境界孜孜不倦追求的崇高精神。"行于天地,止于至善"昭示着二甲中学师生"做诚实人,行阳光道,求真善美,立天地间"的做人目标和理想的追求。

二甲中学的橱窗里镶有八个大字:"仁义礼智信,温良恭俭让"。"仁义礼智信"是做人的起码道德准则,"温良恭俭让"是与人相处的传统美德。温者貌和,良者心善,恭者内肃,俭乃节约,让即谦逊。这样,有助于二中学生形成君子风度、淑女风范。

当通州东社镇建起忠孝园后,学校第一时间组织学子去领略石雕版"中国古代24孝故事"之精髓,并计划在学校大门口建造一个文化点,刻上《弟子规》原文,以供学子对照、反思自己的行为,及时改正缺点与不足。

"感恩"是中华民族的优良传统,中国历来有感恩的传统,像"滴水之恩当涌泉相报","谁言寸草心,报得三春晖"。凌宗伟校长认为:只有拥有一颗感恩的心,学生才懂得去孝敬父母,才懂得尊敬师长,才懂得关心人、帮助人,才能珍惜老师和长辈的谆谆教导,勤奋学习,回报社会;只有拥有一颗感恩的心,学生才能学会宽容,赢得真爱,赢得友谊。

教育者行为引领学生成长

学校认为,教师作为教育者的每一点思考,每一步设计,每一个行动都要能为学生所仿效。因此,教师要用自己的思想、设计和行动去影响学生。凡是要求学生做到的,该校教师必先身体力行。每天早晨,学校领导就在校大门前等候每位教师和学生。早操时间,该校教师和学生一起跑操,一起呼喊口号。在开学初春节慰问贫困生时,学校发现很多孩子普遍没有感恩的心态。所以学校领导就带着学生一起去感谢那些帮助过他们的人士。在教师身体力行的带动下,在耳濡目染中,学生的思想与情感上由认同到效仿教师的行为。

校园活动促进学生行动

校园活动是学生行为文化建设的良好载体。学校成功开展了"我的班旗我设计"班级文化建设系列活动,整个系列活动共分成六个阶段,包括:班旗设计要求和标准的颁布、上交班旗设计方案、班旗制作、设计方案的说明与班旗展示、最佳班旗设计评选、"我为班旗添光彩"活动。通过理念、活动、评比机制,学生把情感转化为行为。学校又陆续使每一个班级的文化体系进一步完善,拥有自己的班歌、班级誓词、班级理念,并且还在"网易"上建立了班级博客。

另外,该校校园活动还巧借外力,邀请省文联主席顾浩先生、省作协党组副书记范小青女士、著名教育学者、生命化教育的倡导者与实践者张文质先生,北大教授曹文轩,著名作家程玮、赵丽宏等人来校参加学生的活动。相比教师的说教,这样的活动使学生们兴趣更浓、受益更深。

二甲中学有个学生叫李浩飞，高考离校以后，被南通大学附属医院确诊为M－3型白血病。学校因此开展了捐款活动，师生捐款3万元。还有学弟、学妹那一封封热情洋溢的信！帮他度过难关！这次捐款活动的开展，使学校、班级成为学子的精神家园，整个校园形成一个互相帮助、互相关怀、互相勉励的家庭！

学校学生文化建设，二甲中学给出了自己的诠释。

【简评】

二甲中学在寻求发展道路时另辟蹊径，以学校文化建设为载体，通过先进的文化来办校、立校、兴校。他们的先进经验给我们以深刻的启示：首先，学校的本性是人文的，就如著名学者张文质教授所言，学校是生命的生长，成长。二甲中学用文化、行为、活动，构筑成二甲中学学生行为文化的基石，这是一种生命的引领，是一种文化的润泽。其次，学校的教师是教育者，当然这个教育不仅仅是口头上的，也应该是行动的践行者。据媒体报道，前苏联著名教育家苏霍姆林斯基在做校长期间，每天听教师的一节课，关注每一名困难学子，观察、记录学子每一次的言行；捡起地上的废纸，换下坏灯泡，拧紧螺丝钉。苏霍姆林斯基正是通过这些具体实践成就了一番事业，影响了世界教育。由此我们可以想见，二甲中学的做法与苏霍姆林斯基的做法有异曲同工之妙，该校领导班子正是以自己的亲历亲为点燃了学生行为文化的火把。

第三节 校长如何实现优质学校文化的传承与创新

优质学校文化是凝聚和激励全体教职工进行教育教学改革的重大精神力量，是学校发展的强大内驱力。在优质学校文化建设中，校长起着决定性的引领作用。因此，通过对优质学校文化建设中校长作用的研究，有助于我们更充分地认识校长专业化的必要性和可行性。学校文化建设不是一个自发的过程，需要通过系统内的变革加以推动，需要校长去传承和创新。

一、专业化校长如何传承学校文化

优质学校文化是新时期校长专业化发展的必然结果。优质学校文化建设，既是一种先进的教育理念，更是一种现代办学理念。校长必须重视对学校文化的总结、积淀、提升，重视学校文化的传承和创新，使学校文化始终能够反映和体现社会先进文化发展的方向。

（一）理念的坚持是前提

校长专业化的前提是校长教育理念的专业化，也就是说，校长要站在教育发展以及教育管理发展的立场来思考校长职业、事业。先进理念是优质学校文化的精髓，是优质学校文化的核心内容。因此，校长在优质学校文化建设中要树立教育理念，坚持学校办学理念，这是学校文化传承的重要前提。每一个学校在长期的历史实践中，都有它的光荣的历史和悠久的传统，都有自己的文化传统和办学理念。学校在思考发展时，更应该考虑到传统理念的甄别、传承、遴选和坚持。在具体的操作策略中，学校要从理清学校的办学目标、校训以及办学理念入手，对学校的历史发展形成的教职员工理念进行一个梳理。同时，在梳理传统理念的时候一定要有一个妥协的心理，不能搞颠覆性的变革，必须在继承中发展。

（二）环境的营造是条件

学校环境建设是校长专业化发展的一个重要范畴。学校环境建设是陶冶学生情操的隐性课程，是一种环境教育力量。学校文化建设倡导人和环境的和谐统一，使人和环境产生互动效应。学校环境营造是校长专业化的专业性体现，校长要以新课程理念为指导，着眼于生命性的学校环境氛围对师生的熏陶和感染，营造高品位、高档次、高水平的学校文化，体现出校长专业化人文性的一面。

（三）制度的延续是基础

先进、科学、合理的学校制度可以推动学校文化的发展，是学校制度文化建设的重要范畴。在优质学校的文化建设过程中，我们强调学校制度的延续与重建，通过尊重与参与、学习与创新、发展与诚信等价值观的确立，促使有人文情怀、创新活力的学校制度发挥主导性的作用。首先，校长要建设一个公平公正的学校内部管理体制。通过绩效工资制、竞争上岗制、目标管理制等发展性评价方案，建立积极向上、团结和谐的学校文化。其次，校长要建立健全一系列严格的学校制度，做到让制度说话。制度的实施和改革的深化所发挥的积极作用，不仅可形成一种精神环境，而且能够成为学校发展的根本动力。

（四）素养的沉淀是目的

校长专业化是一个人文素养、人文精神的培育、提升和发展的历程。一所优质学校，其学校文化建设必定是人文意识洋溢、人文精神荡漾的"学园"。在学校文化建设中，人文素养的培育以各种文化活动为载体，将学校制度文化、观念文化渗透在学校管理活动之中，把学校的价值观念和道德规范自觉地转化为师生内心的信念和行动的准则，从而达到知行合一的目的，使学校文化建设得到具体的实现。首先，校长要从细处入手，强化班级文化建设。这除了要抓好班主任队伍建设外，还要充分发挥各班级的主观能动性，积极开展丰富多彩的文化活动。其次，校长要积极开展学校文化活动和社会实践活动。再次，校长要重视学生社团的建设。人文素养的培育，将进一步凝炼学校文化建设的方向，提升学校文化建设的品位，丰富学校文化建设的内容和方法，从而提升学校的管理品质，促进校长专业化的和谐发展。

（五）教研的提升是动力

"真正的学校应当是一个积极思考的王国"，校长要通过"自我反思、同伴互助、专业引领"校本教研模式，加强理论指导与实践，激励引导教师思考、发现问题，把问题当作课题，在反思中提高，在反思中创新，在反思中发展，让思维在碰撞中产生智慧的火花，让研究成为教师专业成长的助推器。校长只有重视校本教研活动的开展，才能构建多样化、多维化的学校课程文化建设体系。在学校课程文化资源开发和学生学习方式的变革等方面，实现学生由单一的接受方式向多样化、个性化的学习方式变革，建立自主式、开放式、活动式、创造式等多种学习方式，从而达到提升校本教研的质量，活跃学校学术氛围，促进学科建设。

二、专业化校长如何实现学校文化的创新

在优质学校建设中，校长对学校文化的创新，将最大程度地增强学校文化建设的特色、层次、品质。校长要努力实践学校文化建设，使学校文化建设立足于时代发展潮流，在创新中发展，在发展中创新。学校文化创新，既是优质学校文化建设的重要范畴，也是校长专业化的必然途径。

（一）学校文化的创新

1. 学科教学人文化

学科教学与人文教育是统一的，因此，在优质学校文化建设中，校长要充分发挥学科教学的作用，通过学科教育的实施，把原先存在于学科课程中的人文精神充分展现在学生面前。学生人文精神的发展历程，与学科教学过程是一个有机结合的并行发展过程。在学科知识中，蕴涵着丰富的人文精神，校长应要求教师系统地介绍科学史和科学方法论的一系列理论问题，帮助学生了解科学的本质，认识科学与人类社会发展的关系，使学生获得科学思想、科学精神、科学态度的熏陶和培养。在学科知识体系中，积累着人类的优秀文化，为人类提供历史的智慧、思维的启迪，展示高尚的情操、人生的哲理，使学生得到高雅审美情趣的陶冶，并为其提供治学的态度和方法。校长专业化的过程要极大地释放教师和学生对人文精神培养的热情，使校长专业化和人文精神的培养有效地整合、有机地磨合。

2. 隐性课程人文化

隐性课程就是指学校通过教育环境有意无意地传递给学生的非公开性的教育内容，如价值、态度、规范、情感、交际技能等环境熏陶方面的内容，它是相对学校课程体系即显性课程而言的。隐性课程对学生人文素质的影响是无形的，潜移默化的，它无时不在、无时不有，它让学生自觉自愿而又不知不觉地接受影响，受到熏陶感染。因此，校长对隐性课程的开发，既是对学校文化建设的丰富，也是校长专业化建设的职责所在。优美的校园环境、和谐的师生关系、催人奋进的校风，是人文教育的一个重要方面，也是校长专业化的一个重要范畴。在实践中，校长要重视隐性课程的开发，真正做到寓教于乐、寓教于美、寓教于文化活动之中。

（二）学校活动的创新

1. 学校活动多样化

有效开展学校活动，是培养人文精神的最佳途径。优质学校建设要求学校活动专业化、有序化、多样化。比如，在优质学校文化建设中，许多校长重视书香校园文化建设，大力开展读书活动，正确指导学生的课外阅读活动，通过读书报告会、征文、演讲、辩论比赛等各种活动，鼓励学生多读书、读好书。这样，读书活动和学校文化建设成为和谐提升、协同发展的同步进程。又如，在优质学校文化建设中，校长组织学生参加一定的社会实践活动，通过义务劳动、社会调查、参观访问、军事训练等活动，使学生人文精神的培养得到强化，创造性得到发挥。可见，社会实践活动是优质学校文化建设的一个着力点，是人文精神培养的活动基石。

2. 文化活动常态化

学校是师生的"精神家园"，在这个"精神家园"中，师生将健康地、和谐地成长。学校文化能够实现学生心灵的净化、思想的纯化、审美的美化，可以实现优质学校建设的目标和人文精神的培养。因此，在优质学校文化建设中，校长要开动脑筋，激发每位教师的创造性，努力使学校文化活动常态化与制度化，每年固定好时间，固定好活动，使之成为学校的传统活动，使学校时时处处都体现出积极向上的文化氛围，使学校成为培育学生良好品质、行为习惯的精神家园，真正为每个学生健康发展、终身幸福奠基。

第六章
优质学校校长实施品牌经营的策略

在如今这个品牌竞争异常激烈的时代,如何通过品牌经营为学校的发展带来生机,如何在创建优质学校过程中永远立于不败之地,是摆在当代校长面前的一个重要课题。学校品牌经营成为提高学校竞争力、扩大优质教育资源、促进教育均衡发展的战略选择,同时也成为学校发展转型和整体提升的客观需要。学校品牌化已经成为学校赢得家长与求得生存和发展的关键。

因此,具有专业化水平的校长应充分认识学校品牌经营的价值和意义,自觉树立品牌意识,有目的、有计划地去培育和经营学校品牌。

第一节　学校品牌的概念与生成规律

学校品牌经营是当代校长的一个战略选择,其实现过程有其内在的规律可循,并非是一蹴而就的。因此,作为一个具有专业化水平的校长,必须首先明确什么是学校品牌,只有深刻了解和把握学校品牌的内涵和特点,才能有效经营学校品牌,推动优质学校的建设和发展。

一、学校品牌的概念

什么是品牌?著名市场营销专家菲利普科特勒博士曾这样说:"品牌是一种名称、术语、标记、符号或图案,或是它们的相互组合,用以识别某个消费者或某群消费者的产品或服务,并使之与竞争对手的产品或服务相区别。"湖南师范大学教授、中央教科所师训中心特聘研究员田汉族先生认为:"学校品牌是一种以课程服务为基础的优质教育服务组织品牌,它是指经过精心培育和市场选择形成的,为教育消费者所偏好、给办学组织带来较大的经济和社会效益,并引导教育消费的优质教育服务产品及其属性、学校整体形象、与消费者的一致性承诺关系等的总称,具有多样化、优质性、独特性、高层次性、增值性等特点,并通过教育市场认同性、地位排他性、时间的长效性和效应的扩散性来体现。"由此可见,学校品牌是一所学校发展的点金术,它让一所学校的文化价值和市场价值最大化,从而让其教学和教育进入一种超凡境界,是能够引领学校可持续发展、盘活优质教育资源的一种标志、一种质量、一种信誉、一种文化、一种力量。

(一)学校品牌是一种标志

学校品牌是学校办学特色和办学成果日益凸显的结果,它是一种标志。这种标志可以是有形的、外显的,也可以是无形的、内隐的,还可以是有形与无形、外显与内隐的完美结合。外显的部分是指形象、直观、具体的印记,包括名称、术语、建筑、设计、雕塑和花木等,比如信孚教育集团的"信孚"、美国哈佛大学的"哈佛铜像"、山东大学的"泰山"、杭州外国语学校的盾形标志、南开中学的"紫色"，以及各学校的校徽、校训和校服等。而内隐部分则是学校的独特办学理念、办学目标、办学模式、办学特色，及其彰显的办学质量和特色成果给人留下的不可磨灭的印记，比如北京市东城区黑芝麻胡同小学的"创造教育"、河北衡水中学的"道德教育"、安徽省安庆市第二中学"爱的教育"、重庆求精中学的"精益求精"校园文化、湖北省武汉市钟家村小学的"读式文化"、重庆大同实验学校的"书香校园"、广东肇庆中学的"体育特色"、厦门师范一附小的"和谐教育"等，这些都已经成为各所学校独特鲜明的知名品牌标志。

（二）学校品牌是一种质量

学校品牌是学校办学质量高水准的标志，鲜明独特的品牌形象就是学校教育教学质量的符号。质量是学校品牌的生命线，决定着学校及其品牌的身价和地位，是学校传递给家长和社会的一种心理上的安全感。对家长和学生而言，选择了品牌学校，就等于选择了优质的教育资源，就能得到高质量的教育服务。优质的教育质量是学校品牌的基础和保证，没有了办学质量的保证，学校就无所谓真正的品牌，其所谓的品牌就失去了价值，最终因为满足不了社会大众的需求而走向夭折。

案例

湖南省长沙市雅礼中学——"雅礼气质"

湖南省长沙市雅礼中学是一所被人誉为"影响学生一生的学校"。

据资料显示：1906年，美国耶鲁大学的民间团体雅礼协会创办该校。学校自创办以来，培养出了金岳霖等14位两院院士以及厉以宁等学界巨子。具有专业化水平的刘维朝等雅礼中学的历任校长，坚持追求"雅言礼行，德才兼备"的教育理念，以办学质量为学校品牌经营的生命线，千方百计为学生搭建展示自我才华的舞台，倾力支持学生感兴趣、认准了的东西，充分挖掘学生的潜能，为学生的终身发展奠基，让学生有个性地发展。雅礼中学还坚持用尊重和信任发展学生个性、用宽容和理解引导学生个性、用丰富的校园生活张扬学生个性、用学习型家庭拓展学生个性、用综合素质奠基学生个性，矢志不渝地追求着"让学生成为个性的海洋"，让学生全面、有个性、可持续地发展，铸就了雅礼学生的"雅礼气质"。

多年来，雅礼中学成绩斐然：高中毕业会考合格率始终保持在98％以上，本科录取率在90％以上，每年约有800人次在全国、省、市竞赛中获奖。在学科竞赛中，先后有4人次获国际信息学奥赛金牌，20人次获国家级信息学、数学、物理等学科奥赛金牌。学校每年都有一批学生通过托福、雅思考试直接升入耶鲁大学、普林斯顿大学等世界一流大学。

【简评】

雅礼中学之所以能够成为一所独具特色的优质学校，其"雅礼气质"之所以能够成为学校的品牌，成功的秘密就在于学校把学生的个性差异视为财富，以提升学校的办学质量为生命线，正是在这样的追求下，雅礼中学办学以来培养出了金岳霖等14位两院院士以及厉以宁等学界巨子，每年高中会考合格率和高考的本科录取率名列前茅，每年在学科竞赛上都过关斩将、摘金夺银等。由此可见，质量是根本，也是保证，雅礼中学的办学质量与学生的"雅礼气质"交相辉映、相辅相成、不可分割。"雅礼气质"也正因为有了教学质量的支撑，才有了生命力，使得学校品牌如同高楼大厦般牢固，从而有效提升了学校的知名度和竞争力，赢得了学生、家长和社会的充分尊重与信任。

(三)学校品牌是一种信誉

品牌实质上就是一种信誉,是对学生、家长和社会的一种承诺。学校要求得生存和发展,就必须信守诺言,学校建立品牌的过程就是孜孜不倦实践其诺言的过程。比如,有的学校不满足于学校当地的优质生源,在招生期间为了更加广泛地挖掘和吸引优质生源,凭借电视、报纸等媒体向外县、市大肆宣传学校办学成果,盲目夸大学校成绩,甚至用虚假广告诱导家长送子女来校上学。结果,因自身条件受限导致无法兑现承诺,长此以往,学校失去了信誉,失去了人心,砸了自己的招牌,直至把自己逼到关门倒闭的尴尬境地,这样的学校是无法有效开展品牌经营的。因此,学校在向家长介绍学校情况时,一定要实事求是,避免夸夸其谈,随意向家长许诺。如果做出承诺,就必须做到言而有信。这样,学校才能赢得家长的尊重、信任和理解,赢得家长的口碑,才能在学校品牌建设和发展的道路上越走越远。

(四)学校品牌是一种文化

学校文化是一所学校在长期的教育实践中积淀、凝练和创造出来的,并为全校师生认同和遵循的价值观念体系、行为规范准则、风俗习惯及环境建设的一种有机结合体,它体现为学校的"综合个性"特征。学校文化是学校的一面旗帜,它能够凝聚、鼓舞、激励和引领全校师生推动学校向上向前发展,从而有效推动优质学校的建设。

学校文化源于悠久的办学历史和优良的学校传统,是学校历任校长在办学实践过程中不断传承、发展而积淀下来的优良传统。目前,我们不乏具有几十年上百年历史的传统名校,多年的积淀使这些学校自然形成厚重而深远的文化传统和历史底蕴。从校训、校风、学风到历史沿革和重大历史事件,均蕴藏着丰富的精神文化内涵,都可以成为学校品牌经营的切入点,从而发挥名校效应,展现学校办学水准。因此,学校文化底蕴是学校品牌的灵魂,是学校品牌的深刻内涵特点和优质学校建设的内在驱动力。学校只有具有浓郁深厚的文化底蕴,才能形成学校品牌鲜明的个性风格,才能充分展示学校的精神底气和学校品牌的独特魅力。

(五)学校品牌是一种力量

品牌是学校的无形资产,这种无形资产是一种坚不可摧的力量,它能够使学校步入良性循环的发展轨道,为学校的发展带来不可估量的益处:在众多中小学校长为教师流动性大而苦恼的时候,品牌学校却成为广大优秀教师关注和向往的理想圣地,吸引着优秀教师纷至沓来;在众多中小学校常常为生源短缺问题所扰时,品牌学校对生源问题却高枕无忧,学校每到招生期间便门庭若市,极大地降低了学校的招生成本。所以说,学校品牌是一种力量,是一种能够凝聚优秀教师、吸引优质生源、提高学校优质教学质量,并确保学校可持续性发展的力量。

二、学校品牌的生成规律

学校品牌生成的过程,就是学校通过自身的努力,不断扩大知名度、美誉度和可信度,增强社会影响力的过程,其本质是追求学校教育的优质化。校长如果没有品牌意识,学校的发展就如没有目标的航船,随波起伏,飘摇不定。校长有了品牌意识,学校管理就有了灵魂,才能立足实际,不盲目,不随意,才能不断超越、不断创新。

一所学校的品牌,首先,它必须是区别于其他学校的办学风格或优良特色而独有的,还必须是能得到社会广泛认同并予以接纳的,并且能成为其他学校在短期内效仿的;其次,学校的品牌必须经历漫长时间的沉淀,有着深厚的文化积累而逐渐形成,绝非靠单纯的宣传,更不是短时期内可以达到的;再次,品牌学校必须立足于办学质量的提升,也就是说要在教学上下功夫。只有在学科的某些领域形成自己独有的优势、特色,并以此来确定学校的地位和影响,带动学校向可持续发展的方向前进才是品牌优势的根本。

具体而言,学校品牌的生成并非一蹴而就,而是在传承中构建文化、在构建中规范管理、在规范中科学发展、在发展中改革创新、在创新中彰显提升而最终水到渠成的。

(一)在传承中构建品牌文化

学校文化并非虚无缥缈、空洞无物或若即若离的,而是实实在在地在学校客观存在着,其无论是有形的还是无形的,都始终在规范着、影响着生活在其中的师生们。学校文化又是灵动的、鲜活的、有生命的,它在社会进步、时代发展与教育改革的有力推动下,也在不断地丰富、完善、调整和发展着,并在传统中挖掘,在实践中提炼,凝练出更加先进的学校文化,从而引领和推动着学校向前发展。由此可见,学校文化具有传承意义和现代品质,它源于学校历史与传统的传承,源于历任校长对学校发展改革与实践的经验积淀,学校品牌生成应立足于学校品牌文化的传承与重建。

学校文化更需要师生的认同和实践,没有认同就没有生命力,没有实践就毫无价值可言。无论一所学校是否确立其学校品牌,任何一位校长都不能否定其学校的文化传统,应当对这所学校的文化进行深入研究,推进学校文化的传承,做一个学校文化的"薪火传递者",重新构建学校品牌文化,因为这既是优质学校校长应当具有的意识,也是学校品牌生成的重要前提。

(二)在构建中规范学校管理

秉承学校文化传统,并非"拿来主义",一股脑儿照抄照搬、全盘接收学校传统文化,一个具有专业化水平的校长应当带着扬弃的眼光看待学校传统文化。学校文化传承要立足社会前进、时代发展、教育改革和学校自身实际,一分为二,取其精华、去其糟粕,汲取养料,选择适合学校发展的优秀文化,并不断渗入现代教育理念,吸收当代文化的营养,不断探索、不断实践和反思。

我们认为,规范学校管理,以制度立校,用科学、合理的学校制度去规范师生行为、激励师生共同成长,是重建学校品牌文化的有效载体。一个专业素质高的校长应当学会以制度为抓手,规范学校育人平台,规范学校管理。校长还应当发挥创造意识,推动学校制度从"制度文本"向"学校文化"乃至"学校精神"的跨越,这就是一所学校从成长走向成熟,从粗放走向精致,从薄弱校跻身优质学校的不断升华的历程。学校制度经过长期建构而积淀成"学校文化"乃至"学校精神"时,学校就具有了无坚不摧、战无不胜的核心竞争力,也就为学校的品牌生成奠定了坚实的基础。

(三)在规范中坚持科学发展

在当今瞬息万变的信息化、多元化时代,优胜劣汰是不可逆转的自然规律,发展是优质学校建设追求的永恒主题。倘若校长没有强烈的发展意识,没有主动适应市场的需求与变化,就必将在残酷的竞争中被淘汰出局。因此,校长要经营好自己学校的品牌,就要在规范学校管理的同时,深入研究分析教育理念、教育规律、教育对象、教育环境等因素,不断更新教育理念,以极大的热情投入到学校物质文化的创造、教育制度的形成以及学校精神的培育中去。校长要通过学校的制度规范、活动行为、环境建设等体现学校文化的核心理念和精神,从而使全校师生由于形成共同的发展愿景而产生凝聚力。同时,通过学校的文化管理和文化引领,引导教职工"心往一处想,劲往一处使",朝着学校的战略规划目标一步步向前迈进,努力提升学校的办学质量,推动学校的发展。

(四)在发展中勇于改革创新

随着教育的均衡发展,不同学校间在教学质量上的差异会越来越小,而在办学理念和学校文化方面的竞争将会日趋激烈。创新的教育思想和理念不仅可以持久地影响学生的一生,还可以辐射到全省或是全国的学校。因此,品牌学校必须具备品质和品位这两个因素。较高的品质就是学校的教育质量要高,要能为学生提供优质的教育服务。较高的品位就是学校的办学思想和办学理念要引领潮流,学校的文化精神要先进。

首先,校长应该立志提升学校的品质与品位,积极开创学校文化建设的新举措,实现办学理念回归教育的原点,真正遵循教育规律,真正张扬学校的个性,在创新上谋求发展,在特色上做好做足文章,从而形成与众不同的学校品牌。再者,学校教育品牌是随着学校"亮点"的呈现、特色的彰显应运而生的,一个具有专业化水平的校长要充分挖掘学校潜在的优质教育资源,有目的、有计划、持之以恒地开发与整合,使其成为区别于其他学校的"人无我有,人有我优"的优势。比如,安徽省安庆市第二中学的"爱的教育"、山东省莱州市双语学校的"创新教育"、山东省邹平县黛溪中学的"师师科主任,生生科代表"制度、重庆 29 中的"红岩英烈班"等。总之,改革创新是学校品牌生成的必要条件,办学思想和特色办学实践是学校品牌生成的关键,这也是推动优质学校建设的内在驱动力。

(五)在创新中努力彰显提升

校长在秉承文化传统、规范学校管理、坚持科学发展、勇于改革创新的基础上建设的学校品牌,将会为学校的可持续发展注入生机和活力,将会在一定时期内提升学校的办学品位和竞争力水平。然而,学校品牌的形成并不是一劳永逸的,校长需要与时俱进地强化创新意识,努力地彰显提升学校品牌的含金量。

学校品牌如何在创新中努力彰显提升呢?首先,校长应当具有危机意识,要进一步提升学校办学质量,体现先进教育经验成果的辐射引领与教育实践的创新探索,努力凸显学校办学成果和办学特色,彰显学校品牌的独特魅力;其次,校长要善于经营学校品牌,通过多种渠道和途径宣传和推广学校品牌,将学校品牌做大做强,提升学校品牌的知名度、美誉度和可信度,为学校品牌增值,持续不断地积累学校品牌资产。只有这样,学校品牌才能够经久不衰,绽放出夺目光彩,才能为学校发展带来勃勃生机。

第二节　校长的学校品牌经营之道

品牌是学校的核心竞争力,学校与学校之间的竞争归根结底是品牌之间的较量。同时,品牌是学校的一面旗帜,它体现了优质的学校管理,也是向学生、家长和社会作出的质量保证。作为一个具有专业化水平的校长,应当深谙学校品牌经营之道,通过确立学校品牌,不断提升学校办学品质,从而推动优质学校建设的进程。

一、当前制约学校进行品牌经营的因素

品牌经营并非一帆风顺的,学校品牌经营也要求"天时地利与人和"。当前中小学校的品牌经营的徘徊不前,主要是受到了"校长专业素质偏低"、"教师幸福指数低下"、"家长素质参差不齐"等因素的制约。我们找到了学校品牌经营的制约因素,就可以辨证施治,找到学校品牌经营的途径。

（一）校长专业素质偏低

学校品牌的灵魂是先进的办学理念。然而,纵观当前中小学校发展现状,许多校长专业素质偏低,缺乏超前的办学理念、市场意识、品牌发展意识的指引。这些学校校长欠缺长远的学校发展规划,而是安于现状,学校管理方法和手段单一,并且对学校存在的困难和问题望而却步,常为生源问题所困、为师资稳定问题所忧、为教学质量所惑、为学生安全所扰。

首先,校长为生源问题所困。生源是学校赖以生存和发展的基础,学校没有生源就难以维持发展。特别是近年来人口出生率降低,生源减少,许多学校都在进行合并、联合、整合优质教育资源;虽然国家在不断推进教育公平,但是,每到招生季节,许多家长大都给孩子选择久负盛名的品牌名校;再加上民办学校发展规模越来越大,在这样一个"生源锐减"的情况下,各所学校都在为了生存而展开一场没有硝烟的生源抢夺大战,如何在有限的生源空间里抢占生源,便成了摆在校长面前的一道难题。

其次,校长为师资稳定所忧。教师队伍稳定问题是学校的一大难题,优良师资的流失势必影响学校的教育教学质量,同时也会招来家长对学校的非议,影响学校在社会上的声誉。一方面,教师聘任制改革激活了教师队伍的流动性,许多优秀教师流向了条件优越的沿海城市学校;另一方面,如雨后春笋般迅速发展起来的民办学校急需大量的优秀教师,他们不惜高薪聘请优秀教师任教。在这样的背景下,即便是学校从情感上、待遇上等多方面采取措施来稳定教师队伍,但往往是并不奏效。正所谓"教师的去留问题却常常不以校长的意志为转移,校长常常为教师的稳定问题所困"。

再次,校长为办学质量所惑。办学质量是学校品牌经营的生命线,学校的生存必须依靠过硬的办学质量。然而,由于家长对素质教育的认识不足,受应试教育的影响,家长视学生的考试成绩为衡量一所学校办学质量高低的唯一标准,"学生的考试分数"俨然成了家长眼里的学校教育教学质量的代名词。为此,有的学校不得不因为学校的生存需要而特别关注学生的考试"分数",校长一时难从应试教育的桎梏中解脱出来。

最后,校长为学生安全所扰。安全责任重于泰山,学生的安全往往被摆在学校各项工作的首要位置。如果学校发生学生安全事件,且不说家长要求索赔、相关部门追究责任等,更重要的是学校有可能因此而受到家长的质疑,导致家长对学校不放心,没有安全感,新生招不来,老生要退学。为此,学校警钟长鸣,天天说安全,月月讲安全,安全制度一项项,安全措施一条条,时刻紧绷"安全"这根弦,丝毫不敢松懈。然而,学生平时的磕磕碰碰在所难免、防不胜防,偶尔出现学生的轻微碰伤,个别家长也会干扰学校的正常教学秩序,使校长心神不安,无法开展学校管理工作。

面对学校里这样或者那样的问题,有些专业素质偏低的校长不去深入研究和分析市场状况、学校自身发展现状,不努力弥补学校存在的不足;还有些校长不努力提高个人素质、做好学校发展规划、统一教师思想、调动学校各项有利资源,导致学校发展步伐迟缓,学校品牌经营陷入困境。

（二）教师幸福指数低下

学校品牌建设离不开品牌教师,一支素质优良的教师队伍本身就是品牌学校的重要组成部分。教师是学校最宝贵的资源,校长能否建立一支具有现代教育理念、先进教育教学方法、能适应教育改革和发展需要的教师队伍,是学校赢得生存和发展的重要保障。然而,纵观各中小学校,教师普遍感到幸福指数低下,繁重的工作压力使教师寝食难安,工作情绪低落。且不说这会误人子弟,影响着其自身的身心健康,还直接成为制约学校品牌建设的绊脚石,影响优质学校的建设。

究其原因,首先是当今的学生很难教育。在这个信息技术时代,各种影响青少年身心健康的精神鸦片接踵而来,使不谙世事、是非观念淡薄、判断能力较弱的学生深受其害。他们的思想"复杂"、行为"怪异"、个性"鲜明",不像过去学生那么单纯,容易教育。许多教师"恨铁不成钢",痛感"朽木不可雕",要绞尽脑汁与学生玩"猫抓老鼠"的游戏,倍感心力交瘁。

其次,家长对于学校教育的苛求与责难。如今的学生多为独生子女,他们成为是家中的"小皇帝"、"小公主",被家长百般宠爱。有些家长对教师的要求也格外挑剔,学生的成绩差了,家长指责教师教导无方;学生与同学吵架了,家长数落教师管理不善;教师对学生要求严格了,家长怀疑教师有失公心;教师批评学生了,有些家长则状告教师"体罚"学生。在这样的情况下,教师不得不小心翼翼地与家长接触,唯恐家长无理取闹。

再次,教师沦为了提升学生考分的机器。虽然"素质教育"和"减负"的呼声此起彼伏,一浪高过一浪。但是,"上有政策,下有对策",许多学校"涛声依旧",还是"穿新鞋,走老路",唯"分数才是硬道理"。还有些学校校长不问教师疾苦,不顾教师身心健康,硬是把教师当成是提高学生成绩的"机器",超负荷的工作量让教师不堪忍受。

最后,教师学习压力增大与职称评聘困难方面的原因。"要给学生一杯水,教师要有长流水"。因此,学习已经成为教师的内在发展需求,教师"忙里偷闲"、"见缝插针",四处寻找机会学习,不断为自己充电加油。"长江后浪推前浪",没有危机意识,不思进取,很容易就会被淘汰出局;并且,作为教师,不可避免的要为自己的"职称评聘"问题所困扰。由于指标受限,评审条件缺一不可,聘用条件高不可攀,于是,同事之间的恶性竞争愈演愈烈。因此,教师常为学习问题和职称评聘问题所困扰。

(三)家长素质参差不齐

学校品牌经营是一个系统工程,需要得到家长的理解与支持。一个具有专业化水平的校长,只有争取家长的支持,努力开拓创新,才能建立品牌、经营品牌和牢固树立品牌。因此,拥有高素质的家长群体是学校品牌形成的重要因素。然而,目前的家长素质参差不齐,从某种程度上说,这就造成了生源情况的千差万别,从而严重制约了学校品牌的建设和优质学校的形成和发展。

首先,家长缺乏与子女的沟通。在市场经济条件下,人们的生活节奏在加快,许多家长忙于自己的事业,无暇顾及子女的学习与生活,缺乏与子女的沟通,导致学生我行我素,个性过于鲜明,甚至于唯我独尊。其次,一部分家长由于自己文化素质低,教育子女的方式方法粗暴,且对个人要求不严格。学生与家长朝夕相处、耳濡目染,难免养成一些不良习惯。再次,"读书无用论"思想逐渐抬头。近年来,由于大学毕业生就业难问题突出,再加上一些家长本身对子女教育问题认识不够。因此,一些家长大肆宣扬"读书无用论",只要学生在学校不出安全事故即可。

(四)社会环境复杂多变

在当今信息化、多元化时代,社会环境复杂多变,非法音像、刊物严重影响着青少年学生的健康成长,这成为了优质学校建设的"拦路虎"。首先,社会上一些不法商贩利欲熏心,为了一己之私利,非法出版黄色音像、书刊,使之横行市场,毒害了不少青少年学生,污浊了学生纯洁的心灵。其次,一些地下黑网吧、游戏机等充斥在学校周边及青少年学生活动场所,使许多学生沉湎其中,不能自拔。再次,一些不良社会青年无所事事,时常到校侵扰学生的正常学习与生活。以上问题增加了学校管理难度,干扰了学校品牌的生成和和经营。

（五）学校资金捉襟见肘

学校品牌经营的过程就是学校整体工作不断优化的过程,它必须有源源不断的资金投入作为支撑,需要实实在在的人力、物力和财力作为坚强的后盾。学校硬件设施的投入,教学设备的不断更新,需要资金;学校的品牌设计,用以塑造学校形象方面的校旗、网站、学校庆典活动等,需要资金;学校品牌经营需要改善校园环境,使之成为师生学习、工作和生活的乐园,这也需要资金;此外,学校品牌并非"桃李不言,下自成蹊",也需要讲究包装,必须有一定的资金作为保障。然而,随着国家"一费制"政策的推行实施,学校更是囊中羞涩、捉襟见肘。在除了政府拨款以及对学生少量的规范性收费外,学校没有其他合法经济来源的情况下,作为一校之长"巧妇难为无米之炊",且不说疲于应对每月正常开支,更别提投入资金加强学校品牌经营了。因此,学校资金严重不足也是制约学校品牌经营的一个重要因素。

二、校长实施学校品牌经营的相关策略

品牌是学校重要的无形资产,它具有独创性、稳定性和持续性。根据学校品牌的概念,我们可以认识到:学校品牌经营是指校长对所拥有的品牌资源(物质资源、人力资源、社会资源等)和品牌资产(知名度、美誉度、忠诚度)进行有效运作,从而获得最大的经济利益和社会效益的管理行为过程。学校品牌经营不同于"重点学校"、"示范学校"的创建,它是市场和学生、家长选择的结果,反映出市场经济条件下优质学校的本质特征。学校品牌经营是有方法和技巧的,需要校长的精心策划和苦心经营。因此,一个具有专业化水平的校长,应当有效实施学校品牌经营策略,充分发挥品牌的价值和作用。

（一）准确定位学校品牌

一个具有专业化水平的校长,应当对学校自身进行"诊断",深入研究和分析学校的内部与外部资源,对学校的优势与不足做出周密而细致的分析和思考;要针对学校品牌经营的定位,制定科学、规范和详尽的发展目标及其运作的措施和方法,促进学校品牌的生成,加快优质学校建设的进程。

首先,要做到知己知彼。正确认识学校实际是有效经营学校品牌的关键环节,"没有调查就没有发言权",校长要对学校的硬件软件,师资条件,生源素质情况,资金运作,在学生、家长和社会上的信誉度等进行分析和诊断,充分认识自身的优点与不足,做到知己知彼,这样才能为学校品牌定位提供科学和翔实的依据。

其次,要锁定品牌定位。思路决定出路,定位决定地位。对于学校品牌的确定,校长应根据对学校综合情况进行周密分析和诊断,广开言路,多方论证,力求严谨,全面考虑是否有利于学校发展和师生的共同成长,考虑学校品牌生成的可能性,及其生成后的价值。校长要立足教育市场状况,集纳学校领导班子以及广大教职员工的智慧,结合学校的优势,选择和确定学校品牌的发展目标。

最后,要实施品牌规划。一个成功的品牌发展规划是学校品牌经营的关键。作为学校的教育者、组织者和管理者,校长要在锁定品牌定位的基础上,确定学校的办学理念、办学特色等,制定出科学的、可操作性的、切实可行的学校品牌发展方案,并团结带领广大教职工付诸于具体的品牌经营实践。品牌经营不是一朝一夕完成的,校长不能急于求

成、而是要遵循品牌经营和发展的内在规律,持之以恒,努力实践,从而实现品牌的生成,推动学校的可持续性发展。

案例

巧借历史树品牌,学校从积贫积弱中重新站起

2002年,王建庆调任南通市通州区金西初中校长。当时的金西初中因为教学质量不如城区的学校,却又偏偏距离城区只有几里之遥,所以,许多生源都流失到了城区,学校教育质量每况愈下,濒临被拆并之境。年轻而又不甘失败的王建庆一方面狠抓教学质量,另一方面大力加强学校领导班子建设。学校工作渐渐有了起色。

一次,新生小学(俗称金西小学)与金西初中搞了一个联谊活动,王建庆发现了新生小学后面的一个好去处——张氏宗祠(清末状元张謇的家庙),才知道新生小学的校园就是张謇当年状元及第之后为报祖恩在此兴办的张氏小学的旧址。当时,正是中心小学兼并村小的火热时期,新生小学在并入了好几所村小之后,校园已经不能容纳更多的学生和教师了。于是,新生小学向镇政府申请修建新的教学楼,预算大概100万元。与此同时,金西初中因为与新生小学隔着一条马路的是学校的寄宿部,而学校的教学区却在东边,学生还要跑上一段路才能到达,学校也因此向镇政府提出要修整校园。这样一来,资金问题让镇政府非常为难。

此时,一个移花接木的大胆计划在王建庆的头脑中应运而生。他找到镇领导,表示愿意拿金西初中的教学区和新生小学对调。这样新生小学就有了足够的教室和办公室,金西初中也因为教学区和住宿部在一起而不要政府再投资了,镇政府、金西初中和新生小学三家皆大欢喜!

王建庆校长凭着自己的远见卓识,一方面派人把张氏宗祠打扫整理干净,组织人手寻找校园与张謇的各种历史联系,另一方面他追根溯源,探索张謇教育思想,把当年张謇所提"勤逊"校训重新提出,并提出"学士、勇士、绅士"的"三士"教育理念。这样,学校的核心理念将历史和现实有机结合,极大地激发了办学活力,教学质量逐年攀升,社会影响明显增强。

在一个偶然的时间,张謇的孙子张绪武先生在报上看到了王建庆组织撰写的一个小报道——张氏宗祠在金西,一股寻根的热望触动了这位老者的心!就这样,王建庆把金西初中与张氏宗祠、张氏小学、张謇、张謇的后人、张謇文化联系上了。几经辗转,在张绪武先生和原通州市委书记陈照煌的多次关心下,再加上王建庆校长等人的用心经营,社会贤达的大力扶持(比如开明商人冯树君先生捐资150万元),我们见到了现在的张謇学校,走马观花般行走在现代化的校园与古朴庄重的"謇园"之间,我们看到了张謇的影子,也看到了今人的执著与拼搏……

【简评】

一处失落的张氏宗祠居然救活了一家濒临倒闭的学校!金西初中(张謇学校)从几近被拆并到重新以优质学校跻身于百花齐放的南通教育行列当中,这正是王建庆校长等人在走投无路的情形下巧借历史资源经营学校品牌的杰作。这样的品牌定位把学校和历史人物巧妙结合,同时积极进行学校管理改革,大力加强了教育教学工作,继承"勤逊"历史,总结挖掘"三士"教育理念,把"也许虚无"的历史和货真价实的办学改革相结合,并且带领一批教师奋力拼搏,终于把学校事业推向了一个新的高度。

因此说，品牌经营的资源可能有多个方面，比如可以具有地域特色，像校本教材的开发多具有这样的特点；也可能与校长或某位教师本身的背景有关，比如校长在语文教学方面非常有造诣；还可能与一个历史事件，一位历史人物有关……只要有助于学校形成鲜明的办学特点，有助于取得有效的教育教学成果，有助于教师队伍的建设，有助于学生的个性飞扬等，都可以成为品牌经营的资源。

（二）高度重视教师队伍建设

学校在品牌经营的过程中，教师队伍的作用事关重大，因为所有的品牌经营任务最终都是依赖教师来具体承担的，教师的个人意愿将影响整个品牌打造工作的集体意愿，教师的个人素养将影响整个品牌经营的能力。所以，积极提升教师的幸福指数，提升教师的个人素养，才能使学校品牌经营工作有效开展。

第一，提升教师幸福指数

针对教师职业幸福感缺失的现状，校长所要做的，不应该是过多的政治教化，而应该千方百计缓解教师压力，积极引导教师正视压力，主动地分析和化解压力。

首先，校长要引导教师学会自我调适工作压力。无论面对来自学生、家长，还是来自学校的压力，教师都要从容应对，积极排解，对于不同类型的压力采取有针对性的化解办法，例如针对工作任务的繁重与忙乱造成的压力，可以通过同伴分担，积极协作的方式化解；对于因为心理焦虑造成的压力感，校长可以邀请心理专家到校开展心理咨询与心理疏导，及时帮助教师学会自我调适心理；对于外界干扰造成的压力，校长可以创造条件为教师排除干扰，创造良好的工作环境。

其次，校长要劝导教师懂得"看庭前花开花落，荣辱不惊"。要劝导教师用一颗平常心对待周围一切，荣誉也好，权势也罢，都应当做到与世无争，不与人争强好胜，发扬陶行知先生的"捧着一颗心来，不带半根草去"的敬业精神。教师要顺其自然，坦然面对权势与利益，与同事和睦相处，切莫为了个人名利与同事勾心斗角，轻易卷入人际关系漩涡之中。当然，这并不是说，教师凡事要委曲求全、逆来顺受，而是要"有所取舍"，教师晋升要通过自身不懈努力去争取，绝对不能为了达到目的不择手段，这样一来，来自各方面的压力便消失殆尽。

再次，校长要开导教师学会"移情别恋，另寻新欢"。在学校，校长应要求教师对工作要尽职尽责，全身心投入，为学生"衣带渐宽终不悔"。但教师出了校门，离开了学校，校长则应当开导教师"以校门为界"，不把工作上的压力或者是工作上不愉快的事情带回到家里，否则只会庸人自扰，不但于事无补，反而让自己整日郁郁寡欢。校长要开导教师学会"移情别恋，另寻新欢"，回到家里，或读书、或书法、或下棋、或垂钓，回归自然，尽情体验下班后的完全的、纯粹的安宁。让自己过得怡然自得，轻松愉快，充实自在，从而与"压力"两个字绝缘。

最后，校长要教导教师树立"打铁还需自身硬"的意识。社会在进步、时代在发展，教育在改革，作为教师也要与时俱进，要自觉树立"终身学习"的思想。"酒香不怕巷子深"，倘若教师"一身本事"，那么是金子总会闪光，又何须患得患失，担心领导问责，害怕"末位淘汰"降临自己身上呢？因此，校长要教导教师树立"打铁还需自身硬"的意识，暂且把"下岗"、"转岗"等字眼置之脑后，一心扑在工作上，全身心投入个人业务学习上，不断地提高个人专业化水平和素养。我们认为，教师目标明确，对个人的学习充电持之以恒，必定逐渐"羽翼丰满"、"大功告成"，使自己在教师中"鹤立鸡群"，成为同行当中的佼佼者。如此一来，教师定将与"淘汰"无缘，就不会有压力可言。

第二,促进教师专业成长

教师专业成长是学校品牌建设的关键,校长承担着学校教师队伍建设的任务,校长的学校品牌经营理念影响着学校发展和教师的成长。因此,一个具有专业化水平的校长,应当视引领教师专业成长为己任。而要提高教师个人素养,提升教师的专业化水平,校长可以从教师阅读、教师说话、教师写作三个方面予以引领。

首先,校长要引领教师阅读。阅读是教师专业化发展的基础,教师只有扩大阅读面,增加阅读量,采集"众家"的智慧,吸吮知识的甘泉,才能够开阔眼界、丰富内涵,不断地提高教师个人专业素养。

要做好这一点,校长一方面应加强学校图书室和教师阅览室建设,及时丰富图书种类,为教师的大量阅读创造一个良好的条件;再一方面,校长应召开专题会议,鼓励教师每人订阅一份教育教学报刊,并建议教师互相借阅,使之流动于教师之间,实现资源共享;再一方面,校长应要求教师每月将个人的读书笔记上交备查,并将此作为教师评优、评先、月绩效考核和年度综合考评的重要参考依据。

其次,校长要引领教师说话。教师的专业成长,关键在于教师能够使课堂实践智慧得到提升,形成自己的"教育理论",同时,要求教师敢说、能说、会说,勇于畅谈教育困惑,大胆剖析教育心得,达到思维与思维的碰撞,才能够充分挖掘教师潜能,营造良好的学校教育科研氛围,使教师深刻理解教育实质和内涵,切实提高教师个人专业化水平。

要做好这一点,校长一方面要经常性地开展教学研讨课活动,遵循"自我反思、同伴互助、专业引领"原则,鼓励教师们畅所欲言,哪怕是只言片语,也要大胆阐述个人观点;再一方面,校长要定期举行教学论坛,要求教师就每月的阅读、学习,或者是日常教育教学实践谈个人心得体会,发言可长可短,不拘一格,只求大家能够敢于开口说话。我们认为,随着教师阅读面的不断加大,发言人数必定会不断地增加,教师一定能够将报刊杂志上所学知识信手拈来,紧扣日常教育教学实际,引经据典、娓娓道来,教学研讨会和教学论坛也一定能够从冷冷清清发展到红红火火。

最后,校长要引领教师写作。教师的专业成长,要求教师必须不断反思自己的教育教学理念与行为,不断自我调整、自我建构,从而获得持续不断的专业成长。因此,校长务必要求教师勤于思考,鼓励教师笔耕不辍。

要做好这一点,首先,校长可以让教师每月撰写一篇教育教学论文或随笔,由学校负责汇编成册,让每一期校刊按计划结集出版,供教师们交流学习;其次,校长可以组织专人将教师的优秀稿件进行投稿,让教师的辛勤付出获得丰厚的回报,只要教师的文章常常见诸于各报刊杂志,他们的写作热情就会空前高涨,从而使教师乐此不疲;再次,校长应当根据学校实际作出规定,对于教师文章发表或是获奖均按照规定给予相应的物质奖励,充分激发教师的写作热情。

第三,追求学校精细化管理

据调查显示,许多学校工作计划的制订,目标明确、具体,内容丰富多彩,措施组织严密,方法得当,口号铿锵有力。然而,对工作计划的落实如蜻蜓点水,没有真正落到实处,并且计划赶不上变化,整个工作计划的实施流于形式。在多元化背景下,具有专业化水平的校长对学校的品牌经营应当做到精耕细作,追求精细化学校管理,让学校工作计划真正落地生根。

首先,校长要整合意见,制订学期计划。校长在初步拟定工作计划之后,应召集全体中层行政干部展开讨论,大家可以在整合集体智慧的基础上丰富和完善学期计划。学校工作计划尤其应当注意立足学校、教师和学生实际,拒绝计划的"假、大、空"现象,避免计划脱离学校实际。同时,务必保证学校工作计划的可操作性,以确保学校政令畅通无阻,达到制订学校计划的本来目的。

其次,校长要汇集梳理,整合每周计划。每周工作结束前,校长应要求各中层行政干部(包括年级组长、教研组长)结合学期工作计划和上周工作实际,以条文形式向校长报送下周工作安排。上报的工作安排中应注明活动名称、活动时间、活动地点、参加人物以及活动负责人等有关要素。这样,一方面可以充分解决学期初制订的计划中时间不确定和计划框架过大等问题,结合学期工作过程中出现的新问题和新工作,使周工作安排更具体,更符合客观实际,更具有可操作性;另一方面,也能够使各中层行政干部更加明确本职工作,进一步增强大家的工作责任意识,有效避免中层行政干部工作的盲目性和随意性。

再次,校长要紧密跟踪,落实每周计划。校长应根据每位中层行政干部报送的下周工作安排,结合原来制订的学校工作安排,进行科学、合理的梳理、整合,制定出详细的周工作安排表,向全校教师公布。然后,校长根据周工作安排表,及时督促中层行政干部履行管理职责,中层行政干部则跟踪指导年级组长或教研组长,年级组长或教研组长跟踪督促一线教师。校长、中层行政干部、年级组长或教研组长、一线教师,环环相扣、一层接一层紧密跟踪、督促落实,从而使学校的每周工作圆满完成。

最后,校长要召开会议,总结每周计划。每周工作结束,校长应组织召集中层行政干部以及教研组长、年级组长等召开会议,要求大家汇报各自工作开展情况、取得的成绩、存在的不足以及今后的整改措施和努力方向。汇报、交流对大家而言是一种无形的压力,压力衍生动力,促使各中层行政干部和年级组长、教研组长等学校各项工作的执行层能够化被动为主动,自觉履行职责,认真做好本职工作,并精心安排下周工作。

"整合意见"是基础,"汇集梳理"是前提,"紧密跟踪"是关键,"召开会议"是保障,校长只要把握好以上四个方面,才能够彻底改变学校工作计划束之高阁、流于形式的现状,使学校工作计划真正"落地",付诸于工作实践,并取得成效,为学校品牌的形成提供坚实有力的保证,从而有效推动优质学校的形成。

（三）孵化学校亮点特色

当前基础教育改革的主旋律是张扬学生个性、建立学校品牌、推动优质学校建设。在这样的形势下,具有专业化水平的校长应当与时俱进,适应时代和社会发展的要求,适应人的多样化发展的需要,勇于创新,充分挖掘学校潜在优势,办出"人无我有"的特色,促进学校品牌的建设。

案 例 ● ● ● ● ● ● ● ● ● ● ● ● ●

优秀教师群体成长的摇篮

在黑龙江省哈尔滨市南岗区每年一届的"百花奖"教学比赛中,复华小学在参赛的40多所学校中获奖率总是保持着遥遥领先的地位。在哈尔滨市最高级别的"翱翔杯"语文教学大赛中,复华小学已连续几届获得特等奖。在一些全国规模的教学比赛中,复华小学多次代表黑龙江省参赛,屡获大奖。复华小学的成绩取得绝非浪得虚名,这缘自于他们有一个优秀的教师团队。

2003年3月,学校的几名骨干教师号召成立一个民间学术组织——教学专业委员会,在以刘金枝校长为首的校领导的关注和支持下,复华小学的语文、数学等各学科纷纷成立了教学专业委员会。凡是对教学研究有兴趣的老师都可以参加,他们实行自主管理制度,谁在学术上有新见解,谁就可以发起一次学习研讨活动。教师在课堂上遇到困难或问题,可以在学校BBS上发帖,委员会理事研究确定讨论主题,教师们围绕主题展开热烈讨论。网上交流到一定程度后,教学专业委员会专门召开集中研讨会,梳理总结大家的建议。并根据大家的建议重新组织教学,进行多次试讲,课后,大家都要进行集体反思和交流。集体的智慧,让学校教师对课堂教学有了突破性的思路,教学水平得到迅速提高,课也上得越来越精彩。

随着各教学专业委员会逐渐发展壮大,学校的一批年轻教师也逐渐融入团队,并在团队的支持下成长起来。王传贤老师被评为国家级模范教师、哈尔滨市有突出贡献的中青年专家、南岗区"十大名师"之一,杜金富、刘敏等老师被评为省级骨干教师,郭广成、韩忠玲等老师被评为省"最佳教师"。复华小学的教师们,把自己的根深深扎在团队的沃土之中,成长着、收获着。学历起点不高的复华小学教师,有50%已成为市、区级学科带头人、骨干教师,还走出11名校级干部;划片招收的复华小学学生,在南岗区历次教学质量测查中都名列前茅。复华小学优秀教师群体逐渐走入人们的视野,引起了省内外教育专家、学者和教育同行的极大关注,成为学校的一大特色,成为学校的一颗璀璨的明珠,促进了学校"优势教师群体"品牌的形成,推动了优质学校的建设和发展。

【简评】

复华小学,一所并不起眼的学校,却培养出一支优秀的教师队伍! 一个待遇和师资条件都没什么特殊优势的学校,却创造出一种惊人的奇迹! 到底是什么力量,使他们的教师如此敬业和创新? 到底又是什么法宝,使得他们如此的团结和奋进呢? 答案只有六个字:力量源于团队! 罗斯福说过:"团队行动可以完成单个行动者永远也不敢奢望的事情"。论学校硬件、论教师学历、论教师待遇,黑龙江省哈尔滨市复华小学与兄弟学校相比没有任何特殊优势可言。复华小学校长刘金枝基于学校部分骨干教师对教学研究的热情,充分挖掘学校潜在的这一优势,积极引领和带动广大教师踊跃参加课堂教学研究,并通过各种实际行动让教师感受团队的力量,享受团队的幸福,从而使越来越多的教师自觉主动地融入到这个团队,在团队的呵护和关爱下逐渐成长、收获幸福。团队的力量,足以让最普通的人做出最伟大的事情! 复华小学的教师们在工作着、感悟着,并且行动着。他们团结奋进、亲如兄妹;他们宽宏大度,一心为公;他们大胆热情,互相帮助、互相学习,用自己的汗水和泪水谱写着一曲动人的歌! 复华小学刘金枝校长与时俱进,基于教育教学改革规律,满足师生需求,走出了一条"优秀教师群体"的办学路子,为我们树立了一个成功的品牌建设典范,为我们的优质学校建设指明了一个方向。

(四)多方整合建设资源

第一,坚持勤俭办学方略

学校资金捉襟见肘,这也是一个不争的事实,但校长不能以此作为阻碍学校品牌经营的"挡箭牌"。一个具有高素质、高水平的校长面对学校经济运转困难的事实,要转变观念,勤俭办学,努力做到以下"三个整合"。

一要整合思想。学校勤俭办学,单纯依靠校长一个人,或者是凭借中层行政几个人的力量,"孤掌难鸣"是很难成气候的。"聚沙成塔、聚流成河",全校教职工人人节约一点,集合在一起就是一个庞大的数字。因此,校长要学会"整合思想",让大家"心往一处想,劲往一处使",使"勤俭节约"成为全校师生的共识。

要做到这一点，首先，政策要讲明。校长要向全体教职工传达国家教育政策，让大家明确学校经费管理办法，消除个别教师认为学校有"小金库"的猜疑，做到凝聚人心，统一思想；其次，校务要公开。校长要每月公开学校经费开支情况，接受大家的监督与管理，让广大教职工知晓学校经费何去何从，增强教师主人翁意识，营造"人人都是学校主人"的良好氛围；再次，"好处"要分享。学校万众一心、"节衣缩食"省下的经费，要用之于教师的培训，以及提高教师的福利待遇等方面，这样才能使大家深切感受到勤俭节约给自己带来的实实在在的好处，体会"当家做主"的自豪感，从而使勤俭节约真正成为大家的自觉行为。

二要整合智慧。虽然大家在思想上是统一认识了，但是，究竟要如何应对学校资金困难问题，是摆在校长面前的一个重要课题。单纯由校长一个人冥思苦想、闭门造车是行不通的，或者是由中层干部几个人聚在一起"酝酿"也是势单力薄。校长要学会"整合智慧"，发动集体力量，整合集体智慧，"方法总比问题多"，找出最好的应对办法，让学校的勤俭办学思想真正落到实处。

要做好这一点，第一，校长要设立"建言献策"箱。让广大教师在工作中发现问题，寻找学校资源浪费的源头，并找出解决问题的办法。使之成为校长的眼睛和耳朵，能够及时发现问题、分析问题和解决问题，减少和避免学校的浪费现象；第二，校长要组织"追问式"研讨。比如，学校要开展某项重大活动，校长组织大家就如何"用小钱办大事"的问题进行讨论，让大家提出各种可行性方案，然后选定其中的最佳方案。之后，大家再围绕最佳方案进行的"提问题——找出解决问题方法——提问题——找出解决问题方法"的"追问式"研讨，并最终形成支出方案，使活动经费的使用降低到最低限度，真正达到"少花钱多办事"的目的；第三，校长还要懂得"借鸡生蛋"、"借船出海"，借鉴其他学校勤俭办学的好做法为自己学校所用。但是要注意立足学校实际，"因学校而宜"，选择适合自己学校的办法，以免"水土不服"；第四，校长要设立"金点子"奖。"重赏之下必有勇夫"，校长要把"外出培训"、"物质奖励"、"政策倾斜"、"精神鼓励"等作为"金点子"奖项，充分激发教师"出点子"的积极性，让大家集思广益，群策群力，千方百计寻求良策，为学校分忧解愁。

三要整合资源。学校根据发展需要配备大量的师资、功能教室、硬件设施、日常办公用品等教育教学资源。这些教育教学资源是否正确、合理使用直接关系着学校财政的运作情况。因此，校长还要学会"整合资源"，发挥学校资源的最大用处，实现学校资源共享，最大限度地降低学校的办学成本。

首先，整合人力资源。学校可以根据教师任课情况，安排教学任务较轻的教师负责学校图书馆、阅览室、油印室等后勤管理工作，从而为学校省下一笔可观的用以聘用后勤工作人员的支出费用。同时，学校还可以发挥在职教师个人专长，弥补师资短缺。比如，某校一名语文老师，其书法、绘画等作品常常在国家、省、市级大赛中获奖，其专业水平甚至要超过一般的美术教师。因此，该校用其所长，除了语文教学外，还让他兼任几个班级的美术教学工作，既解决了该校师资不足之急，又节省了财政的支出，取得了较好的效果；其次，整合学校的办公资源。例如，有些学校为了提高教室的使用率，将学校教师分散到各个办公室。因此，学校可以根据教师的任教学科和任教年级等情况进行有效地整合，这样一来，不但有效降低了学校的电费等项目的费用支出，而且为同一学科同一年级的教师搭建了一个交流平台，为他们的日常教学研讨提供了一个更加广阔的空间。

第二，盘活家长教育资源

家长是一种不容忽视的教育资源，学校的品牌经营离不开家长的支持和参与，因此，一个具有专业化水平的校长,应充分挖掘和利用好家长资源,使之成为促进学生、教师共同成长和学校可持续性发展的有效资源,为学校品牌的经营保驾护航。

第一,让家长成为师生关系的调和者。教师在学生心目中的位置,取决于教师的个人文化素养、人格魅力、教学业务水平等,另外,学生对教师的认可度也常常取决于家长对教师的态度。校长应让家长在学生与教师之间搭建一座沟通的桥梁,让家长成为师生关系的调和者。一方面能够更进一步促进师生关系,另一方面也能及时消除师生之间的误会,化解师生之间的矛盾。

要做到这一点,首先,教师与家长应加强联系,双方应统一思想、达成共识,建立起融洽的家校配合关系;其次,校长要通过开办"家长学校"等途径提高家长素质;再次,当家长发现孩子有诋毁教师的言论时,务必及时制止,并晓之以理,使其明辨是非,切实维护教师在孩子心目中的形象和地位。

第二,让家长成为学校管理的参与者。家长对学校的评价往往是客观而有说服力的,校长应鼓励广大家长踊跃参与到学校管理当中来,为学校的发展献计献策。

要做到这一点,首先,校长要重视家长意见或投诉,做到家长的意见或投诉有记录、有落实、有反馈;其次,校长要建立家长委员会,定期召开家长委员会会议,要求家长畅所欲言,校长及学校领导和教师则应认真倾听,及时总结,积极采纳家长的建设性意见;再次,校长应当公开校务,通过多种渠道广开言路,发动家长踊跃参与到学校管理中来,为学校发展作出贡献。

第三,让家长成为家庭教育的指导者。学生放学回家后,需要家长积极配合学校督促、指导学生的学习和生活。这样,一方面有利于保持学生在校学习效果的延续性;另一方面,家长对学生在学习上的督促、检查和指导,能够使学生更好地完成学习任务。

要做到这一点,首先,校长应让家长明确家庭教育指导工作的重要性,明确家庭教育指导工作的具体任务;其次,校长应让教师与家长密切合作,经常性地互通学生在家和在校情况,以利于双方掌握学生情况,确保家庭教育指导工作的有效性;再次,校长应做好家长思想工作,要求家长能持之以恒,配合学校认真督促、指导子女的学习和生活,使家校保持教育学生的统一性与有效性。

第四,让家长成为学校品牌经营的支持者。校长应发动和鼓励热心公益事业的家长关注学校发展,支持学校品牌经营。

要做到这一点,首先,校长应积极宣传国家教育政策,发动当地社会贤达、学生家长支持教育事业,为当地教育事业的发展尽心尽力;其次,学校必须依法治校,绝不能以不正当的手段要求家长捐资助学,坚决杜绝乱摊派等各种违法乱纪行为;再次,校长应专款专用,合理利用好每一分钱,绝对不容许学校将钱挪作它用,或是损公肥私。

第五,让家长成为社会教育的辅导者。加强学生教育需要建构起学校、家庭和社会的三位一体的网络教育结构。由于学生家长遍布各行各业,涉及经济社会各个领域,家长对在校学生而言是一项不容忽视的社会教育资源,校长可聘请家长作为学生的校外辅导员。

要做好这一项工作,首先,校长应充分了解学生的家庭情况,为校外辅导员人选做好充分准备;其次,校长聘请家长担任校外辅导员应充分尊重家长意见,严格遵循家长自愿的原则;再次,校长在邀请家长来校之前应事先告知,使家长有足够时间做好充分准备。

（五）一个方向多个措施

品牌经营几乎涉及到一所学校的每一项工作,因为在学校的每一项工作中都会渗入学校品牌经营的元素。品牌经营的历程有可能很长,甚至经历几任校长,如果要成功经营学校品牌并使其成为学校发展的依托,这就要求品牌经营必须始终坚持一个方向,并且在一段时间内关于品牌经营的一系列工作都紧紧围绕这个方向,这样才能卓有成效。否则,今天这样一个方向,明天那样一个口号,旗帜不断变化,所起到的引领作用将严重削弱,并且给外界一个无法识别的形象,这不利于品牌的经营。

第一,打造一流品牌人物

美国管理学者华德士提出:21世纪的工作生存法则就是建立个人品牌。他认为,不只是企业、产品需要建立品牌,个人也需要在职场中建立个人品牌。著名管理专家宋新宇博士曾说:"个人品牌就是个人在工作中显示出独特的价值,它就像企业品牌、产品品牌一样,要有知名度,更要有忠诚度。"个人品牌是学校品牌的重要组成部分,学校建立个人品牌能够增强学校品牌内涵,有效提升学校的知名度和美誉度,推动优质学校建设。因此,一个高素质、有远见的校长应当积极打造校长个人品牌、教师品牌和学生品牌。

一是要打造校长个人品牌。首先,精深的专业技能是校长建立个人品牌的重要元素,校长要正确认识自己,充分了解自身特长和优势,认准方向,找准个人品牌定位,选择适合自身发展的特点进行打造,持之以恒,不懈努力;其次,校长品牌打造,不能独善其身,唯我独尊、我行我素,与学校发展区分开来,而是要与学校命运紧密相连,与学校的品牌发展紧密结合,否则,校长品牌打造与学校品牌发展背道而驰,则只能是"竹篮打水一场空",既没有建立校长个人品牌,又耽误了学校品牌建设;最后,校长品牌打造是校长的自我追求,这要求校长务必有较强的学习力,校长要加强"充电",不断更新知识,与时俱进,走在教育改革最前沿,努力提升自我,张扬自我。

二是打造品牌教师。目前,不少学校均有一批在省市乃至全国有一定影响的名师,作为校长,应该在满足教师具有教学需求、与社会发展同步的需求以及个人的发展需求中,利用名师效应宣传学校,把这种优势资源纳入到品牌学校的建设中来,进而打造自己学校的品牌教师。第一,要从"五气"方面给品牌教师进行形象定位:正气——明是非,知荣辱,遵纪守法,有正义感,具有良好职业道德;大气——会合作,能反思,更新自我,欣赏他人、能有宽容博爱胸怀;底气——勤学习,好钻研,博采众长,厚积薄发,具有专业创新素养;灵气——敢为先,乐创造,与时俱进,善抓契机,具有主动发展潜质;生气——有爱心,懂生活,情趣高雅,追求和谐,具有乐观进取精神。第二,要制定品牌教师的命名标准——"五层":师德师表——职业道德＋个性修养＋卓越贡献;班级管理——学生成长状态＋班级建设成果;课堂教学——日常教学质量＋课堂改革成果;教育科研——主动研讨＋课题成果＋专业水平。活动辅导——学生获奖＋指导成功。这些涵盖了教师工作必备的良好素质。第三,明确品牌教师的命名程序——"三步":教师对照具体标准,进行自评,主要成绩应提供实证材料,允许调整;教研组或年级组根据日常表现,多方听取意见,进行实事求是的初评;校长组织专门的工作小组,全面分析,进行综合性评定,并进行反馈。第四,加大对品牌教师的宣传力度。在校内可以通过教师风采墙、名师榜等形式展示教师的风貌。教学上可以举办教师课堂技能大赛、名师专题讲座、名师工作室评比、名师咨询栏、教学开放日等为品牌教师提供展示才华的机会和平台,从而提升品牌教师的知名度,达到学校品牌宣传的效果。通过品牌教师的打造,使广大教师明确发展方向,努力实现个人成长愿望,然后大家齐心协力共同建设优质学校。

三是要打造学生品牌。从某种意义上而言,品牌学校的学生就是品牌学生,比如,只要人们一提起"清华"、"北大",无不对其学校名气肃然起敬,其学校的学生是"天之骄子"。但是,不可否认的是,品牌学校不一定就能够培养出品牌学生。因为品牌学生除了具有与众不同的"个性"、"特色"之外,还必须具备几个要素:品牌学生是某一种领域或多种领域的杰出者,品牌学生的杰出表现具有持续性特征,品牌学生是品行道德操守的示范者,品牌学生可以作为其他学生的学习典范。打造品牌学生并非一蹴而就,而是一个长期的过程,因为教育从来都承担着双重的使命:不仅要以教育的方式使学生掌握前人的经验、常识以及各种特殊的知识与技能,而且要以教育的方式使学生掌握该时代的价值观念、道德规范和各种行为准则。因此,校长应当站在时代的前列,结合学校、教师和学生实际,确定品牌学生的培养标准,制定品牌学生培养方案,围绕品牌学生的几个要素,有效地把一整套价值体系融入到学校教育的全过程,让"品牌"内化为学生的一种力量,尽最大可能关注学生的情感、态度、价值观的发展,靠品牌学生来提升学校的核心竞争力,成就学校的品牌建设与优质学校建设。

第二,加强学校品牌传播

"桃李不言,下自成蹊"的观念是不利于学校品牌经营的。学校必须懂得宣传自己,使学校在不断的推介中逐渐成为家喻户晓的知名学校。因此,一个具有专业化水平的校长,在学校品牌经营的同时,也要学会营销自己,加强学校品牌传播,努力提升学校的知名度,提升学校的社会影响力。首先,校长要提炼学校品牌亮点,结合各种宣传平台和宣传途径,周密策划和制定学校品牌宣传方案;其次,校长要注重学校品牌形象设计,精心包装学校品牌,将学校品牌建设成果形成各种资料,通过各种途径呈现给领导、专家、教育同行、社区以及学生和家长,扩大学校品牌的辐射力和影响力;再次,校长要加强与媒体的沟通与合作,利用各种机遇开展学校品牌宣传活动。可以通过电视、报刊全面展示学校的整体形象或是特色形象,对学校品牌建设工作和相关信息进行全方位系统报道;可以拍摄品牌校长与品牌教师的电视片或是通过论坛、咨询会、展览、校庆、广播对某项教育专题活动进行展示;可以充分利用教育期刊的封面封底或插页进行学校品牌宣传,扩大影响力;可以通过和电视报刊联合举办以学校冠名的各类比赛活动等渠道和有效途径推销学校,积极推介学校品牌,打响学校品牌。

案 例 ● ● ● ● ● ● ● ● ● ● ● ● ● ● ● ●

音乐教师王瑞琴举办独唱音乐会

唐山市开滦第一中学原名为"开滦中学",1944 年创办高中,1956 年成为河北省重点中学,目前是河北省示范性高中。学校特别注重对学生的素质教育,坚持面向全体学生,开展赏识教育、创新教育,利用校园艺术节、合唱节、元旦联欢会等丰富多彩的课余艺术活动作为对学生进行美育、陶冶情操的重要舞台。学校逐步摸索出一整套培养音美特长生的成功经验,仅近 10 年当中,开滦一中就有 460 名美术和音乐特长生考入全国知名高等美术和音乐院校。其中考入全国顶尖级的学府——中央美术学院、清华大学美术学院的就有 34 人。开滦一中已经成为唐山市公认的为著名艺术院校输送特长生人数最多、档次最高的学校,学校获得"全国 2005 年度艺术教育十佳单位"称号。

该校张丽钧校长作为全国知名的品牌校长,高度重视学校品牌宣传工作,对于品牌教师的宣传更是不遗余力。该校的音乐教师王瑞琴虽是师专毕业,但学习声乐几十年不辍,每月自费赴北京求学,演唱水平和教学能力大增,其培养的学生多次在各类比赛中获奖,其教学质量为学校的品牌经营立下了汗马功劳。2001 年,学校开唐山市为中学教师举办独唱音乐会之先河,邀请中央音乐学院知名教授为她伴奏,联系唐山师范学院音乐系主任、教授担任主持人,其培养的曾荣获第十届全国电视歌手大赛非职业组铜奖的黎辉辉同学为其助演,市领导和全市音乐界专家、各大中小学校长、音乐教师悉数参加,在唐山市产生了广泛的影响。其后,学校又于2003年年底再次为其举办独唱音乐会。此举有效提升了音乐教师王瑞琴的品牌教师形象,提升了学校艺术教育在唐山市的知名度,达到了学校品牌宣传的效果。

【简评】

在半个多世纪的风风雨雨中,该校形成了底蕴深厚的校园文化,曾经多次荣获国家、省、市级荣誉称号,已经成为唐山市高中名校。然而该校的领导并没有自我满足,而是秉承着"内强素质,外塑形象"的原则坚定不移地走可持续发展的道路,以"高雅的文化氛围、浓郁的书卷气息、优质的教学质量、和谐的人际关系、优美的校园环境"吸引着立志在这里实现其人生价值的教师和学生。在这样的环境中,品牌教师的宣传不仅展示了教师的高素质,而且展示了学校发展的后劲与实力,真正激发了教师前进的动力,有效地发挥了品牌教师的辐射带动作用,提高了学校的知名度和美誉度。该校为教师举办独唱音乐会的做法,非常值得广大中小学校学习与借鉴。

第七章

优质学校校长打造办学特色的策略

中小学"要办出各自的特色",这是《中国教育改革和发展纲要》明确提出的要求。中国教育学会会长、著名教育家顾明远曾指出:"何谓特色?顾名思义,是指不同于一般,不是平平常常,而是要有所创新,具有个性,而且这种个性能够形成传统,代代相传。"打造学校办学特色是提高办学效益、深化教育改革的重要途径,能够更好地推进素质教育,更好地实现教书育人的目标。在新课程改革进行得如火如荼的今天,时代赋予了校长建设优质学校的历史重任,校长只有把打造学校办学特色作为彰显其永恒追求的载体,才能有效提高学校的办学水平,才能真正提升学校的核心竞争力。

第一节　学校特色的特征

学校特色是学校积极的教育价值观念的体现,是在办学者努力追求之下,学校工作的某一方面或某些方面优于其他学校,甚至超越其他学校并为社会所公认的独特品质。

一、学校特色的主要特征

学校特色是符合学校发展实际需求、反映学校自身特点、经学校长期努力形成的相对稳定且具有一定美誉度的学校实践行为特征。学校特色主要有以下几个方面特征:

（一）科学性

学校特色的打造和形成不是校长闭门造车、我行我素的学校管理实践产物,而是坚持我国教育事业的社会主义办学方向,顺应时代发展潮流,符合学校发展规划和实践探索的产物;学校特色适合学校自身发展的客观需要,立足于学校、教师和学生实际,它关注学生需求,符合学生身心健康发展特点;打造学校特色是一所学校在长期教育实践中,遵循教育规律,发挥本校优势,以点带面,最终实现整体优化的过程。

（二）独特性

学校特色是一所学校在具备了一般学校共性特征的基础上,形成与众不同的个性,其追求的是"人无我有,人有我优,人优我强"的理想境界,是学校独特性在办学过程中的体现。独特性是学校特色的核心因素,是一所学校不同于其他学校的关键所在;学校特色是学校个性张扬的表现,在一定程度上,它具有不可替代性;学校特色又好比是企业的拳头产品,是学校的一面"旗帜",代表着学校的形象,是体现学校办学水平的一张"名片"。

（三）稳定性

稳定性是学校特色成熟的标志,是学校在教育教学活动中经常表现出来的一种行为特征。学校特色不是一蹴而就的,它需要经过长时期的、有目的、有计划、自觉地打造才会形成,是学校在校长办学理念的引导下长期实践的结果。学校特色要与学校的发展融为一体,相辅相成、和谐统一、不可分割。学校特色要渗透到学校管理和发展的每一个环节,成为广大师生一致认同的自觉追求。因此,学校特色形成后在一定时间内能够得到保持和不断的发展。

(四)普遍性

学校特色具有独特性,但不是唯一性。学校特色冲破了"千校一貌"的局面,正朝着多元化方向在延伸和不断发展。学校特色不存在垄断和占有,它不是少数学校的事情,即使是同一"特色",其他学校也可以打造、发展。如果说有一个雷锋小学,那么它的精神资源同样能够为雷锋中学所共享,也可以打造成同一特色的学校。所以说,学校特色是任何学校都可以追求的目标,每一所学校经过长时间的积累、积淀和不断锤炼,都有可能打造出自己独具匠心的学校品位、与众不同的办学特色,打造学校特色具有普遍性意义。

(五)多维性

学校特色不是单纯指学校某一项目或某一方面的特色,学校特色的内容十分广泛,涵盖了学校的办学思想、办学理念、学校制度、学校管理、学校环境、校园文化、教育教学、课程开发、师生学习、当地民情等多个维度。每一所学校都可以根据自身所处的独特的地理环境、社会环境、人文环境等自主配置教育资源,自主研发教育参考资源,从学校所在的区域特点出发,从学校、教师和学生的实际出发,选择和充分挖掘适合学校自身发展的某一项优势教育资源,并持之以恒努力打造,使之成为学校的办学特色,以满足学校、社会和学生不同的个性化需求。

(六)层次性

学校特色虽具有多维性,涵盖的内容也几乎无所不包,但实际上由于受客观环境限制和校长管理理念迥异等因素的影响,不同学校的"特色",其层次也是不一样的。比如有的学校将"特色"定位在"文艺涵养"上,要求每位学生具备某项才艺即算大功告成;有的学校又将"特色"着眼于硬件建设,认为超一流的硬件设施可以成为他们独挡一面的旗帜。其实这样的"学校特色"还只是流于表面甚至是肤浅的,还无法从根本上提升学校的办学品位。而更高层次的"学校特色",是体现在办学理念的层面上,是通过潜移默化式的校园文化熏陶和教师的人文引领,真正从改善学生行走方式入手,这样的"学校特色"才名副其实,也才能够走得更远。

(七)实践性

学校特色的形成和发展不是一蹴而就的,而是一个长期而艰苦的过程。学校特色是通过校长对学校发展的规划,制定学校办学目标,经过长期的办学实践,逐步形成稳定的、优质的办学风格或优秀的办学成果;学校特色是校长在办学实践中对学校优势的不断提炼,不断发展创新,并对存着的问题不断扬弃的一个实践过程。因此说,实践性是学校特色的一个重要特征,它是学校长期积累所形成的,是学校经过时间的延续、经验的积累、文化的积淀而最终自然生成的。

(八)先进性

学校特色是学校对某一项目或某一领域的优势资源的充分开发,是对潜在的优势教育资源的深度挖掘的结果,并使特色项目资源进一步深化、立体拔高、扩充或提升。学校特色开发和打造的过程即是教育资源的不断发展、创新和超越的过程。学校选择或打造的特色项目普遍有较高的质量和水平,特别是该特色项目优于其他项目或其他学校,在学校发展中已经形成不可替代的领军优势,代表着学校的核心竞争力。因此,学校特色在其他学校同类"产品"中具有不可比拟的优越性和先进性,是学校办学风格更加成熟、办学成果更加有效的重要标志。

(九)生命性

学校特色是有生命力的。学校特色就像是地窖里的陈年老酒,藏得愈久则愈加香醇。因此,学校特色是不断传承和可持续性发展的,是由小到大、由点到面、由量变到质变、由生涩走向成熟的连续不断迸发和孵化的生命历程。当然,学校特色的生命性又并非绝对不变,打造学校特色是学校文化不断积累的过程,还是不断继承和发展、改善和调整、提升和彰显的结果,体现的是学校在办学理念和客观达成上的完美统一。

(十)引领性

学校打造特色的根本目的在于挖掘各种表象或潜在资源,提升自身的办学水平。学校特色对于学校的整体办学目标和办学成果而言,并非一劳永逸的可以取代其他一切成果。学校某一方面具有鲜明特色,就会带动学校的其他工作展开竞争,使学校内部的运行机制得到自动有效的调节,推动整个学校向前发展。所以说,学校特色在学校办学中起着精神引领作用,能够激活教师队伍,充分发掘教师潜能,盘活学校各项教育资源,促进学校的健康、稳定、可持续性发展。

(十一)文化性

苏霍姆林斯基曾说:"办学校是一种精神、一种文化"。打造学校特色的一个重要目的,就是充分挖掘学校内在的发展潜力,使学校的深层文化凸显出来,使它成为促进学校发展的可持续性的内驱动力。学校特色经过开发、酝酿和持续打造,不仅具有一种知识层面上的独具特色的风格,也不仅表现为学校在某一项技能上的得天独厚优势,而是一种催人奋进的精神资源,一种具有深厚底蕴的学校文化。

二、学校特色与特色学校的区别

在落实《中国教育改革和发展纲要》所提出的"要办出各自的特色"要求过程中,由于人们混淆了"学校特色"与"特色学校"两者之间的涵义,从而出现了"打造学校特色"和"创建特色学校"两种不同的口号,使一些中小学校在打造学校办学特色时,在理念和操作上出现了偏差。我们理清"学校特色"与"特色学校"两者间的区别,对于全面和正确贯彻落实《纲要》的精神和要求,以及对于各中小学校在"学校办学特色"的理论和实践的探索问题上都有着重大意义。

(一)学校特色与特色学校的不同涵义

"学校特色"是校长的特色办学理念、办学思想和教育价值观的集中体现,是学校在长期的教育实践活动中所表现出来的某一方面或几方面独特的、优化的、稳定的教育特征,比如学校文化特色、课堂教学特色、学校管理特色等。所谓的"特色学校",是学校在保证完成义务教育阶段的基本要求的前提下,另外增设了新的课程项目,或是加大了学校的某些课程的容量;在教育教学活动安排上,增加了某些教育内容的教学评价标准;在某些课程项目的硬件或者软件的要求上超出了一般中小学校的要求,使学校在某些课程或项目的教育方面,与其他学校相比有着得天独厚的优势,并经过长时间的努力实践形成学校自身的一大特色。

（二）学校特色是局部凸显，特色学校是整体推进

学校特色的"特色"可以是办学模式的特色、教育科研的特色、教师队伍建设的特色、学校当地独具特色的民俗风情等，说到底，学校特色就是区别于其他学校的某个项目或某个方面的优势教育资源。由此可见，学校特色并不是学校全方位的发展，而是凸显学校办学中的某一个方面的与众不同，形成自身的特色。

特色学校是从学校实际出发，为了满足家长和学生的基本需求乃至多元化发展要求，充分利用学校资源，深入挖掘特色，选择适合学校发展的项目，面对全体学生进行重点突破，力求出奇制胜的学校发展模式。特色学校是针对学生个体发展方向的不同，尽力挖掘每个学生的潜力，在自身基础上发展特长。因此，特色学校的"特色"涵盖学校全方位建设，渗透于学校管理的各个环节，体现出学校独特的整体风貌，是全校师生共同追求和实践的目标。

（三）学校特色是创造优质，特色学校是全面发展

学校特色的本质是创优，即优化学校教育资源配置，创设有自己学校个性特征的教育文化环境和氛围，以便于更充分地发挥学校教育的育人功能。学校特色是对学校的某个优势项目，按照学校的既定计划，经过长时间的打磨和实践，进行千锤百炼，不断地完善和提升，使之成为学校的一个"亮点"。

特色学校的"特色"，贯彻于学校工作的每一个角落，既有空间上的全涵盖性，也有时间上的继承性。对于特色学校而言，"特色"如果仅仅限于某个局部，没有在全校得到普及，就不能够称之为特色学校。特色学校是学生的全面发展。特色学校的"特色"涉及全校的每一个学生，任何学生都是特色学校创建活动中的参与者和受益者，都是学校特色打造的主角。当然，特色学校建设也倡导提高和选拔，在特色全面普及、整体推进中也必定会有一部分学生脱颖而出，成为特色学校创建活动过程中的成功案例，但这绝不是所谓的学校特色的创优，与学校特色有着本质上的区别。

（四）学校特色具有普遍性，特色学校具有局限性

学校特色是定位于学校人文环境与教育文化氛围范畴内的学校建设，它对中小学校具有广泛的适用性，任何一所学校都具有潜在特色，打造学校特色是每一所学校都应当追求并且能够实现的目标。为了提高学校效能，激活学校发展动力，每一所学校都可以从自身实际出发，经过自我认识和优化学校本身具有的特色资源，打造一所有特色的学校。

特色学校是学校整体改革的产物，它标志着一所学校综合个性的形成。特色学校是定位于某种特殊教育内容，或对某些课程的设置进行充实的学校建设，特色学校的建设与学校硬件设施的投入、学校的"特色"师资配备等方面都有着千丝万缕的关系。建设特色学校务必达到"天时、地利与人和"，倘若学校出现资金严重不足，或者是不具备"特色教师"等各种必备条件，则特色学校的打造便只能是一句空话，而没有实现的可能。因此，特色学校的建设不是每一个学校都能够实现的目标，它与学校特色的打造相比具有相对的局限性。

（五）学校特色是崇尚文化，特色学校是满足需求

打造学校特色崇尚的是学校文化的引领和带动作用，学校特色一旦形成，它不仅是学校优良的办学风格和优质的办学成果的体现，更是学校潜在价值的体现，已经形成学校的一种精神，形成学校独具特色的文化特征，能够激发学校活力，引领学校变革，长期

保持竞争优势,并最终带动学校的各项工作向前发展。

建设特色学校则是立足于我国国情,从市场和学校实际出发,着眼于满足社会、家长和学生的某种特殊需求。这里所谓的"特色学校"满足各方面需求的内涵,其出发点和落脚点更多考虑的是倾向于学生的知识和技能层面的普及和提高。但是,特色学校建设的"特色"又绝非为了适应社会某种职业工作需要而对学生进行某些方面技能的强化培训,中小学特色学校与职业学校绝对不能相提并论。

第二节　校长打造学校特色的策略

随着国家教育改革的不断深入和素质教育的全面推进,打造学校特色已经成为当前中小学校长的永恒追求。打造学校特色是深化素质教育的有效途径,是抢占教育发展制高点的重要策略,是创建优质学校的必然要求。作为学校各项工作的第一责任人,校长如何打造学校特色,对于激发学校办学活力、提高学校的知名度、提高学校的办学水平和核心竞争力都有着重要的积极意义。

一、校长打造学校特色条件和保障

打造学校特色是一项复杂而又系统的工程,学校特色的形成不可避免地要受到诸多客观因素的制约。校长的特色办学理念、学校教师的个人素质和专业水平、学生对学校特色项目的需求,以及已经基本形成的学校文化氛围,是打造学校特色的前提条件,而国家的教育政策和法规、学校的自主办学权力、学校的有效管理机制是学校特色形成的重要保障。

(一)打造学校特色的条件

1. 校长理念须先行

在学校办学特色的打造和形成过程中,学校特色的基础是办学理念,办学理念是教育行为的先导,又是学校特色打造的核心,起着指导性、基础性作用。校长的办学理念、办学思想和个人的价值观等,都会渗透到学校管理的各个方面,使学校的规划和发展深深烙上校长个性化的印记。校长独特的办学思想是打造学校特色的思想源泉和精神动力,没有特色办学理念的校长,就不会产生有特色的学校。因此,一个具有专业化水平的校长须理念先行,注意从学校的实际出发,着眼于教育发展尤其是学校发展的未来走向,着眼于学校当地经济社会发展的大局,形成独具特色的办学理念,并且在理念的指引下,将学校中已具备相当基础的"闪光点"逐步孵化为"特色"。放眼当今各中小学校,因为有了魏书生、李镇西、郑杰、李希贵等一大批具有强烈的特色办学思想和办学理念的校长,才涌现出一个个具有鲜明办学特色的优质学校,使我国的中小学教育事业永葆青春、焕发生命的活力。

2. 特色教师是首位

著名教育家蔡元培先生曾说过:"有特色的教师是学校的宝贵财富。"教师是学校工作的中坚力量,校长的办学思想和办学方略,只有通过全体教师的不懈努力才能得以实现。而要打造学校特色,教师还必须具备一定的专项要求。如果学校里没有特色教师,也就打造不出有特色的优质学校,因为学校特色的打造任务最终要落实在教师的身上,由教师来唱主角,教师也必须在学校特色的打造工作中发挥主导作用。

一个具有高度专业化水平的校长尤为注重对特色教师的培养,是催生特色教师的助产士。因此,校长应慧眼识英才,要有一双伯乐的眼睛,善于发现教师队伍中的"千里马",充分发挥教师的个性专长,使之服务于学校的发展大局,做到物尽其用、人尽其才。校长还应在教师的"特色"专长上做好做足文章,进一步挖掘教师潜能,为培养学校的"特色"人才广开绿灯,通过多种途径努力提升教师水平,使特色教师真正具备打造学校特色的实力,从而在学校特色创建工作时能够做到"召之即来,来之能战,战之能胜"。除此之外,校长对特色教师还有较高的要求:首先,教师要有主人翁意识,要有强烈的事业心和责任感;其次,教师应具备较强的教育教学能力,个人业务能力强;再次,教师应具有创新精神和实践能力,勇于探索和实践,有团结合作精神。只有这样,学校的特色打造工作才能真正落到实处。

3. 关注学生需求是关键

校长在开发和选择学校特色时,还必须关注学生的需求。首先,学生的未来是家长的期望,因此,校长选择的特色项目必须考虑家长的因素,家长排斥、否定的项目必然给特色学校的发展带来障碍;家长支持的,才会给学校带来更加有利的发展空间,这样的特色才会有旺盛的生命力,得到持续稳定的发展。其次,学生是学校发展特色的主体,因此,校长选择的特色项目必须充分考虑学生情况,特色项目的发展应满足学生的需求,能够有效地促进学生的身心健康发展。再次,"适合的才是最好的",特色项目的选择还要充分考虑到学生的综合素质情况,学生是否接受即将开发的学校特色,学生的整体素质水平是否有利于学校特色的形成等,都会影响学校推进特色打造工作的进程。最后,"兴趣是学习的第一要素",学校还要加强对学生兴趣的培养,只有这样,才能够推动学校的特色健康发展,促进优质学校的形成。

4. 学校文化是基础

学校文化是学校成员通过学校组织内部的教育、教学、科研、生活等活动所创造出来的文化财富的总结,也是学校全体教职员工一致认同的价值观念、行为准则和思想作风的总和。优良的学校文化不仅对于学校师生具有教育、凝聚的约束作用,而且对于学校本身由一般走向成功、由幼稚走向成熟具有推动促进作用。学校文化既可以成为学校特色的内容和表现形式,同时也是学校特色培育的氛围与环境。在一些学校,虽然并没有把学校文化作为自身特色,但同样不能忽略文化在学校特色形成中的奠基性作用。因为在一所学校,有共同追求学校特色的办学理念和目标,有为教职工所认同的价值规范和观念,有围绕学校特色建立起来的制度支撑体系和行为,才能使特色打造工作真正落到实处,打造形成的特色也才能够永葆青春、经久不衰。

5. 办学条件是前提

办学条件包括具有保障现代化教学手段运用的先进教育设施和丰富的教学软件等方面内容,良好的办学条件是打造学校特色的重要前提。因此,一名具有高度专业化水平的校长,要把改善办学条件作为打造学校特色的前提与基础。这就要求校长首先要做好改善办学条件的总体规划,分层实施、分段推进、逐步发展、逐个完善。校长要坚持勤俭办学的原则,科学合理地使用好学校的资金,并懂得开发和整合学校各项资源,提高资源的利用率,坚决杜绝资源浪费的现象。校长还要确保充足的资金作为打造学校特色的坚强后盾,持续不断地投入到学校特色的打造工作中去,这不但是打造学校特色所必需的物质基础,而且也是巩固已经形成的学校特色的重要前提。

（二）打造学校特色的保障

1. 政策法规的保障

国家的教育政策和法律法规是打造学校特色的保障,是影响和制约学校特色形成的必要性因素。依法治校是教育改革的需要,是学校发展的前提,校长务必遵循国家教育政策和法律法规,通过合法途径开发、打造和彰显学校特色,因为只有这样,学校特色的打造工作才能够顺利实施并且卓有成效。倘若校长打造学校特色工作离开了国家政策、法规的保障,甚至与国家的相关政策、法规背道而驰,那么无疑是搬起石头砸自己的脚,该项工作无异于无源之水、无本之木,不但不能形成学校特色、促进优质学校的建设和发展,反而可能使学校陷入到倒闭的尴尬境地。

2. 自主办学的保障

随着基础教育改革的不断深入和发展,各级政府、教育主管部门依法给予了中小学校越来越多的办学自主权。学校在发展方面有了更多的自主权后,有利于确保学校在发展背景、环境、传统和资源等基础上形成正确的学校定位和办学方向,使得学校能够根据国家法律和社会需要,对学校办学进行独立决策和自主开展各项工作,这为学校特色打造提供了坚实有力的保障。

3. 管理机制的保障

打造学校特色不是一朝一夕的事情,需要学校全体师生的共同努力,需要经受时间的考验、岁月的雕琢。为此,学校特色的打造工作必须有强有力的机制作为保障,学校管理机制的建构和完善过程也是学校特色形成和发展的过程。建立了科学有效的管理机制,才能确保学校的特色打造工作规范有序、稳定健康地发展。

二、校长打造学校特色的途径和方法

在学校特色的打造工作中,校长如何寻找适合学校自身发展的特色项目,以及如何寻找打造学校特色的有效方法,都是非常关键的问题。具有高度专业化水平的校长应当坚持从学校的实际出发,体现教师的特色和学生的个性,正确把握经济社会发展对人才的需求,有选择地打造,有重点地突破,力求独辟蹊径,出奇制胜。

（一）打造学校特色的途径

有特色的学校就是个性化的学校,当校长找到了学校个性的资源与优势之后,也就找到了适合学校发展的道路。因此,打造学校办学特色,促进优质学校建设,走学校品牌化发展道路,必须因地制宜、开发和选择适合学校发展的特色项目,走一条适合自己的发展道路,只有这样,才能够保证学校的特色打造工作顺利进行。

1. 立足学校实际

特色不是凭空产生的,它是根植于学校自身改革与发展的实际需要,把握学校显性或潜在的办学资源,着眼学校过去的传统以及今天的挑战和未来发展的前景等,做出符合学校发展的战略性选择。因此,一名具有专业化水平的校长,在开发和选择学校特色项目时,必须立足实际,充分考虑学校的地理位置、规模、经济状况、教育科研现状、教师队伍现状、学生素质、是城市学校还是农村学校等各种实际情况,通过认真分析和研究,选择适合学校发展的特色项目。诸如特色教师或富有特点的学生群体,以及学校的某一学科、某一活动、某一行为等。这样一来,一方面因为立足实际,从而使学校特色的发展成为可能,为学校特色的形成奠定了坚实的基础;另一方面,校长可以秉承学校传统,发挥学校在某个方面或某一领域得天独厚的优势,使之发展成为学校的特色,并为学校的特色发展服务。

2. 挖掘本土资源

校长在开发和选择学校特色项目时,首先应立足本土,因地制宜,充分考虑学校当地民俗风情,挖掘本土特色资源,把学校特色与本土特色资源有机结合起来。其优点是:一、本土特色资源在为学校发展特色服务的同时得到了传承,并将得到不断的创新,继续发扬光大。二是学校依托"天时、地利、人和"的有利条件,就地取材,开发和充分利用本土特色资源,不断丰富学校文化内涵,增强学校文化底蕴,充分展示学校风貌和当代学生风采。三是本土特色资源为学校的特色发展服务,学校的特色又服务于本土,两者相辅相成,共同促进,相得益彰。

案例 ● ● ● ● ● ● ● ● ● ● ● ● ● ●

葛洲坝实验小学的水电文化

湖北省宜昌市西陵区葛洲坝实验小学是一所因兴建葛洲坝水电工程而建的六年全日制实验小学。该校根据学生的年龄特征和学生身心发展的客观规律,结合葛洲坝水电文化的特点,充分挖掘葛洲坝水电文化的教育元素,自主研发校本课程,分低、中、高年级扎实开展"四童·五小·六探"系列活动:即在低年级开展"四童"活动:画童画、写童诗、诵童谣、演童剧;在中年级开展"五小"活动:当小故事家、做小记者、当小导游、做小水电专家、做小收藏家系列体验活动;在高年级开展"六探"活动:名胜探访、名人探询、地质探索、文化探讨、模型探究、科学探秘。活动扎根于葛洲坝水电文化,不断丰富葛洲坝水电文化的内涵和外延。该校还将葛洲坝水电文化研究渗透到校园环境建设中,使得学校处处彰显葛洲坝水电文化的内涵特点,于润物无声中涵养学生的人文精神,培育学生的做人品质。

【简评】

葛洲坝实验小学为我们树立了一所学校特色打造的成功典范。该校立足本土特色资源,占尽"天时地利",仰仗着学校自身因葛洲坝水电工程应运而生,见证了葛洲坝的沧桑历史,又与葛洲坝水电工程的发展"血脉相连"的得天独厚的优势,充分挖掘学校当地的水电文化教育资源,扎实开展了葛洲坝水电文化研究,倾力打造具有葛洲坝水电文化的特色校园。最终形成了鲜明的水电文化特色,其引领着学校师生的共同成长,全方位地提升了学校的办学品位,从而使得学校成为广大师生诗意栖居的精神家园。

3. 深化课程改革

社会在进步、时代在发展、教育在改革,当前新课程改革正在全国中小学校如火如荼地开展,这也为学校特色打造搭建了一个良好平台,创造了有利契机。新课程改革赋予学校课程管理的自主权,校长如何用好这个权力是一个值得认真研究的问题。课程是学校教育的核心,学校的办学理念以及一切价值观都会反映到课程中和课堂上。教学是实现培养目标的重要途径,是帮助学生实现发展的重要途径,也是形成学校特色的主要途径之一。因此,一名具有高度专业化水平的校长应当正确分析学校的办学实力,从实际出发,挖掘潜力,扬长避短,调动各方面积极因素,产生打造学校特色的动力。校长应进行学校科研规划,深化课程改革,加强学校的教育科研工作,并结合实际选准一点,紧扣"特色"加强研究,立体拔高,有效迁移,形成教育教学特色模式。

杜郎口旋风的制造者——崔其升

山东省杜郎口中学曾经是一所被教育局列入了合并撤销"黑名单"的学校,学校教师年龄结构老化,教学方法陈旧,学校秩序混乱,学生辍学、厌学现象极其严重。

1997年,走马上任的崔其升校长敢为人先,大胆革新,实施了一场"颠覆性"的课堂教学大变革,旗帜鲜明地提出了"我的课堂我作主"的响亮口号,要求教师在课堂上遵循"相信学生、发动学生、依靠学生、发展学生"的原则,贯彻"人人参与、各个展示、尝试成功、体验快乐、释放潜能、激发活力、自主学习、个性发展"的教学指导思想,不看老师讲的多么精彩,而是看学生学的是否主动。用"知识与能力综合"的课堂、"大众化、体验式、感受式"的课堂、"教师成为策划者"的课堂、"多元化解答"的课堂、"10+35"模式的课堂等多样的形式,彻底放开课堂,把课堂还给学生,让学生勇敢探索,乐于表现,积极参与。任何一个学生讲错了题都不会被讽刺、挖苦、呵斥,不扼杀学生的创造意识,充分体现了"把学生学习的权利还给学生、把学生学习的空间还给学生、把学生学习的自由还给学生、把学生学习的快乐还给学生"的教学思想,从而使得杜郎口中学在几年之内从垂死挣扎的状态中摆脱出来,成为山东省农村中学教学改革的典型,成为全国合作教学实验基地,成为中国创新教育杂志社实验基地。

【简评】

崔其升校长基于课堂教学存在的问题,在课堂上寻找切入点,深化课堂教学改革,从而彻底改变了传统的师生关系,激发了学生学习的主动性,还把中下游学生的学习积极性也充分挖掘出来。充分体现了学校"把课堂还给学生"的课堂教学大革命思想,为"一潭死水"的课堂注入了新鲜的生命活力,凸显了学校与众不同的课堂特色,在全国教育界掀起了一场又一场学习杜郎口精神的课堂教学改革热潮,杜郎口中学的课堂特色树立起一座课堂教学改革的丰碑。

4. 突破薄弱环节

打造学校特色并非为了特色而特色,它应该统一于基础教育的基本任务,其目的是为了焕发学校的办学活力,提高学校的竞争力水平,更好地推进素质教育,更好地育人。学校因城乡的地域差别、师资配备力量悬殊、生源分布不均匀等多种因素的制约,导致当前中小学校教育发展水平不均衡,不可避免地存在着各自薄弱环节,有的薄弱环节甚至因情况严重而威胁到学校的生存。因此,一名具有专业化水平的校长,应当正视学校存在的薄弱环节,集思广益、博采众长,发挥团队精神,有针对性地去解决问题。以学校薄弱环节作为学校发展的研究着眼点,力图突破薄弱环节,这样一来,既可以完善学校管理,调动学校积极因素激活学校发展活力,又可以把它作为打造学校特色的一条有效途径,化学校的薄弱环节为一大特色。

家校联动下活了一盘棋

山东省济南市棋盘街小学是由三所薄弱学校合并而成的一所名不见经传的普通学校,学校校舍破烂不堪,教学质量低下,教师悲观失望,纷纷选择离开,家长也对学校"敬而远之",没有人愿意把孩子送来就读。由于家长的文化水平普遍偏低,对学校教育的认识也不够，使得学生与家长的关系"剑拔弩张"，家校配合工作步履维艰，学校处于摇摇欲坠的状态。于冠军校长走马上任后，基于学校实际，于2002年提出了独具特色的"学校、家庭、社会联动式育人"大德育活动主张，并团结带领广大教师努力实践，构建了一个学校、家庭和社会携手共营的学生成长乐园。在学校拉开了争做"新三好"活动，即要求学生"在校好学生，在家好孩子，在社会上好少年"。随着活动的逐渐深入开展，于冠军校长又提出在教师中争做"好老师"、在家长中争做"好家长"的思想，并及时推陈出新，以"温情融心互动"替代了传统的家长会模式，让班主任或任课教师与每个学生及家长面对面交流。评价标准的出台实施，评选活动的火热开展，"温情融心互动"的推进，这对学生、家长和老师无疑都是一个约束、督促、教育和提高的过程，有效促进了学生、家长和老师三者关系的和谐发展。与此同时，于冠军校长还把教育的地点延伸到了社会，与居委会密切配合，为学生的成长成才创造良好的社会环境，最终形成了"学校、家庭、社会联动式育人"大德育活动战略，使学校逐渐走出低谷，走上规范化发展的道路，由曾经的薄弱学校跨越发展成为当地的一所知名学校。于冠军校长的特色办学思想和实践得到了家长和社会的广泛认可，教育专家们也掩饰不住内心的激动，把于冠军校长推出的"学校、家庭、社会联动式育人"这项活动称为"孩子们的成长梦网"。

【简评】

见招拆招、化危为机，山东省济南市棋盘街小学堪称是一所典型学校。刚刚合并而成的棋盘街小学，且不说硬件设施和师资条件低人一等、生源分布不均和学生素质参差不齐，就连家长也对学校失去信心，家校配合困难。面对这样一所百废待兴的薄弱学校，于冠军校长挖根究底，对症下药，围绕学校的家长、学生、教师及社区等薄弱环节做好做足文章，推出极具特色的"学校、家庭、社会联动式育人"活动战略，这一独具特色的活动力挽狂澜，为棋盘街小学摘掉了薄弱学校的帽子，实现了跨越式的发展，赢得了良好的社会声誉。

5. 满足社会需求

随着社会经济发展，社会公众对教育的需求体现出优质化、个性化的价值取向，挑战与机遇并存。打造学校特色就是创建优质学校的过程，就是给社会公众提供优质、个性的教育服务的过程。因此，一个具有高度专业化水平的校长，应从我国的国情和市场需求出发，立足于学校实际，主动适应经济社会发展要求，满足社会的需求，这是教育活力和能动性的体现，也是学校生存和发展之本。校长应着眼于学校、教师和学生实际，挖掘潜在的教育资源，科学合理地开发学校的特色项目；或者是依据社会公众的需求，开发出科学、合理、实际、符合教育目标、能促进学生全面发展的校本课程，使特色项目或校本课程成为打造学校特色的一个重要载体。

案例 ● ● ● ● ● ● ● ● ● ● ● ● ● ● ● ●

重庆市南岸区江南小学的国际象棋活动

重庆市江南小学的前身叫启智小学，在抗战初期，学校便把学生的发展与学生的社会责任紧密相连、不可分割，并提出了"明理启智，兴我中华"的办学宗旨。上世纪80年代，棋类活动逐渐在学校兴起。棋类活动开始之初，学校成立了中国象棋兴趣小组，后来，学校基于兴趣小组开展的实际情况，重新成立了国际象棋兴趣培训班。具有专业化水平和特色办学思想的校长高瞻远瞩、与时俱进，早于上世纪90年代初，便把国际象棋纳入了学校的课程体系,使之进入了课堂,2004年,学校又自主研发了校本课程。学校历任校长与时俱进、推陈出新,把国际象棋特色打造工作推进到特色课程开发、特色教师和学生培养的各个层面,并通过深层解读国际象棋中的棋理:"博弈之道,贵乎谨严"(《棋经·第四篇》)、"棋错一步,满盘皆输",提炼出"走好每一步"这富有哲理和非凡意义的校训。经过几十年来的打造和彰显,学校的国际象棋特色成果日益显著,陆续涌现出声名远扬的章钟和黄茜两位著名的国际象棋特级大师。学校的国际象棋特色宛如一颗璀璨的明珠,光芒四射,照亮了学校的发展前程,吸引了众多国际象棋爱好者前来就学,使重庆市南岸区南江小学成为一所享誉教育界的国际象棋特色学校。

【简评】

重庆市南岸区江南小学应该是学校满足社会需求的特色打造工作的当之无愧的典范。该校基于中国象棋兴趣小组开展的实际情况,重新审时度势,从家长和学生需求出发,敢于否定自我,并大胆革新,经历了从中国象棋到国际象棋的重大改变,这是一种勇气,也是一种智慧。"山重水复疑无路,柳暗花明又一村",国际象棋兴趣小组日见成果,渐成学校的"一枝独秀"。辛勤的汗水浇灌出鲜明的办学特色,智慧和超前的特色办学理念成就了与众不同的办学成果,学校特色改变了学校的命运,推动着学校的持续向前发展。

(二)打造学校特色的方法

任何事物的发展都需要有一个过程,因此,打造学校特色,创造学校特色品牌也必须遵循事物发展的客观规律。校长应精心策划,有目的、有计划地开展,只有这样,才能够保证学校的特色打造工作取得实效,促进优质学校的建设和形成。

1. 特色规划

英国戴维斯和艾里森在《学校发展规划》扉页中写道:"学校如果没有规划,必将导致失败"。作为学校未来发展的蓝图,发展规划应当充分体现出学校自身发展的理念,应当是引领学校发展的行动纲领。学校发展规划是一所学校文化的集成与目标愿景,折射出校长办学的理性与智慧的光芒。因此,一名合格的校长,要统揽学校发展全局,进行系统谋划。在打造学校特色过程中,应当根据自身的条件和优势,通过系统分析学校发展的历史传统,充分利用学校一切资源,在办学理念的指引下,确立学校特色办学目标,科学规划学校特色发展的道路,以促进学校科学、持续和稳定发展。

2. 校长负责

打造学校特色,是校长的神圣职责。中小学实行校长负责制,校长的使命就是在国家教育方针指引下,以不拘一格的方式办独具特色的学校。一名成熟的、富有专业化水平的校长,他必须有自己独特的个性特征,才能领导广大教师建设一所充满特色的学校。校长的决策能力、管理水平、领导作风和治校方略直接影响着学校办学特色。"火车跑得快,全靠车头带",校长作为学校各项工作的第一责任人,必须有高度的责任感和使命感,本着对国家、民族和社会负责的态度和精神,勇于创新、开拓进取,带领全体师生致力于学校特色的打造工作。在校长的牵头下,学校应成立相应的组织领导机构,负责学校特色的实施开展工作,校长对于学校特色的开发从选择到打造完善等各项工作务必要进行全程跟踪。

3. 建设队伍

打造学校特色,建设一支"特色教师"队伍是前提和基础。教师是学校发展的中坚力量,学校要打造特色,必须有一支与之相适应的素质优良的教师队伍。学校教师队伍的整体素质关系着学校特色打造工作的成败。校长只有把办学理念转化为每个教师的行动,把学校的办学价值观、特色意识转化为全体教师的共同追求,并持之以恒地努力实施,学校才能逐步形成鲜明的办学特色。因此,一名具有专业化水平的校长必须明确提出教师素质的要求,明确教师的努力发展方向,做好学校师资队伍建设的规划和发展目标。校长要通过"走出去、请进来"等多种渠道和途径引进外智,要求教师善于学习他人的成功经验,取长补短,为我所用;校长要为学校教师搭建成长平台,加强校内外教师之间的合作与交流,让教师在学习与交流中成长,提高教师个人综合素养;校长还应当加强对教师的指导,努力培植经验,悉心培育骨干,历练特色教师队伍,从而为学校特色的打造工作提供坚实有力的保障。

4. 循序渐进

任何系统都有一个酝酿、形成和发展的过程。学校特色的打造,其基本过程应该是:特色项目——学校特色——优质学校,这也是一个循序渐进的过程。因此,在打造学校特色的过程中,校长万万不可拔苗助长、急于求成。校长必须遵循事物发展的客观规律,坚持由点到面、由面到体、分级推进、循序渐进的原则,先对特色项目进行试点尝试,然后根据实际全面铺开,从而使学校特色的发展水到渠成、一气呵成。

5. 加强反思

伯莱克认为:"反思是立足于自我之外的批判地考察自己的行动及情景的能力,使用这种能力的目的是为了促进努力思考的职业知识而不是习惯。"反思过程是校长的自我教育、自我提高和自我完善的过程。打造学校特色是一项动态发展的复杂的系统工程,一般说来,开始时都是摸着石头过河,在学校特色的打造阶段,校长重在跟踪服务,及时总结经验,了解问题和困难,有针对性地组织教师开展研讨交流,解决学校特色打造工作中的实际问题。因此,校长在特色的打造过程中,要善于总结经验教训,在反思中不断提高,从而有力地促进学校特色打造工作的顺利开展。

第三节　校长彰显学校特色的途径与策略

经过长时间的精心打磨后,学校特色必须依靠一定的载体才能够绽放出它的光芒,彰显它的独特魅力。学校特色彰显是学校文化的反映,良好的学校形象不仅可以为学校发展创造契机,还可以增强学校教育能量,使学校管理发挥巨大的整体效应,促进学校稳定、健康、可持续发展。因此,校长应依托各种有效载体,展示学校成果,彰显学校办学特色,以提高学校的社会信誉度,提升学校的竞争水平。这需要校长精心策划,宣传到位。

一、校长彰显学校特色的途径

学校特色为学校带来了新鲜的活力和强大的生命力。打造学校特色不能让学校特色"深藏闺中,足不出户",而应当广开渠道,通过各种途径彰显特色,让学校特色魅力四射,得到社会认可、家长满意、同行称道,使特色成为学校的一种品牌,提升学校的核心竞争力,从而促进优质学校的建设和形成。

(一)校长是彰显学校特色的一面旗帜

学校的办学特色,实际上是校长办学思想个性化的表现,作为一个素质精良、有特色办学思想的校长,不仅要具备打造学校特色的理念,而且也要懂得如何去推销学校、彰显学校特色的魅力。校长作为学校特色打造的举旗人,要学会用自己独特的人格魅力为学校特色的彰显提供保证,让校长的魅力与学校特色的彰显相得益彰。

校长要集思广益,做好学校特色彰显的宣传策划工作,把彰显学校特色作为提升学校内涵的工作来抓,明确学校特色彰显工作的目标、任务和工作制度,形成一系列彰显学校特色工作的有效机制,让学校特色绽放光芒,提高学校的知名度和社会效应;校长要在财力上为学校特色彰显工作提供保障,舞动学校特色这面大旗,摇旗呐喊,吸引家长和广大社会公众的眼球,扩大学校特色的影响力;校长要深入学校特色打造第一线,关注学校特色打造进程,及时总结和提炼学校特色成果,通过教师例会、学生集会和国旗下讲话等多种途径适时向广大师生宣传,让学校特色深入到师生心里,让他们与学校特色的彰显工作一路同行;校长的岗位职责决定着校长经常参加省、市、区各级会议、学习和培训工作,因此校长要带着学校特色出发,主动向领导、专家和同行宣传学校特色,交流学校办学经验;校长还要牢固树立学校特色的宣传意识,广开渠道,努力寻找各种有效载体,多方位宣传学校特色,彰显学校特色。

(二)教师是彰显学校特色的一张名片

教师是打造学校特色的中坚力量,他们既是学校特色的建设者,又是学校特色的传播者和形象大使。教师是学校特色打造的生力军,学校特色凝聚着教师的智慧与汗水,承载着教师对教育的梦想与追求,因此,校长要把教师作为彰显学校特色的一条重要途径,这也是教师不可推卸的一份责任和义务。

校长要成立学校特色彰显工作领导小组,坚持学校特色彰显工作的正确方向,加强对教师培训,切实提高教师彰显学校特色的工作水平;校长应努力提升教师宣传学校特色的责任感和使命感,让教师积极参与学校特色彰显策划及特色彰显路径的开辟工作,以学校发展为己任,主动成为学校特色宣传员,努力做好学校特色彰显工作;校长应引导教师在日常教育教学中加强对学生教育,让学校特色扎根学生心里,使学校特色从学生的被动参与变为自觉的主动行为;校长应让教师通过各级各项研讨交流活动,与家长的互动交流等各种平台展示个人风采,宣传学校办学成果,彰显学校特色;校长还应要求教师善于总结反思,感悟和见证学校发展变化、教师和学生的共同成长,抒发个人情感,通过各种有效途径展示学校特色的魅力与风采。

(三)学生是彰显学校特色的一面镜子

学生具有个人的广告效应,学生是一个活广告,学生是学校的一面镜子,学生在学习中所取得的成就是对学校工作的宣传。学生的成就折射出学校的育人成果,是学校办学特色取得实效的最有力的证明。因此,学生的"现身说法"也是最具有说服力的。校长在集中精力打造办学特色的同时,也要充分挖掘各种有效资源,创建各种有利平台,让学校办学特色在学生身上淋漓尽致地展现,使学生成为学校特色的一面镜子。

学生活动是学校特色彰显的有力杠杆,校长应精心组织学校文化活动,积极开拓学校特色彰显的有效载体,通过搭建各种展示平台,让广大学生积极参与到学校组织的各种活动中来,感受学校文化和学校办学特色的力量以及校园生活的和谐;校长要通过学校文化活动展示学生的个性风采,这对学生本人是一次鼓励,对其他学生也是一次鞭策,更是对学校特色的一种有效展示;校长要采取"请进来、走出去"的方式,加强本校学生与兄弟学校学生的学习与交流,让学生在学习与交流中大胆地展示才华、张扬个性,在学生增长见识、受到教育和得到锻炼的同时,也充分展示了学校的特色风采;校长要鼓励学生积极参加各级各类竞赛活动,通过活动检验学生的个人学习成果和学校办学成果,用行动和实力证明学校的办学特色成果；校长还应当鼓励学生主动、及时地向家长以及亲朋好友展示个人学习成果，进而达到宣传学校办学特色、扩大学校社会影响力的重要目的。

（四）家长是彰显学校特色的一个窗口

苏霍姆林斯基曾说："只有学校教育而没有家庭教育，或者只有家庭教育而无学校教育，都不能完成培养人这一极其艰巨而复杂的任务。"加强学生教育需要建构起学校、家庭和社会的三位一体的网络教育体系。学生家长遍布各行各业，涉及经济社会各个领域，家长对学校而言是一项不容忽视的有效教育资源，因此，一名具有专业化水平的校长，应当充分发挥家长资源，让家长成为彰显学校特色的一个重要窗口。

校长要开放办学，通过发放家校联系卡，公开学校、年段长、班主任和各科任教师的联系电话，以便家长与学校或教师联系。校长要公开学校作息时间表、课程表，使家长充分了解学生在校作息情况，接受家长监督，以便家长配合学校加强对学生的管理。校长要公开每学期和每周的学校工作计划，使家长参与到学校的管理中来，见证学校的发展历程，充分了解学校办学成果和办学特色；校长要通过开办家长学校等形式，增强广大家长及社会各界对学校的了解与支持，展示学校教育教学成果，形成教育的合力，促进学校教育教学工作的全面开展；校长要开展家长开放周活动，将学校所有课堂和设施对外开放，邀请广大学生家长、社会各界人士深入课堂听课、评课、座谈、参观等，让广大家长亲身经历和体验学校办学成果；校长还要定期召开家长会，并有计划地实施家访工作，由学校领导、班主任和科任教师向家长汇报班级、学生和学校情况，充分展示学校办学效益，彰显学校办学特色。

（五）节庆是彰显学校特色的一个契机

学校开展的各项节庆活动，主要是起着引导学生体验和感受这些节庆纪念日中蕴涵的中华民族传统文化、传统美德和革命传统，以及增强学校活力，凝聚师生积极向上的力量等作用。我们的学校也应当把节庆活动作为彰显学校特色的一个重要契机，充分发挥节庆活动"润物细无声"的学校特色宣传和熏陶效果，在一次次精心组织的活动中，丰富学校特色的内涵，拓展学校特色的外延，彰显学校特色的精髓。

学校节庆活动包括"五·一"、"五·四"、"六·一"、"十·一"等国家重要的节庆纪念日，包括孙中山、毛泽东、邓小平等伟大人物的重要纪念日，还包括清明、端午、中秋、重阳等民族传统节日，以及学校自身的校庆活动等；学校开展节庆活动应首先做好精心策划工作，这需要方法和策略，因为这是一个谋局，是一个战略，是一个系统的工程，需要校长对学校教育工作的方方面面做周密的思考、分析和策划，这是节庆活动和学校特色彰显工作成败的关键；节庆活动应积极做好宣传和发动工作，让广大师生积极参与到活动中来，确保节庆活动的人员参与面积和宣传工作到位；节庆活动应根据活动实际邀请领导、专家、兄弟学校教师、校友代表、家长及社会各界人士等来校参加，让他们亲身体验学校活动氛围和分享学校办学特色的成果，切实提高学校办学特色在社会公众心目中的地位，增强办学凝聚力，提升学校特色的社会影响力。

（六）媒介是彰显学校特色的一个载体

一个高明的、有眼光的校长一定不会小觑媒介的强势广告效应，把媒介作为彰显学校特色的一个有效载体。"酒香不怕巷子深"，学校特色的打造取得了成效，必然会赢得上级领导的肯定、同行的称道、社会的认可。"金杯银杯，不如老百姓的口碑；金奖银奖，不如老百姓的夸奖"，多方位、多渠道的宣传，才能使学校特色突出，彰显出它的独特魅力。

校长应当建立学校的门户网站。学校门户网站是学校的窗口,是学校敞开信息连通外界的一个枢纽,学校网站的拓展性与延伸性可以帮助学校的办学成果在更加广阔的范畴得以实现宣传,它是彰显学校特色的重要载体;校长应通过学校成立的宣传报道组,及时、准确地宣传报道学校特色,通过网络、广播、板报等形式,对学校特色打造成果等情况进行广泛宣传,以达到彰显学校特色、扩大学校影响力的目的;校长应及时梳理和总结,形成各种报告材料呈现给领导、专家、同行和媒体,精心设计各种宣传画册、海报等宣传资料,加强学校的对外宣传力度;校长应创造机会通过电视媒介全面展示学校整体形象和学校特色形象,或者是充分利用教育期刊的封面封底或插页进行学校特色宣传;校长应鼓励教师积极撰写教育教学文章,并向报刊杂志投稿,这不但能提高教师个人专业素养、促进教师专业成长,更是为学校做了免费宣传,提高了学校的知名度;校长还应把握各种有利时机,积极寻找合作伙伴,联合电视、报刊或企事业单位等主办以学校名称或学校特色冠名的各类比赛活动,以提高学校知名度,扩大学校的社会影响力。

二、校长彰显学校特色的策略

学校特色的打造不是一个静止的过程,而是不断发展、运动的,学校特色只有通过不断的提升和彰显才能形成永恒的特色。因此,作为学校办学特色的策划和实施者的校长,不仅要明确什么是学校特色、学校为何要形成自己独特的办学特色、如何打造学校特色,也要懂得彰显学校特色的策略。

(一)彰显策划

打造学校特色需要策划,彰显学校特色更需要策划。学校办学特色是学校整个教育思想的折射,是校长的教育理念物化的象征。学校特色作为一种独特的办学风格或学校风貌,在打造的过程中如何运用行之有效的彰显策略,是学校特色能否产生效益的关键所在。因此,一名具有专业化水平的校长,彰显学校特色,需要做到精心策划,认真操作。

做好策划工作,校长要收集整理各种详细材料,进行周密的分析和思考,最后做出正确的判断与决策。彰显学校特色的策划,还需要关注几个问题:校长在强化特色彰显的同时,务必注意学校的整体形象设计,在公众面前树立良好的学校形象,切不可因为"特色"而"断章取义"、顾此失彼,否则会导致弄巧成拙、得不偿失;校长要广开言路,善于纳谏,广泛听取大家的建议或意见,把握学校特色彰显的行之有效的方法,增强社会公众对学校特色的关注程度;校长彰显学校特色要明确宣传工作的具体目标,充分考虑宣传的路径,注意充分调动师生积极参与特色宣传的工作机制,形成全方位、多层次、宽领域的大宣传格局;校长还要出台相关激励措施,通过征集"金点子"等活动,激励广大教师为学校特色彰显工作积极地献计献策,使学校特色彰显工作更好地服务于学校的整体发展大局。

(二)特色展示

市场经济条件下,学校特色的竞争力已经不容忽视,它为学校赢得了家长的信任和尊重,为学校生存和发展提供了坚实有力的保障。在这个信息化和知识化的社会,校长应当把学校与众不同的"特色"高挂起来,通过定期举办以特色项目为主题的成果展示活动等方式,多方开辟渠道宣传和展示学校特色。通过彰显学校特色,进一步激发全体师生打造学校特色的积极性和创造力,推动学校特色的持续稳定发展。

学校特色展示的过程中,校长要向上级教育主管部门努力争取诸如教育教学研讨、课堂教学观摩、优质课评比等重大活动的主办权,或者是选聘专家、学者来校举行专题讲座等,学校则通过这些平台宣传学校成绩,展示学校形象和学校"特色",彰显学校特色的独特魅力,扩大学校的影响力和辐射力;校长要定期开展以特色项目为主题的成果展示活动,进一步激发教师打造学校特色的热情,充分挖掘学校特色的潜力,张扬学校特色的个性,彰显学校特色的生命活力。要实现以上追求,首先,校长务必严格组织,周密安排,做好充分准备;其次,校长要鼓励学校全体师生踊跃参与,确保师生参与的覆盖率;最后,校长可根据活动的开展情况,邀请家长和来宾参加,以扩大活动的社会影响力。

(三)竞赛活动

现代社会是一个充满竞争的社会,竞争是社会发展的主动力和主旋律,这种竞争不仅仅存在于商业领域,已经渗透到社会的方方面面,学校自然也不例外。学校特色是针对学校的某个优势项目,按照学校的既定计划,经过长时间的打磨和实践,进行千锤百炼,不断的完善和提升,使之成为学校的一个"亮点",为此,校长应定期组织以特色项目为主题的竞赛活动,用事实和行动证明学校"特色"的实力,凸显学校"亮点",彰显与众不同的学校特色。

一方面是校长根据特色项目的特点和学校实际,定期举办以特色项目为主要内容的竞赛活动;另一方面是积极组织参加各种竞赛活动。组织和参加竞赛活动有利于营造氛围,培养竞争意识,调动学生积极性,促进特色项目的内涵式发展;还有利于考核学校特色项目的真实水平,有利于学校发现不足,寻找差距,不断完善;更有利于发挥学生的创造性,增长学生见识,增长学生才干,充分展示学生风采,展示学校风貌,彰显学校特色,提升学校的办学品位和促进优质学校建设。

(四)加强交流

任何产品或企业的品牌都不是自封的,而是要经过各方检验、认可才能形成。对学校特色而言,也不是自封的,而应是被大家所公认的。加强交流能增进社会各界对学校特色的深入了解,扩大学校的社会影响力,提高学校在社会上的知名度。为此,校长应当积极采取"请进来"和"走出去"等各种方式,通过与兄弟学校、省内外等各相关学术团体的互动交流,以及参加其他各种形式的交流活动,充分展示学校特色。

案例 ● ● ● ● ● ● ● ● ● ● ● ● ● ●

福建泉州南少林武术学校的特色之路

福建省泉州南少林武术学校,地处国务院首批公布的 24 个历史文化名城之一——泉州。泉州作为著名的武术之乡和享誉海内外的福建南少林所在地,武术活动历史悠久,影响广泛,热爱习武是当地广大社会公众的一大爱好和愿望。为此,该校陈翔校长提出了"以文为主,文武结合,文以载道,武以健身"的办学思路,学校在保证完成国家课程方案所规定的课程外,增设了武术特色课程。经过十几年的打造和彰显,学校武术教育特色成果日益显著,在各级各类体育和武术赛事中共获得 1000 多枚奖牌,培养出了如许恩礼、崔振洲、张莉燕、林夏凉、黄福阳等一大批全省、全国乃至亚洲青少年武术散打锦标赛冠军、亚运会冠军,吸引了众多爱好武术的家长纷纷送子女前去就学。作为一所具有鲜明办学特色的学校,学校积极开展对外交流活动,近十多年来,该校接待了几十个国家和地区来校参观考察的教育界、武术界人士,同时,该校也派出老师和学生到日本、菲律宾、新加坡、香港、澳门等国家和地区进行访问交流,宣传学校的武术特色。并且,学校还积极参加当地政府主办的"元宵节"、"旅游节"、"三下乡"等各种演出活动,从而使学校成为一所斐声海内外的武术特色名校。

【简评】

福建省泉州南少林武术学校在学校的对外交流方面为我们树立了一个典范。交流才能促进了解。该校虽然武术特色成果显著,但不是孤芳自赏,陶醉于"酒香不怕巷子深"的俗语,而是主动出击,勇于"亮剑",通过参加一次次的交流活动,充分展示学校特色成果,从而进一步增强了海内外和社会各界对该校武术特色的了解,确立了该校的武术特色在当地社会中不可撼动的地位。武术这面旗帜使该校成为了一所众所周知的武术特色名校。

(五)宣传工作

学校特色打造得再成功,竞争力水平再强,如果得不到宣传和彰显,再亮的"特色"也难免有"养在深闺人未识"的遗憾。因此,校长应当加强学校的宣传工作,通过强势的宣传和广告效应,达到彰显学校办学特色、提高学校社会知名度、提升学校竞争水平的目的。

学校特色宣传工作,需要注意以下几个问题:第一,学校特色宣传要讲究时效性,彰显学校特色要及时,校长的行动要快,"该出手时就出手"。校长越懂得把握各种有利契机,学校特色的宣传机会就越多,也就越容易引起更多公众的关注;第二,学校特色的宣传机会越多,特色的彰显行动则越要多元化。校长要多角度、全方位地制造"新闻眼",以吸引各个阶层社会公众的眼球,而且多元化的学校特色彰显活动,更有利于学校特色的形象塑造和提升;第三,学校特色宣传要有持续性,因为长期性、连续性的特色彰显活动更能体现学校特色的永恒活力,也更利于学校根据特定时期对学校特色的彰显活动进行策略性宣传;第四,学校特色宣传不仅要策划和实施好诸如学校举办校庆,设计各种宣传画册、海报、刊物等宣传资料,开辟学校门户网站等各种宣传渠道,还要懂得联合媒体,争取家长、社区和相关杂志和媒体的配合与合作,因为这样才能获得更多的宣传报道机会,学校特色宣传面才会更广,学校特色的影响力才会更大,也才能更有力地全方位提升学校的办学品位,从而有效推动优质学校建设的进程。

第八章

优质学校校长提升专业素质的策略

　　建设优质学校是社会发展的需要,也是专业化校长毕生的价值追求。一所优质学校的建设离不开一大批专业的优秀教师群体,更离不开一位专业化校长的组织领导和精细管理,专业化的校长是优质学校建设的总设计师。我们衡量一位校长是否专业,主要看这位校长专业的知识、专业的能力、专业的道德、专业的精神以及反思意识等专业方面的素质。因此,提升校长专业化素质对建设优质学校来说意义重大。

第一节　校长专业素质的五个维度

　　校长的整体素质构成中,专业素质是核心,也是校长专业化发展的关键。校长专业素质的高低,将直接影响优质学校建设的质量与进程。

　　校长的专业素质主要有五个维度,分别是:专业知识、专业能力、专业道德、专业精神、反思意识。从它们对优质学校建设的作用来看,这五个维度是相互依存、相互作用、不可割裂的共生体,缺一不可。

一、校长的专业知识

　　校长专业化的知识结构是一种通识型、通才型、一专多能型的知识结构。校长的知识结构由教育管理的专业基础知识和专业知识、教育教学理论知识、现代科学与人文基础知识和现代信息知识等组成。

(一)科学管理学校的知识

　　科学管理学校的知识,具体可分为:教育学、管理概论、学校管理心理学、教育行政管理知识、教育法制知识等课程。作为优质学校建设中的专业化校长,必须具备全面系统管理学校的知识,只有如此,才能科学有序地开展管理活动,从而加快优质学校建设的进程。

　　当然,学习管理知识并非硬性的接受书本知识,而是要遵循科学的学习方法。一方面要以发展的观点来学习。"一切事物总是不断地向前变化发展的",学习管理知识也不例外,只有站在发展的视点上把握和丰富管理知识的内涵,才能更好地发挥管理知识在优质学校建设中的突出作用;另一方面,要联系本校实际来学习。学习的最终目的是要为本校的优质学校建设服务的,而不同的学校校情与实际需求千差万别,唯有联系本校实际的学习,才能使所学知识更好地为优质学校建设服务。因此,全面学习管理知识的同时,务必要联系学校实际,思考优质学校建设中的种种需求,有针对性地结合校情进行思考。尤其要注意从理论的高度解决优质学校建设中的种种障碍,促进优质学校建设各个环节和谐、健康、有序、可持续地发展。

(二)全面、系统的教育教学理论知识

教育教学理论知识主要包括《教育学》、《心理学》、《伦理学》等课程及近代一些教育教学名家的论著。优质学校校长既是学校的管理者，又是学校教育教学的引领者，只有全面、系统地学习教育教学理论知识，才能在教学研究中充分发挥引领的作用。首先，校长要全面系统地学习。因为科学的知识本身就是一种系统体系，如果断章取义，很容易在认识上出现偏差。唯有全面系统性地学习，才能获取完整的学习内容，正确解读其内容实质；其次，要主动建构知识。建构主义理论认为：学习的过程是学习者不断内化建构的过程。只有主动吸纳、转化、建构所学的知识，形成自我的意识、能力、思想、观点等较高层面的东西，这样的学习才可以称得上有效的学习；再次，要注意处理好"同化"与"顺应"两个问题，注意从事物的发展性和本校实际出发，分析利弊，辩证地学习，合理地建构。

(三)现代科学与人文基础知识

校长作为优质学校建设的管理者、引领者，其工作的特殊性决定着他们要博学多才，这样才能游刃有余地开展工作，实现学校的各项管理目标。因此，广泛地涉猎与工作相关的社会学、心理学、经济学、公关学、伦理学、语言学、系统学等方面的知识，对校长的专业化成长是很有必要的。当然，这些知识并非要求校长要成为每一学科的专家，而是让校长有所了解，有重点地摄取，使这些知识成为校长实现专业化的工具、手段、磨合剂、润滑油。譬如，校长要与教师、学生建立良好的关系，这就需要运用心理学与公关学知识；校长要将他的思想转化为学校的办学理念，就要有很好的语言技巧和表达能力，这就需要运用语言学与社会心理学知识等；学校要获得社会的认可，就得在社区、在社会上采取多种渠道宣传介绍学校，这需要校长具备一定的公关知识等。

(四)现代信息知识

如今是信息知识的时代，无论是信息的质量还是信息的传播途径，都处在不断地更替、演进、变化和发展中。现代信息知识是指一切与信息有关的理论、知识和方法，主要包括传统文化素质中读、写、算的基本能力，信息常识和多媒体、网络等现代化信息技术知识。因此，作为优质学校建设的专业化校长，只有学习和了解相关的知识，熟练掌握操作的规律与方法并形成能力，才能在优质学校建设中占得先机。其能力主要包括：①信息工具使用能力（包括会使用文字处理工具、浏览器和搜索引擎工具、网页制作工具等）；②信息搜集获取能力（指人们根据自己的目的，运用科学方法，采用多种方式，从外界信息载体中提取有用信息的能力）；③信息分析识别能力（指人们运用批判思维，对信息进行分析、甄别，剔除无用、无关信息，寻找有用、相关信息的能力）；④信息加工处理能力（指人们根据特定任务要求，对所获取的信息进行整理、归纳、筛选、重组，提高信息使用价值的能力）；⑤信息再生创造能力（指人们对所掌握的信息，从更新的角度、更深的层次进行加工处理，再分析、再综合，抽象升华为自己的观点，从而产生新的信息的能力）；⑥信息相关能力（是指与信息相关联的从事其他各项活动的一般能力，包括人们的语言能力、观察能力、判断能力、思维能力、公关能力等）。除此之外，还要养成良好的信息道德。

二、校长的专业能力

校长的专业能力是决定校长建设优质学校成效高低的能力，具有不可替代性。优质学校校长应具备科学决策的能力、统筹教育资源的能力、领导教学工作的能力、协调公共关系的能力、搜集处理信息的能力、教育科研的能力、依法治校的能力等。

（一）科学决策的能力

美国管理学家西蒙认为，管理的本质是决策。校长作为优质学校建设的"首席管理者"，是学校一切事务规划和开展的总工程师。科学决策能力集中体现在全面系统的规划能力，校长的第一工作要务就是如何全面系统地规划学校的发展蓝图。当然，校长的决策能力还体现在日常事务的处理上，例如突发事件的应急措施等。

（二）统筹教育资源的能力

教育资源统筹管理也是校长工作中的一大要务，管理得好，就能合理利用资源，提高办事效率；管理得不好，则可能会浪费资源，降低办事效率。资源统筹管理能力具体可以理解为对有形资源与无形资源在时空、次序上的合理安排与利用。校长要提高资源的有效利用率，首先要充分了解资源的状况，对有形资源要按项目、特征、价值等指标逐一造册登记，实行专人管理负责制度，对无形的资源也要整体盘活与搭配，实现优劣互补。学校管理文化等属于无形资源，要通过了解、撷取价值的同时，以点带面，示范引领辐射到学校的各个工作环节中，使无形资源所蕴藏的价值显露出来，实现资源利用效率的最大化。

（三）领导教学工作的能力

校长是优质学校建设中教学工作的管理者与引领者。领导教学工作能力的高低，决定了教学管理工作的成效与有序性，更影响到校长对学校教学工作所特有的影响力。领导教学工作的能力可以细分为教学工作的计划、组织安排、实施落实、监督指导、检查评估、总结反思等各教学环节工作的领导能力。要提高领导教学工作能力，校长除了要加强教学理论的系统学习外，更要注意联系实践，关注教学工作的基本走向，灵活机动地进行干预与指导。

（四）协调公共关系的能力

优质学校建设中的校长，因工作的特殊性，决定着校长要经常与社会各界人士打交道。而要处理好与社会各界人士的关系，需要校长具备丰富的人际交往经验、智慧的头脑、灵活的处事方式，而且要求校长还要讲究与人交往的原则性，不失工作的主体方向。因此，较强的协调公共关系的能力是校长专业能力的重中之重。

（五）搜集处理信息的能力

当今是信息化高速发展的时代，各种知识的更替速度更是日益加快。优质学校校长只有不断地从各种途径获取各方面的信息，并及时解读处理，合理利用，才能使自己时刻站在时代发展的前沿，与时代共舞，才能不断更新观念、补充能量、增强活力，让优质学校建设事业永葆青春，焕发活力。

（六）教育科研的能力

现在提倡教育与教研一体化的专业发展模式，作为优质学校建设中的校长既是教育科研的管理者，又是教育科研的领导者，需要具备较强的教育科研的能力。校长必须深刻体悟最新科研理念，熟练掌握科研的规律、原则、策略、方式、方法，并能在实践中引领教师广泛而卓有成效地开展教育科学研究。

（七）依法治校的能力

随着法律制度的不断完善和政府广泛的普法宣传，人们的法律意识日益增强，这为依法治校提供了很好的氛围。优质学校校长更应增强法律意识，在师生中广泛宣传和普及法律知识，通过法律的手段维持学校各项工作的健康运转，最大程度维护广大师生的合法权益，只有这样，学校各方面工作的开展才会更加顺利、和谐、健康、有序。

（八）反思提升的能力

反思能力是优质学校校长专业化发展的一项很重要的能力。校长只有不断地在实践中，反思学校工作问题，才能持续不断地提升自己的管理智慧。我们倡导校长采用阶段小结、期末总结、写管理日记、教育日记、写反思随笔等形式进行总结反思，在办学实践中提炼出宝贵的学校办学和管理经验，形成系统的理论指导经验，并思考和改进学校管理中存在的问题。社会的进步，科技的迅猛发展，离不开新知识的支持，这就需要优质学校建设中的校长具备终身学习的能力，在不断学习中更新知识，走在教育教学改革的最前沿，与时代同步。

（九）敏锐的观察力与果断的判断力

学校事务，巨细皆有，庞杂繁复。虽说校长下面还有副校长、教导主任等助手可以帮忙出主意，分忧解愁，但在更多的时候，最终的决策权还是掌握在校长的手里。一个不具备敏锐的观察与判断力的校长，无法敏锐地捕捉到教育教学的症结所在，在管理上就只能是"头疼医头脚痛医脚"。因此，校长必须培养自身敏锐的观察力与果敢的判断力，及时发现优质学校建设进程中存在的各种问题，在正确判断的基础上果断决策，把一切不利于优质学校建设发展的因素消灭在萌芽状态，从而保证优质学校建设中各项工作的正常有序开展。

（十）表达演说的能力

表达能力主要包括口头表达与书面表达两方面的能力，演说能力主要指口头表达能力。良好的口头表达能力，可以为校长树立美好的形象，提高学校及校长本人的知名度。作为优质学校建设中的校长，要经常与学校教师、学生、学生家长、社会各界人士等交流沟通，表达自己的办学思想与理念，争取各方对学校办学更大的理解与支持。对上级主管部门也要经常进行工作上的申请、总结汇报，对于家长与社会还要通过媒体的宣传手段来提高学校的知名度。这一切，都离不开较强的语言表达能力与书面表达能力。

三、校长的专业道德

校长的专业道德是指校长在专业化发展中所应遵守的道德规范体系，是在作为人所应遵守的社会公共道德基础上，从校长这一特殊角色定位出发，站在专业化发展的视野来遵循的更高层次的道德规范体系。它以社会公共道德为基础，并高于其要求水准。它不但是校长专业化发展的本身需求，也是建设优质学校的需要。校长的专业道德，主要表现在以下几个方面：

（一）为每一位学生健康成长负责

为每一位学生健康成长负责，是校长专业道德的核心。它要求校长要视每一位"学生"为服务对象，不但要多层面多途径为学生的学习生活与健康成长创造良好的氛围与平台，而且要从每个学生的发展需求出发，尊重不同学生的个体特征与需求差异，以人为本，实事求是，为每一鲜活的生命个体提供最优质的服务，促进每一位学生不同程度的进步与成功。

（二）公平公正处事

从学校的领导者与管理者这一角色来看,校长不可避免地要遇到各种各样的棘手问题,有时可能牵涉到上下级、自己与教师、学校与社会的利益关系。如何站在全局的高度,妥善地处理其利益关系,不但可以反映校长的业务素质能力与依法治校能力的高低,更能体现出校长的专业道德水平的高低。因此,校长首先应加强与各方面的沟通,取得各方面的信任、理解与支持,建立融洽的人际关系;其次,校长遇事要多动心思,既要讲原则、依法处理、依规执行,又要灵活机动,从实际出发,妥善处理各种矛盾,做到公平、公正,取得当事各方的理解与支持,维护与稳定学校发展的大局。

（三）尊重教师成果

教师的成果主要包括论著、文献、技术方法操作等方面的研究成果。作为学校的领导者与管理者,校长应当尊重教师所取得的成果。首先,要及时肯定并奖励教师通过努力取得的种种成果;其次,对教师取得的成果要及时加以实验论证并推广应用,充分发挥教师成果的效能。推广与应用的过程既是肯定教师成果的过程,也是检验论证与发展教师成果的过程,能够更好地激发教师思维与创新的积极性,在促进教师专业化发展的同时,不断地将教师的研究成果转化为学校的教育教学资源,形成教研动力,真正实现"以研促教、以研兴教"的目标。从校长与教师的发展关系来看,教师的专业化发展必然在某一程度上检验与促进校长专业化的发展水平。

四、校长的专业精神

校长的专业精神,其范畴是十分广泛的,概括起来主要有以下四个方面。

（一）奉献精神

校长作为学校的领军人物,全面主持优质学校建设的各项事务,工作内容庞杂。要完成好学校各方面的工作,就要付出更多的时间和精力。不具备奉献精神是做不到这一点的。因此,只有讲奉献的校长才可能积极主动地投入学校的管理、研究与反思之中,才会自觉追求专业化的发展,才能真正为学校教育的可持续发展服务,为广大师生成长服务。一旦校长存有急功近利的心态,就很难成就其专业精神。

（二）创新精神

当前的优质学校建设虽然已经形成一定的氛围与模式,但仍然处在实践、探索和论证的阶段,没有固定的模式可供套用。优质学校建设的特殊性也不允许我们照搬照抄某种管理模式,这就要求校长具备创新精神。一是要有创新的意识。一名专业化的校长应具备自我创新的意识与勇气,应具有鲜明的个性风采和良好的人格魅力;二是要有创新的理念。校长的管理观、教育观、学生观决定着学校的办学目标、育人方法和办学特色,校长只有具有现代化的办学思想和理念,才能创办好优质学校;三是要有创新的管理。只有对人、财、物等教育资源优化组合,才能在管理上取得事半功倍的效果。当然,校长既应处理好创新与遵守教育规律的关系,创新与继承的关系,同时还应充分调查研究,深思熟虑,多方论证,将创新的风险和成本降到最低。

（三）合作精神

现在的社会生产运行模式是既分工又合作的协作化模式,这一模式在校长的专业化发展与优质学校建设中同样具有重要的指导意义与借鉴价值。校长作为学校各项工作的主持者与组织者,要全权负责学校发展中的规划、实践和考核评价等诸多方面的工作。

但因事务繁多庞杂,校长也不可能事事亲历亲为,这就需要校长站在学校长远发展的高度,具有与同事密切合作的精神,对自己的工作任务与责任进行合理的分解,创建高效的工作流程与秩序,从而有效地提高工作的效率。

(四)学习精神

校长上岗前或上岗后都要参加各级教育主管部门组织的校长岗位培训。但对于一名优质学校校长来说,仅仅参加这些培训是远远不够的。因为教育时势、政策、法规、教学思想和理念等都时刻处于发展状态中,作为一位优质学校建设的引领者,没有不断学习钻研的精神,就容易犯"经验主义"的错误,就无法顺应时代潮流而改变学校发展现状,就无法实现优质学校建设的宏伟目标。从这个意义上来说,专业化的校长就是学习型的校长。不学习,专业化就缺乏新的思想源头与活水。

五、校长的反思意识

专业化校长的成长是以"学习—实践—反思—提升"为基本模式不断循环反复,从而持续向前发展的。校长的反思意识是联接实践与提升两个环节的重要桥梁。当今流行一句话:"聪明的校长会反思,愚蠢的校长才怪教师"。可见校长的反思意识有多重要。

我们认为,校长可以通过以下几个环节进行反思:首先,发现问题,记录问题。问题是反思的基础。优质学校建设中的校长要善于从平时的管理中发现存在的问题或即将发生的问题,并及时记录下来;其次,要思考问题产生的成因,找出主要矛盾与次要矛盾。接着,运用所学的各方面知识进行深层次的辩证思考,寻找解决问题的最好办法并付诸实践;最后,还要把问题的解决过程,包括问题的成因、问题的解决方法、效果等以管理案例的形式记录下来,作为案例资料,作为以后继续反思与提升的资源。

第二节　校长专业化培训的模式

在管理越来越专业化的时代,通过培训掌握专业知识,形成专业能力,是专业人员成长的重要途径。然而,目前我国多数学校校长都是教师出身,没有接受过系统的专业训练,所以,培训在校长的专业化持续发展中的作用是非常重要的。

一、培训的目标

从目前我国校长的培训形势与核心任务来看,校长培训目标的确立应当从三方面考虑:一是深入贯彻落实党的十七大精神和教育部"十一五"教育干部培训的要求,以不断提高中小学校长全面贯彻教育方针、全面实施素质教育和新课程的能力和水平为宗旨,以培训中小学校长科学使用和管理义务教育经费的知识技能为途径,以加强中小学校长的校园安全管理意识和能力培养为重点,培养一批符合实施素质教育需要的政策水平高、能力强、影响力大的中小学骨干校长,进而促进我国中小学校长专业化发展。二是要结合校本发展实际。既要高瞻远瞩,站在十年、二十年甚至更远的校长专业化发展的需求高度,又要实事求是,开拓创新,使校长培训始终站在理念与行动的前沿。三要随时注意世界教育动态变化发展。培训必须及时更新观念,促进校长培训的终身性、可持续性发展。

例如福建省 2007～2010 年中小学校长培训目标为:

1. 培训规模质量目标。覆盖全员、大规模、高质量培训干部的任务全面落实,教育干部的思想政治素质、科学文化素质、业务素质和统筹协调能力明显提高,依法办学、民主治校、科学管理的意识和能力进一步增强,推动教育改革和发展的本领整体提升,一批教育教学改革与发展卓有成效的骨干校长和名校长脱颖而出。

2. 培训制度健全目标。培训的领导和管理体制基本理顺,各层次干部培训工作体系基本形成。中小学校长持证上岗制度进一步完善,培训与任用的有机衔接进一步加强。实践考察、课程建设、质量监控、经费保障、评价奖惩等培训制度逐步完善,科学化、制度化和规范化的教育干部培训机制基本形成。

3. 培训均衡发展目标。各级培训机构的基础能力建设进一步加强,布局合理、分工协作、灵活多样、开放高效的教育干部培训格局基本建立,优质培训资源得到有效利用与配置,城乡教育干部队伍进一步均衡协调发展。

二、培训的内容与课程知识模块

校长专业化培训的内容从辩证发展的观点来看,是动态、变化、发展、增值的过程,即培训内容并不是一成不变的,是个变量。但无论怎么变化,都要以贯彻落实科学发展观为指导,结合校长专业化成长的实际需求,实事求是地设置,以一种相对稳定的知识体系和能力目标出现在校长面前。校长培训还应密切关注我国教育改革发展的动态,吃透教改精神,这样才能充分取得培训的最大实效。为切实提高校长专业素质服务,培训的课程知识模块除了进行《教育学》、《心理学》、《管理学》等培训之外,还要根据时代和信息技术发展的实际,加入计算机网络架构、网络教研等方面的知识和能力模块。而且模块的设置内容与层次也应因不同层次的培训(任职资格培训、提高培训、高级研修培训)而有所区别,体现递进性、逻辑性与系统性,力争取得最大的效益。

三、校长专业化培训的模式

校长培训的模式应当遵循校长培训的基本规律,并以实现培训目标、促进校长专业化成长为根本目的。我们可以将校长培训模式理解为一套围绕培训目标构建起来的、结构化的、培训者与被培训者共同参与,能充分体现自主性、能够及时开展研究交流并指向学校实际问题的、贯穿培训全程的培训组织形式。根据这样的理解,总结近年来的培训实践,我们认为,以研修共同体为基础的行动研究模式,对于进一步提高培训效能具有积极的意义。

研修共同体是由培训者和校长共同组成,以中小学教育教学管理中的现实问题为切入点,以学习、探究、实践为主要手段,以双方共同提高、共同成长并促进校长所在学校的发展为主要目的的学习型群体,具有任务型合作关系、共同的价值追求、生态化研修场景等特点。以研修共同体为基础的培训模式,打破了传统的培训者与被培训者的角色关系,符合现代教育的基本追求,也符合成人在职学习的特点,有助于拓宽校长培训的思路。其基本形式可以分为以下几种:

(一)以老带新,师徒结对

师徒结队的培训模式是目前比较流行、时尚的校长培训方式,既有针对性强、成效快的优点,也存在着阶段性、主观因素强的不足,即拜师学艺受到时间、空间的限制。前任校长在理论积淀与经验积累方面具有实践性强的独特优势。通过以老带新,可以让新任校长更直接、更快速地学习到学校的管理知识,并投入到日常的优质学校建设管理工作中。在以老带新的培训中,我们要注意以下几个问题。

前任校长的经验只是特定时期的产物,即有其时代的局限性,新任校长不能全盘接收,以免走"经验主义"与形而上学的"教条主义"路子。有的可以继承并发扬光大,有的则是需要改革和完善,还有的则完全可以摒弃。因此,在以老带新的校长培训中,新任校长要有"自我",要在自我状态中接受学习与培训,要注意辩证地审视各种经验的价值元素,如特色的管理思想、理念和策略等,抓住核心价值,在具体的实践运作中大胆地取舍,内化构建自我的管理知识体系。

在实际的培训中还要注意,一个师傅不宜带多个弟子。如今,有的名校长一下子带八九个徒弟,这样是否有精力进行一一指导,是否能让这些徒弟都得到提高,这是个值得怀疑的问题。师傅带徒弟一般以带二三个为宜,这样既可让师傅的精力有保障,又可让徒弟之间有个比较。其优越性在于:首先,针对不同校长的原有素质水平与学习状态,进行因材施教;其次,要精选学习内容,即不但要知道学什么内容,还要知道为什么学这些内容,这些内容在具体管理实践中应该如何发挥其效能等。每位前任校长的经验和优势是不同的,要辩证地审视其优势,对比不同经验中的优劣,才能做到辩证的学习;最后,还要联系自己学校的校情,尤其是联系学校出现的新问题来学。

此外,新任校长学习时要有针对性地思考,要针对自己学校的专业发展实际从师傅的管理经验中得到启发,迁移运用到自己的管理环境中。目前对教育资源的合理利用,对自身管理条件优劣势的互补、转化,都没有现成模式可供模仿,只有活学活用,才能真正达到学的目的。

(二)专业引领,提升素养

建设优质学校,首要是提升校长的专业素质。校长的专业化主要有管理专业、教育教学专业两个层面,这是由校长特有的角色所决定的。管理是校长专业化发展的首要任务,但无论是管理专业还是教育教学专业,它们的培训模式很多,如三层次的校长培训(在职校长培训、校长提高培训、校长研修培训)、各种校长团体的学术活动。无论哪类培训模式,都离不开理论学习与研究,更离不开实践运用与反思提升。其中的理论学习与研究又可以分为两个方面。

1. 全面性学习

全面性的学习能够更加全面系统地获取专业的知识,更客观辩证地运用于实践,但花费的时间较长,这适合于研究型的校长。

2. 针对性学习

即针对自己学校发展中存在的问题或困惑去查阅相关的文献,以寻求帮助,更好地促进校长的专业化发展。这样的学习方式花费时间较短,具有很强的实用性,适合正在发展中的校长。

当然,无论是全面性的学习或是有针对性的学习,都要注意理论与实践的结合,把所学的理论联系自己的校情,特别是发展中所遇到一些问题或困惑,寻求有力的帮助。对于取得的一些好的经验和做法从理论上进行概括提升,完成一个情境对另一个情境的迁移;让实践上升到理论的高度,转化为理论价值体系,发挥更大的理论指导效能。专业理论的学习、实践的运用与反思提升的过程,其实也是逐步提升校长的专业素质的过程。它们是相辅相成、互为依附的共同体。

(三)参观学习,基地孵化

参观学习、基地孵化意为出门拜师。现成的师资条件、实习环境是加速校长专业化成长的必要条件,是校长学习、思考、反思、提升的重要凭借。

首先要确定好孵化的基地。一般是选择学校背景、师资条件、办学条件与自己学校较为相似而发展较好的学校为基地。这样一方面有利于比较学习,对自己将来的实践也会有实质性的帮助;另一方面,选择比自己学校发展得更好的学校,这样才会有可学的东西。因此,我们认为,农村学校校长的孵化基地最好选在农村,城镇学校校长的孵化基地最好选择在城镇。

其次,要做好学习的定位。一要以学习者的身份进入角色,多看、多听、多问、多想。不但要从整体俯视局部,还要从局部甚至一个管理的细节反思整体的布局。如从学校管理的角度看,从学校的长、中、远发展规划看学年规划、学期规划。从一学年的规划看学校管理的运作模式、流程、策略、细则、方式、评估手段等。再从实施具体情况及成效反思整体规则的科学性、合理性。既可以发现可行的经验,及时总结归纳内化建构成自我的知识体系,又可以从中发现问题,及时总结反思,寻找成因及完善的办法。尤其是各种评价体系具有很强的时代性,它需要不断地改革、完善和发展,这样才能更好地适应与促进校长的专业化成长。二要带着学校发展过程中存在的问题或困惑进入角色,这样学起来才不会盲目,并且针对性强。校长在参观学习前一定要先对自己的专业范畴进行一番深入的反思,总结过去或当前出现的却未能有效解决的问题或可能出现的各种棘手问题,到基地有意识地针对这些问题进行学习和研究,寻找更好的解决策略与具体的办法。

最后,要做好总结与运用。总结可以分两种情况来进行:一方面是对学习到的好经验和好做法的总结。当然,这样的总结主要还是侧重于联系实践的理论提升,以便于今后在实践中更为广泛地应用。另一方面是对存在的问题,寻找成因与策略的总结。这样的总结主要侧重于联系理论的实践经验,因为无论是寻找成因还是对应策略都离不开理论的具体支持。如某个机制不完善,存在种种弊端,首先就要列举出机制的种种弊端,其次要寻找产生弊端的成因。客观的因素是不可改变的。主观的因素还要分可改变和不可改变两大类:对不可改变的因素,是必然中的偶然,要与客观因素同列为主要成因;对可改变的因素,因人为疏忽大意造成的,要列为次要因素,这样便于抓住主要矛盾,解决问题;最后,还要从解决问题的角度去寻找策略,改革甚至是更替不可改变的因素,改善可改变的因素,解决实际问题,也使机制得到完善。当然,总结与运用是相对而言的,它应该是一个反复磨合的过程。既有实践中的阶段总结,也有实践后的结果总结。

(四)突出专题,互动培训

针对当前校长培训专题散乱、不系统的问题,我们倡导目前的校长培训必须变为一种互动式专题培训。具体言之,应做到以下三个方面:

第一,培训的问题应来源于基层学校,专题应是基层学校管理问题的集束。在新课程改革的大潮中,随着新的教育理念、新的教学方式的冲击,参训校长往往产生了较多的困惑与问题,他们渴望得到专家教授那充满理性的专业引领,渴望揭开教育理论那神秘的面纱,渴望能让专业化的管理理念入心入脑。互动式专题培训应于培训前便深入基层调研其关注的瓶颈问题,或是以调查问卷的形式倾听来自一线的声音,这样使培训有的放矢、目标明确,必定能引起参训校长的极大兴趣。

第二,互动式专题培训要求专家教授蹲下身子,能主动倾听基层校长的呼声。因为平等是沟通的前提。在培训过程中,每讲授完一个章节或板块,专家教授可留出一定的时间回答参训校长提出的问题,问题可采用写小纸条的形式,也可以提出问题由参训校长回答。总之,要营造一个可以自由交流的平台,使培训真正成为专业引领的阵地。

第三,互动式专题培训强调关注参训校长的学习效果,倡导建立一种对参训效果的跟踪反馈机制。培训完后,专家教授公布个人电子邮箱、工作博客、联系电话,及时接受参训校长的求教。同时，专家也可来到参训校长的工作单位，实地调研参训校长的工作情况，给予及时的指导。作为专题培训的组织部门不再是学完即发结业证书，而是给参训校长布置分散实践的任务，鼓励他们立足本职岗位，要求其把培训时的体会、所学知识在课堂教学、校本研究中充分应用，在实践考核合格的情况下，颁发结业证书。

第三节　校长的专业成长与个人魅力打造

校长的专业成长中，校长个人魅力的打造可以彰显校长的专业化水平。从专业成长的角度讲，校长的个人魅力主要体现在人格魅力、学识能力、为人幽默这三个方面。其中人格魅力是根本，学识能力是关键，为人幽默是有效的补充。丰富的人格魅力、渊博的学识与能力、幽默风趣的谈吐往往使校长更加富有感召力和影响力。

一、校长专业成长的途径

校长专业化就是指校长职业从准专业阶段向专业阶段不断发展，逐渐符合专业标准，成为专门性职业并获得相应的专业地位的动态的过程。从校长个体的角度看，校长专业化是指校长个体专业持续发展、日臻完善的过程。而校长专业化成长的途径主要有以下四个方面：

（一）提升校长职业道德水准

校长应当是教师和学生的道德楷模。当前，要按照国家教育行政部门的规定，把"依法办学、以德立校"作为校长职业道德的基点，要在建立教育诚信体系的基础上制定校长信守承诺的行动准则，把校长信守承诺与对校长本人的考核、奖惩、晋升和工作实绩评价等挂钩，以校长的专业道德带动教师专业道德水平的提高。以此激发校长把学校的发展融入到自己的生命中，用心用情经营学校的管理，用激情和理性来决定学校的走向。这是校长是否具有人格魅力的核心因素。目前，一些校长缺乏个人魅力，就直接与他们道德水准低密切相关。

（二）提高校长专业文化素养

校长的专业文化素养表现为个人素养、培养教师团队合作精神和形成学校文化三个层面。校长的个人素养主要体现在专业信念、管理能力、人文底蕴和人格魅力等方面，这是校长能否建立学校"品牌"的基础。正所谓"一个好校长就是一所好学校"，校长个人的力量是有限的，但是其建立在高品质基础上的思想影响却是无限的。校长培养教师团队合作精神和建立有利于学生个性化发展的学校文化，是校长能否成为"创新型"领导的重要标志。我们要采取"走出去"和"请进来"的特殊政策和措施，大力倡导校长具有"品牌"意识的办学理念，形成独具特色的学校文化。

（三）实施科学系统的培训

校长接受科学系统的培训，是其较快实现专业化的重要条件。培训可以给校长的专业化成长带来发展思路、经验之谈、成功范例。但是，我们以往的校长培训体系是以政府为主导的传统行政模式，满足不了校长专业发展多样化要求，培训的实效性不高。因此，我们要实施科学系统的培训：一是改革培训体系。要充分利用各种校长培训的资源，使校长培训上新档次，做到培训机构网络化、培训课程多样化、培训模式个性化、培训途径国际化；二是改革培训内容。要关注我国教育改革发展的前沿问题，吃透教改新经验，了解学员实际和需求，及时跟进。三是改革培训方式。如采用典型经验的现场教学、案例分析、参与式研究、校长论坛等形式。四是加大培训机构的能力建设,核心是提高培训人员的专业素质,建设一支高素质的校长培训师资队伍,这是根本保证。

校长作为专业人员,要真正实现的专业化,很重要的一个条件就是必须经过较长时间的专业教育和训练。目前我国的教师教育体系已经比较成熟,但没有专门设置校长专业的大学,这就要求我们建立健全校长的培训体系,使每位校长在任职前就能够接受足够的专业训练,形成持续发展和自我发展的理念。一方面,上级主管部门要充分利用国内外的教育资源,开发校长培训的远程教育、网络教育课程等,为校长提供充分的教育和训练机会,让他们获取学校教育管理专业的单科证书。另一方面,实施学分制教学管理,把学习内容的选择权和学习时间的支配权交给校长,使他们不断地接受教育,吸收新的信息和专业知识,这样有利于解决校长培训工作中的"工学矛盾",调动校长学习的积极性和主动性,提高培训的实效性。

(四)参与校长专业化成长团队,定期举行学术活动

所谓的校长专业化成长团队是指通过一定的组织形式,由共同追求专业化意愿的校长所组成的团体。它具有一定的组织机构,主要由活动负责人、活动成员、活动经费、活动场所,活动时间、活动内容、活动规程等要素组成,并定期开展学术活动。如"校长论坛"、"校长峰会"、"校长沙龙"等,通过定期的学术交流,开拓校长视野、提升境界、实现学习资源共享、优劣互补、促进人脉"生长"、增强斗志等互利多赢的局面,大力拓展校长专业化成长的途径。但目前要杜绝借"参与"之名,行"旅游"之实的不良风气,让"活动"真正落到培训的实处,让珍贵的资源发挥最大的效益。

二、学校的教师团队建设

精心打造一支团结向上、和谐发展的教师团队是每位专业校长管理工作的核心。无论是学校管理的第一阶段(主要依靠校长的魅力与奉献精神),还是中间阶段(主要依靠一套科学合理的管理制度)或是第三个阶段(学校文化管理),都离不开高素质教师团队的建设。

(一)优质学校建设中高素质教师团队的特点

1. 团结协作

高素质的教师团队是教育形成合力的关键。一方面,团结才能凝聚力量,团结才能生发活力,学校拥有团结的教师团队,才能更好地克服当前学校教育所面临的种种困难;拥有团结的教师团队,学校才能在知识与人才激烈竞争的环境中更好地抓住机遇,泰然面对种种挑战;拥有团结的教师团队,学校才能更好地发挥教师团队的智慧与优势,促进我们的学校教育科学、有序、和谐、可持续地发展。

另一方面,随着科学技术的发展,人们从事的事业越来越多地由个人作坊模式走向团体性的分工协作模式,并成为这一时代生活生产的需求与显著特点。

教育的事业,从来就不是某一位教师个人的力量所能够成就的,尤其是在今天这个社会分工日益明显、学生的个性化越来越突出的时代,教师越来越作为团体出现在学校,出现在学生面前。这就对校长的管理提出了更高的要求。

2. 学习创新

学习与创新是优质学校建设中高素质教师团队的一个显著特征。社会的发展、知识的迅速更替,都要求校长或教师要树立终身学习的意识,具备终身学习的能力。正如创新是一个民族的灵魂,也应是学校发展的灵魂。创新是对当前教育存在问题的思考,是

努力寻找解决的办法并付诸于实践的过程。创新不是只求与众不同的标新立异、哗众取宠、吸引众人眼球的异化行为，而是实事求是、联系实际存在的问题，带着一种对教育负责的情怀去探索的过程。因此，创新往往要注意联系自我学校的实际和从问题出发这样两个原则，它具有很强的指向性。

3. 勇于奉献

奉献是学校团队的最基本的特点，尤其是在当前教师、工作任务繁重、社会地位不高的现实面前，只有讲奉献，才能更好地做好本职工作，才能为创建优质学校出力献策。因此，勇于奉献不仅要奉献智慧与青春，还要奉献时间与精力；不但要奉献工作时间，还要奉献课外时间。学校教育工作的特殊性，使得很多时候教师即使下了班也还是要做与工作有关的事，如学习教育书刊杂志、家访、处理应急事件等，这些都是需要学校团队成员的勇于奉献的。

(二)优质学校建设中高素质教师团队的建设策略

优质学校建设进程中，离不开一支高素质教师团队，更离不开一位致力于高素质教师团队建设的专业化校长。

建设高素质教师团队可以从以下五方面进行：

1. 校长人格素质引领教师队伍的职业道德发展

校长是学校的灵魂，是师生的榜样，也是师生最信赖的朋友。一位具有强烈敬业和奉献精神的专业校长，他的精神会感召他的团队勤奋工作；一位具有博爱胸怀的校长，他的教师一定会关心爱护学生，对学生的健康成长负责；一位遵纪守法、行为文明、严于律己的校长，他的教师一定会依法执教，注重言传身教，处处发挥模范带头作用；一位善于合作、尊重教师的校长，他的教师一定会尊重学生，乐于合作；一位勇于创新的校长，他的教师一定会积极投身于教育教学改革，积极实践新的教育思想，探索新的教育方法。总之，校长有什么样的人格就会带出有什么样人格的教师，校长只有努力塑造个人的高尚人格，才能带出一支具有高尚职业道德的教师队伍。可见，校长的人格魅力不仅可以感染教师，而且是教师的榜样。

2. 校长的教育思想引领教师的教育教学行为

今天，在校长引领教师的教育教学行为中，"引领"即"干预"。美国一些专家在校长专业化的研究中，提出校长在教学方面的主要职责是干预课程设置和管理、干预教学、干预评价学生的过程、干预特殊教育政策的实施等。校长对教学的干预行为直接影响教师的教学行为，校长对教学的干预行为受自身教育思想的左右，有什么样的教育思想，就会有什么样的教育管理行为。苏霍姆林斯基说过："学校领导首先是思想的领导，其次才是行政领导。"校长的教育观、质量观、人才观、教学观等，都会通过其干预和管理行为反映到教师身上。如国家推行的首轮新课程改革，因为没有经验借鉴，有的校长不仅带头学理论，积极参加省、市课改培训，更新观念，加深对课改深层次的理解，而且深入第一线，开展教研活动和课堂教学，与教师同备一节课、同上一节课、同诊一节课、同探一节课，形成互动、开放的研究氛围，这样的校长就能够强有力地引领教师的教育教学行为。

3. 校长的管理能力引领教师的专业成长

教师的专业水平主要是在教育教学实践中培养和发展的，教师的专业水平决定了学校的办学水平，决定着学校是否能够可持续发展。而校长的管理重心就是不断提高教师的专业水平，校长的管理能力直接影响到教师的专业发展。

引导教师在教学实践中进行反思，努力实践先进的教育理念；指导教师针对教学实际问题进行探索研究,以促进学生的最好发展,这是校长的基本职责,也是校长必须加以认真研究解决的问题。科技含量高、信息量大、艺术性强,是优质学校建设和管理的一个显著特点。校长没有一定的信息获取能力,他的决策就可能滞后于学校的发展,滞后于教师成长的需要;校长不具有一定的合作能力、人际沟通能力、组织能力,就不能较好地调动教师的学习、工作积极性,教师的潜能就不可能得到充分的发挥,学校的办学理念就不能得到较好落实,更不可能建立一个有效的学习型学校;校长不具备一定的反思研究能力,就没有发现问题的敏锐性及判断力,就不能很好地解决学校管理及教育教学中的一些问题,更不可能引导教师去反思、研究教育教学;校长不具备一定的创新能力,教师的个性就不能得到张扬,学校的办学特色就不能充分体现。如现实中许多校长忙于行政事务和社交活动,"烟酒味浓"而"书卷气淡",管理能力低,忽视对教师专业发展的引领,导致学校的教育教学质量长期在低水平上徘徊,无法促进教师的快速成长。

由此看来,校长的管理能力直接决定着教师的专业成长的水平。

4. 校长的专业素质引领教师的专业发展

教学是学校的中心工作,教学的重心在课堂、在教研。校长仅靠管理只能管住人而管不住心,甚至管住了心也无法促进教师的快速成长。唯有校长的专业引领,才能让教师理解教学、研究教学、爱上教学,才能让教师知道课如何上才能异彩纷呈,教研如何开展才能扎实有效。一名在专业上没有很深造诣的校长,是无法承担教师的"教学"这一重任的,一名不能指导教师教学、不能引领教师教研的校长,是无法让教师信服的,也就无法引领教师的专业化发展。

5. 校长的服务意识引领教师的教育服务精神

校长应该是教师的"教师",更应该是教师的"公仆",前者重在"引领",后者重在"服务"。校长作为"服务者",就是要增强服务意识,确立管理就是"服务",教育就是"服务"的理念,服务于学生,服务于教师,服务于学校,服务于家长,服务于社区,服务于社会。校长不仅要把自身定位成一个"服务者",还要把学校打造成面向社会的"优质教育服务的提供者"。

总而言之,校长对教师的专业引领不是靠行政权威去实现的,而要依靠校长的人格魅力、正确的办学思路、高超的管理艺术、真才实学和真知灼见来实现。校长只有敏于学习,勤于思考,不断研究新情况,解决新问题,才能深刻把握教育规律,顺应时代潮流,保持创新活力,更好地引领教师的发展。

三、校长人格魅力的打造

在优质学校建设的日常管理中,校长的人格魅力起着至关重要的作用。所谓人格魅力,就是指校长的性格、气质、思想、品德、学识、才能、情感等个人综合素质在长期的领导活动中形成和发展起来的独特的感染力、影响力、吸引力、号召力等的总和。孟子曰:"以德治人,心悦诚服也。"因此,校长必须具有令人信服的思想道德修养。

(一)公道正派,靠无私无畏的品质感染人

公道正派是一个人为人处世的基本道德准则,更是一名优质学校建设中专业校长必备的政治道德。从政治的角度讲,校长必须具有明确、坚定的政治方向、政治立场和政治观点,做教育事业的忠实履行者和人民利益的坚决捍卫者。一方面,校长作为一名特殊的学校成员,在日常生活和人际交往中,要能讲原则、讲正气,做到对上级领导不卑不亢,敢于直陈己见;对下级教职员工不盛气凌人,乐于礼贤下士;对己不文过饰非,遮掩缺点;

对歪风邪气不能视而不见，要自觉抵制。另一方面，作为学校管理的决策者，在行使校长职权的过程中，要做到客观公正、实事求是，做到掌权不专权，纳谏不附和；既要让下属在职责范围内独立大胆地开展工作，又要加强对他们的监督，对有失公正的行为，要严肃批评，及时纠正，做到放手不放纵，宽容不纵容。特别是在分配工作、考核评优、晋级升职等教师关注的敏感问题上，要一视同仁，不厚此薄彼，力争以同样的标准来衡量每位教师"德、能、勤、绩"等方面的情况。

（二）以身作则，凭扎实过硬的作风征服人

"勤以修身，俭以养德，非淡泊无以明志，非宁静无以致远。"以身作则是一种无形的力量，是树立自己威信的前提，是增强自身凝聚力、感召力的基础。校长的率先垂范、踏实工作能够给全校师生带来长久的感召力。校长作为"一把手"，不仅要统揽全局，出谋划策，而且还要带头执行集体的决议、决定，"先天下之忧而忧，后天下之乐而乐"，凡事要求教师做到的，自己首先要做到，凡是禁止教师做的，自己首先不做，以自己的实实在在的行动给教师树立榜样。同时，对困难问题的解决和复杂局面的驾驭，校长也要主动介入，既挂帅又出征，决不可坐而论道，妄断是非。下属职责范围内的工作出现了问题，要大胆承担责任，诿功揽过，并帮助他们查找原因，总结教训，使他们在内心上有一种安全感和归宿感。同时，校长要保持平静的心态，以谋私为耻、利己为羞；不为繁华困扰，不让名利缠身，不因贪逸丧志；挡得住诱惑，管得住小节，耐得住寂寞。

（三）心胸坦荡，以海纳百川的气度厚待人

襟怀开阔，虚怀若谷，宽厚待人，是优质学校建设中专业校长必备的素养，是校长学识、修养、风度的内在体现，是学校领导班子成员能否形成心情舒畅、互谅互让、同舟共济工作局面的重要基础。校长的包容、宽让之心确是凝聚学校向心力和上进心的保障。当然，校长的宽容决不是软弱和无原则迁就，它是以柔克刚的坚韧，体现人际关系的温馨。

（四）善达人意，用坦诚亲切的情感亲和人

管理以人为本的实质就是情感管理。当教职员工在生活和工作中遇到难题时，校长应认真体察和照顾，特别是对一些年轻的新教师，更应多一点事业上的鼓励，多一点生活上的呵护；要用真诚的语言打动人。校长与教职员工的交流，要多用推心置腹的语言，平等式交流的语气，哪怕是批评也要注意分寸，点到为止；要用宽阔的胸襟理解人。校长要能够善解人意，在教职员工有不当之处时，要善于帮助其总结教训，不能盲目地看死和歧视人，在工作中，只要教师尽力了，即使没完成任务，也不能动辄训斥，而应从多方面查找原因。只有这样，在理解和信任的基础上，才能架设起一座相互理解的桥梁，真正促进学校的团结发展。

（五）诚实守信，乐于做学生的知心朋友

校长应该秉承着一颗爱学生的心，勇于蹲下身子倾听学生的呼声，经常性地与学生进行交流，成为学生最亲密的知心朋友。很多时候，校长的影响力会因此得到很大的提升，得到学生、家长乃至社会各界的好评。据新华社电，2006年12月7日，美国新泽西州发生了一件有趣的事情：一位40岁的小学校长因与学生打赌输了，爬上校舍屋顶，度过了一个寒冷的夜晚。这位校长与学生约定，如果他们能在在几个月内读完1万本书，他可以以任由学生处置，并以此作为对学生的奖励。结果学生们提前完成了读书任务，校长也欣然兑现了自己的承诺——应学生要求，他带着帐篷、睡袋以及冬用装备爬上了校舍屋顶，直到次日上午才下来。根据美国国家气象局报告，该夜当地气温降到摄氏零度

以下。当夜,有学生和家长为他送去热巧克力和甜点,一些路人还友好地问候他。这位校长的举动在一些人看来是荒唐透顶的,然而这位校长为了鼓励学生阅读,采用了非常规的做法,唤起了学生读书的乐趣,以自己的诚实守信赢得了学生的尊重。这种举动令人敬佩,给广大校长以很深的启示。

实践证明,只有心中装着教师的校长,才是一位具有高尚人格魅力的校长,才能使教师内心信服而自愿接受影响,才能树立起稳固的权威,从而有效地管理好学校。

四、开发自己的人脉资源

从人类社会的发展历史来看,我们不难得出这样的结论:人际关系也是生产力,人脉是事业成功的桥梁。校长在优质学校建设的进程中,也离不开人脉资源的支持。

那么,优质学校校长应如何开发自己的人脉资源,形成良好的"人脉关系"呢?首先,要巩固好已有的人脉关系,认识到社会工作只是分工不同,没有贵贱之别。不轻易得罪一个人,因为世上的人脉关系更多是隐性的,而且错综复杂。每个"人脉点"都可能影响到自己事业的成功。其次,要努力开发核心人脉,增长"核心人脉生长圈"。要善于从共同目的或利益出发,取得关键性的帮助,达成共识。最后,还要具有前瞻性,慧眼识英雄,能从"非核心人脉"中取得辅助性的帮助,并最终为校长专业化成长及优质学校建设大局服务。

但是,在形成良好的"人脉关系"时,校长也要注意自身的职业性质、符合自身的职业性质。古人云,近朱者赤,近墨者黑。社会上的人形形色色、鱼龙混杂,相处其间,不免受其影响。如果校长与投机钻营的人为伴,就不会踏实工作;如果校长与行为不良的人厮混,就做不到锐意进取;如果校长与唯利是图的人合伙,就会沦为见利忘义之辈。所以,有什么样的人脉,就预示着什么样的未来。如果校长周围都是一些名师、名校长等栋梁之辈,校长就会由平庸走向伟大。

第九章

优质学校校长引领学校教育科研的策略

当前,科研兴校、科研强校的观念已经深入人心,诸多的教育专家学者普遍认同"校长的专业化发展离不开教育科研工作的支持,优质学校建设更是离不开教育科研"这一前瞻性观点。因此,教育科研成为校长实现专业化发展的基础,成为优质学校建设不可逾越的路径。

第一节　教育科研是优质学校建设的第一生产力

新课程改革的核心环节是课程实施,课程实施的关键是教学改革,而教学改革必须以教育科研作指导。优质学校的优质之处,一定程度上表现为教育科研水平高,能与时俱进地运用改革、创新的思想来解决学校教育教学乃至管理中出现的新问题、新情况。教育科研是校长和教师专业化成长的阶梯,是学生获得高质量教育服务的保证,是专业化校长成长的重要途径,也是优质学校建设的必然要求。因此,教育科研是优质学校建设的第一生产力。

教育家陶行知说:"校长是一个学校的灵魂。要想评论一所学校,先要评论它的校长。"一位优秀的校长就是一所学校的旗帜。一位好校长,能带领一批好教师,就能办出一所好学校。没有高水平的校长,很难带出高水平的师资队伍。

一、当前中小学校长教育科研现状及归因分析

校长要真正成为"教师之师"和"学生之师",必须勤于教育科研,善于教育科研,终身教育科研。然而,除少数优秀校长外,多数校长不重视研究,不少人忙于行政事务和社交活动,"烟酒味浓、书卷气淡",教育理念滞后,管理能力低下,教育科研成为面子工程,现状令人堪忧。究其原因,既有内因,也有外因。

(一)内在因素

(1)科研动力不足。一些中小学校长尽管意识到教育科研的重要性,但还没有强烈的科研动机,往往是因为外在的压力,如组织、领导要求才去搞科研。有的校长甚至认为科研的好坏不影响校长职务的聘任与晋升。这种"要我研"而不是"我要研"的研究动机很难取得有效的研究效果。

(2)反思意识不强。立足学校实践进行工作反思是一条有效的研究途径。而有些校长整日忙于应付事务,不总结、不反思,日复一日、年复一年地凭老经验管理学校,他们的治校思想和理念古板,办学思路刻板,对身边值得学习、借鉴的经验熟视无睹,他们不能根据外界环境和学校实际的变化来分析新情况,解决新问题,很难提出学校发展的新思路。

（3）科研基础薄弱。大多数校长只是在师范院校学习期间或在校长培训班里学过一些学校教育与管理方面的理论书籍，在工作实践中很少有时间再阅读其他书籍，很少系统阅读重要的经典教育著作。对于文学、历史、哲学等人文社会科学知识知之更少，从而导致很多校长教育素养和人文素养缺失。

（二）外在因素

（1）缺乏参与教育科研的浓厚氛围。氛围是客观环境的气氛和情调，它对人的心理、意识、情绪、行为会产生重要的影响作用。当前一些地区和学校没有形成浓厚的科研氛围，这些外部动力也直接影响着校长个人参与科研的主动性。

（2）缺乏激励校长引领教育科研的机制。教育行政部门没有出台激励校长参与科研的制度，以及针对校长参与科研情况进行考核的措施。校长的选拔、聘任、晋级、奖惩等与科研工作的成效没有必然联系，没有建立"研而优则仕"的机制。

（3）缺少必要的科研条件。研究需要有一定的物质条件、设施和经费投入。一些学校尤其是农村学校，既没有图书馆也没有阅览室，普遍不重视教育报刊杂志的订阅，有的学校连《中国教育报》《人民教育》等反映教育政策信息的报纸、杂志都没有，至于人文社科类、自然科学类图书则更是空白。

当然，影响中小学校长教育科研的因素很多，还有观念问题、方式问题、能力问题、态度问题、意志问题等。

二、从做学问到搞教育科研——校长和教师专业化成长的阶梯

优质学校不是教师单纯教书的地方，也不是校长引领教师制作"标准件"的地方，而是校长、教师和学生生命成长的地方。校长和教师必须在教学与管理实践中积极开展教育科研工作，实现个人的专业化成长，进而提升学校的整体实力。

（一）学校的办学宗旨决定了学校是做学问的地方

陶行知先生有一句至理名言："千学万学学做真人，千教万教教人求真。"求真，即不投机取巧、不弄虚作假、不阳奉阴违、不违纪舞弊。这不仅是做人、做真人的准则，更是做真学问、求真知识的根本。正如山东省教育厅张志勇副厅长所言："一些薄弱学校之所以落后，很大程度上是因为有的校长'人文气'越来越差，不重视学术，就办不好学校。"因此，优质化学校建设中，让学校成为做学问的地方是专业化校长义不容辞的责任。

1. 优质学校建设的进程中，校长应成为做学问的带头人

优质学校必须是一个做学问的地方，校长应该有做学问的精神和能力，要对学问充满敬畏，使学校形成做学问的风气。优质学校建设中，校长要善于学习，除了学习业务知识、教育理论外，还要善于学习党的大政方针，善于在大的政策背景下思考学校的发展，让自己成为做学问的带头人。

2. 营造做学问的氛围是校长引领教师参与教育科研的前提

专业化的校长应营造适宜做学问的氛围，不仅要开放学校图书馆、体育馆、艺术馆、计算机房、实验室、电子阅览室等各种教学辅助场所、设施，更应把教育科研放在学校管理的重要位置上，通过学校工作简报、校园广播、办公会议、教师科研素质评定、教学研讨会、现场诊断问题、邀请专家到校指导、举办个人科研讲座等多种形式营造做学问的氛围，促进教师真正在做学问的状态中反思并改进自我，让教师的教学行为、班主任的管理行为、校长的教育行为与管理行为更加富有理性的智慧，更加符合教育的规律，更加符合教师专业化成长、校长专业化成长的规律。

3. 建立相关的制度保障,让做学问的传统发扬光大

优质学校校长应当以"学做学问"为指向,健全、规范学校管理制度,为教育科研工作的推进提供制度保证。例如在考核制度中,按照岗位责任制要求,对教师的科研成果予以奖励;在教学研讨制度中,定期召开科研阶段性总结会、专题研讨会、经验交流会,探讨有效的科研方法;在评价制度中,定期实行自我评价与他人评价相结合、内部评价与外部评价相结合,进行教育科研过程性评价。

(二)教育科研是校长专业理念更新的催化剂

教育科研作为优质化学校建设的第一生产力,是校长专业理念更新的催化剂。优质学校校长的成长就是一个在不断的学习、实践、反思中体验、感悟的过程,只要不断地学习、探究、实践、反思、总结,校长的专业化成长就会水到渠成。

首先,专业理念指校长专业化所需的现代教育与管理理念。一方面,校长的专业理念是以一种思维的形式对应于教育实践这一客观存在的,又是以对应的教育实践为存在前提的;另一方面,校长的专业理念是其对教育实践这一客观世界的反映,同时又是能动的,并在一定条件下反过来对教育实践的发展进程发挥着重大的指导作用。因此,校长应该躬身科研实践或用具有科研品质的思维来审视教育实践,才能更好地指导教育科研。

其次,教育科研能够促进校长加强理论学习,并运用理论设计和指导自己的办学行为,正确分析和认识各种各样的教学现象,解决教学中遇到的具体问题,缩短理论与实践之间的差距,跨越观念与行为之间的鸿沟,使教育科研理论更好地服务于教学实践。

最后,教育科研是一个酝酿、发现、创新的过程。教育科研有助于提升校长的教学管理经验,促进校长带着问题意识找到教育科研的触点,使校长逐渐地具备教育家的专业眼光,具备研究者的素质和能力,找到真正需要解决的问题,并创造性地解决教学实际问题。

三、教育科研是学生获得高质量教育服务的保证

优质学校是为学生提供优质教育资源、优质教育服务的地方。开展教育科研活动可以更好地解决制约优质教育资源开发的瓶颈问题,以及学校服务中的实际问题,进而提升办学水平,提高服务质量,真正承担起时代赋予优质学校的历史重任,真正实现学生全面和谐的发展。

教育科研是一项十分繁重、复杂而又有创造性的工作,它具有导向性、超前性、规律性、高效性等特点。教育科研工作是提高教育教学质量的重要保证,是学校提高学生综合素质、培养创新型人才的重要途径。近年来,诸多优质学校选择的科研课题大多数是从学生习惯养成教育、智商与情商开发、创新能力培养、道德素养重塑等方面选题,在积极促进学生智育发展的同时,探索学生全面、和谐发展的相关科学与规律。这些方面的成功经验表明,坚持以教育科研为导向,才能提升办学水平、提高教育服务的质量。

进入 21 世纪以后,时代与社会呼唤更多的创新人才的出现。从心理学的角度看,每个人都具有创新的潜能,创新潜能不是少数人或者少数尖子学生才具有的,教育的任务就是开发蕴藏在学生身上潜在的创新能力。如今,随着教育科研的普遍实施,创新精神和实践能力的培养已经面向了全体学生,尤其是在课堂教学的研究中,尊重学生主体地位、倡导学生多元互动、激发学生创新火花已成为广大教师的共识。从某种程度上说,这些都应归功于优质学校教育科研的深入扎实开展。

教师进行教育科研活动是教师对自身教育行为的有效性、合理性的探究,并不断加以改进的过程。因为通过反思必然会产生问题,而解决教育教学实践中所产生的困惑与矛盾,正是进行教育科研的目的。

四、教育科研是专业化校长的天职

实践证明,校长对教育科研的重视程度决定了全校教师参与科研工作的积极性。校长只有直接参与科研课题的组织、研究,才会拥有指导教育科研的发言权,也才能够促使教育科研更好地为学校教育教学服务。教育科研是优质学校校长专业化能力提升的有效手段,是校长走向专业化的一种学习过程。因此,教育科研是专业化校长的天职。

当前,不少校长对教育科研意义的认识还存有急功近利的片面认识,导致了一些学校课题"满天飞"的现象,甚至还有的学校推出了每个教师都要有课题的举措,无形中造成课题"大跃进"活动。在一些学校,有的校长把所谓的"课题实验"作为换取功利的"敲门砖",而不是真正耐心地去实践对于自身学校发展有利的实验项目,好高骛远,追名逐利,这完全是一种缺乏科学意识的表现。一些优质学校的先进经验表明:校长应该视教育科研为自己的天职所在,积极创造条件,立足教育科研,提高教师发展内涵,给教师的研究活动提供方向和引领,同时注重发挥领导者在教育科研活动中的示范榜样作用。只有这样,才能够有效推动优质学校建设的进程。

(一)提升中小学校长教育科研能力的现实意义

1. 教育科研是学校发展的不竭动力

教育科研是人们探索和认识教育本质和规律的重要途径。例如,我们要认识儿童、青少年的生长发育及心理发展的规律,就要研究儿童、青少年学生;要认识社会对教育的影响和作用,就要研究教育与社会的作用,教育与社会的关系;要探索新的教学思想、教学体系和教学方法,就要研究教学、进行实验;要借鉴吸收古今中外的先进教学思想和教育经验,就要广泛收集资料,进行比较研究……总之,人们对教育本质和规律认识的每一个进步,教育活动中的每一项改进,都要通过教育科研使感性经验上升到理论认识,反过来又指导教育实践,正是遵循"实践——认识——再实践——再认识"的规律,教育理论和实践才能得到发展,教育科研也才能够通过探索教育的本质和规律来指导教育实践,也正因如此,教育科研才给学校带来了不断发展的持久原动力。

2. 教育科研是校长的重要职责

苏霍姆林斯基曾说过:"校长对学校的领导,首先是教育思想的领导、业务上的指导,其次才是行政管理。"原国家教委制定的《全国中小学校长任职条件和岗位要求》第一条也规定,校长要全面贯彻执行党和国家的教育方针。而能否全面有效地贯彻执行党和国家的教育方针,与校长所具有的办学理念、治校方针和科研素养密切相关。校长要把自己的办学理念和治校方针贯穿于学校的日常管理活动中去,把自己的办学理念传递给全体教职员工,形成共同的办学主张,把自己的治校方针转化为全体师生的自觉行动。为此,校长要积极投身于教育科研,把自身工作和教育科研结合起来,不断提高自己的教育理论水平和业务素养,增强自己的人格影响力,同时努力将学校的行政管理与教育科研相结合,从行政管理上规范教育科研,为教育科研提供保障,及时推广教育科研的成果,把教育科研成果转化为新的教育常规,使教育科研成为渗透校长办学理念、统一全体教师认识的桥梁。

3. 教育科研是校长提高决策水平的内在需要

中小学校长要成为有远见的管理者,有赖于自身教育素养的提高。而教育理论素养的提高,一方面是通过学习的途径,另一方面还必须通过教育科研活动把教育理论与教育实践结合起来,提高运用教育理论分析研究实际问题的能力。如果校长能够在坚持学校教育教学管理的同时从事教育科学研究,把自身工作和科学研究结合起来,就一定会更加自觉地钻研教育科学理论,提高科研素质(即科研意识、科研能力和科研管理水平),只有这样才能有高层次的教育理论指导自己的教育实践,不断提高决策能力和教育教学管理水平,带动学校整体办学水平的提高。另外,校长积极参与教育科研,还是使自己成为科研型校长的必由之路。

如今,躬身教育科研实践已经成为优质学校校长专业化发展行之有效的策略。作为有专业追求的校长,要有自主发展的主动意识,要具有敏锐的问题意识及研究激情,积极搞好教育科研,身体力行开展教育科研,积极参与"观课议课"活动,使自己真正成为一个有思想的"领头雁",并把对于优质学校科研活动的微观思考写下来,使自己成为与教师交流中"平等的首席"。

案 例 ● ● ● ● ● ● ● ● ● ● ● ● ● ● ●

科研型校长——卞松泉

上海市打虎山路第一小学校长卞松泉,是特级教师,全国优秀教育工作者,上海市十佳青年校长,国家级骨干教师培训讲座教授,中国教育学会小学管理委员会会员,全国创造学会会员,中国希望工程义务讲学团特邀讲师,上海市素质教育专业委员会理事,被华东师范大学聘为全国中小学骨干教师国家级培训讲座教授。

卞松泉校长高度重视教育科研工作,工作中倡导教师"展开个性的翅膀"。他紧紧抓住提升教师素质的主线,积极推进旨在提高教师整体素质的"五个二工程",引导教师多读书、多反思、多获奖、运用现代教育技术与手段、进修学历;他提出把打一小学建设成为"教师专业发展学校",为教师专业发展鼓与呼、创造条件、出台措施、搭设舞台。他强调,一切管理的最终目的就是为了学生的素质教育。该校形成了素质教育的"三系列",即"摇篮"校园文化系列、主题活动周系列和学校自主开发课程系列。通过一系列措施,引导老师向更高层次发展。由于有了良好的师资基础,学生素质教育全面展开,学校不仅成为市、区素质教育实验校,也被教育部教育发展中心确定为全国示范校。

卞校长是上海市最早把大学教授请到小学里来开展合作研究的校长之一,他一直坚持在实践中研究问题,被誉为"科研型"的校长。多年的积淀,使他取得了丰硕的研究成果:主编专著《学会关心学生研究》(上海教育科技出版社),主编专著《和儿童结伴成长》(上海三联书店),第二主编《儿童古诗吟唱吟诵》(华东理工大学出版社),在《现代教育管理》、《中小学管理》、《上海师范大学学报》、《教育参考》、《文汇报》、《上海教育》等全国发行的报刊上发表论文数十篇,承担教育部、上海市、杨浦区多个教育科研课题,多次获得上海市、杨浦区教育科研成果奖。他参与研究的课题《教师的情态管理》被纳入上海市教育"绿叶计划"资助课题。他指导的三位青年校级干部都是本区中心小学的领导,通过几年的指导,这些青年校长(书记)在工作中都取得了一定的成绩。另外,经上级领导安排,他还带教了黑龙江、甘肃、无锡等地的校长,这些校长回去后也发挥了作用,得到了重用,其中无锡校长顾万春还被评为江苏省特级教师。

【简评】

由此案例可以看出:搞好教育科研是优质学校校长的天职,是优质学校富有发展活力的源头活水。作为一名有远见的校长,卞松泉校长在处理好各种事务之余,积极参与教育科研,使学校得到了优质发展,让教师的专业化成长成为现实。这一切,归功于卞校长对于教育科研的情有独钟,也正是教育科研成就了他的专业化成长和学校的优质化建设。因此,对于每位校长而言,我们只有真正把"教育改革和发展必须依靠教育科研,教育科研必须为教育改革与发展服务"的观念落实到各项教育工作中去,努力克服"领导不力,支持不足,依靠不够"的问题,方能使优质学校的发展充满活力。

五、教育科研是优质学校建设的必然要求

优质学校建设的过程,就是学校通过教育科研,不断扩大知名度、美誉度和可信度,增强社会影响力的过程。只有坚定地依靠教育科研,学校品牌才能站得住、立得稳、响得远。

(一)教育科研可以化解制约优质学校建设的诸多问题

在优质学校建设的进程中,校长不可避免地会遇到诸多棘手的问题,例如教师的专业成长、学生的良好行为习惯的培养、学校文化的重建、课程资源的开发等问题。解决这些问题单凭物质资源的投入是远远不够的,需要通过教育科研的方式对于相关问题产生的背景、深层次原因进行挖掘和解剖麻雀般的分析。教育科研的出发点是改进学校的具体实践,解决学校中出现的各种具体问题,前瞻性地为进一步提高学校办学水平和教育教学质量献计献策。我们的教育科研并不是解决宏观层次上的一般的重大理论问题,而是从学校现状出发,用科研思想、方法,研究解决工作中的实际问题。所以,优质学校校长要加强对教师参与教育科研的管理工作,使教育科研真正发挥组织、研究、培养、评价、服务等功能,为解决学校发展中的难题提供智力支持。

(二)教育科研是优质学校建设中提升教育教学质量的需要

教育教学质量是优质学校发展的生命线。学校教学质量的提升要依赖于校长对学校教育科研工作的引领,要依赖于对教学质量的全程监控,这就需要通过教育科研来分析学校质量提升中的问题。如今的教育对象的教育难度越来越大,单凭一股干劲往往不一定奏效,而对于教学艺术的呼唤日趋强烈。并且,教学与科研是不可割裂的,只有加强教学和科研工作的融合,才能化整为零,提高学校质量管理的实效性和课堂教学的效益最大化。走可持续发展的道路、靠教育科研提升教育教学质量已逐渐成为我国中小学教育发展的大趋势,因此说,教育科研是优质学校建设中提升教育教学质量的需要,是学校品牌的最大"看点",更是学校展示和提升自己形象的最佳平台。

(三)教育科研是优质学校建设中教师专业化成长的阶梯

优质学校建设中,建设一支专业化的教师队伍是一项特别重要的任务。无数的事实证明,只有在教育科研的支撑协助下,教师的成长才能在理性状态下实现教师素质的质的提升。一个教师如果长期不对其工作进行研究反思,久而久之就可能对教育工作产生疲惫心理。而一旦参加到教育科研中来,接触的知识多了,思考的问题广了,就会逐渐感到每天上课都有新东西,常教常新,必然会受到学生的欢迎,师生之间的感情也会与日俱增,而教师也能够在教育科研实践工作中有效提升个人的专业素养。因此,教育科研是优质学校建设中教师专业化成长的阶梯。

作为一名教师,由经验型、单一型、勤奋型转变成学者型、复合型、科研型名师,必须走教育科研之路。作为优质学校校长,应当帮助教师构建教育研究的思路,让教师的工作蕴涵研究,在研究中促进教师专业素质的提升,且密切关注教师在实施课题研究中遇

到的各种困难和问题，并适时给予帮助与指导，为教师的教育科研工作提供必要的专业支持，使学校的教育教学逐步向最优化方向发展，让学校教育科研课题的管理体系日趋完善，实现常态化运行，最终实现教师的专业化成长。

教育科研是学校发展的第一推动力

巴东一中是一所在困境中奋起的山区农村重点中学。在上个世纪90年代，学校基础设施差，教育教学质量低，教育科研起步晚，学校发展艰难。自1996年以来，学校新的领导者们认识到学校发展靠教师，教师发展靠教育科研。学校在第一个五年(1996~2000年)发展规划中提出"科研兴校"战略，经过五年努力，学校成为恩施州"教育科研先进单位"。在实施第二个五年(2001~2005年)发展规划期间，该校进一步加强教育科研的机构建设和组织领导，完善教育科研机制，强化教育科研措施，营造教育科研氛围，追求教育科研实效。2000年，学校被确定为"湖北省教育科研基地学校"后，学校坚持通过教育科研来解决教育教学中的实际问题，提高课堂效益，提高教师素质，进而带动学校教育教学质量大幅度提升。

近年来，始终把"教研兴校"、"科研强校"作为学校发展的原动力，积极探索集体培训与个别指导相结合的教师培养模式，下大力气促使教师由应试教育机制下的"教"向素质教育机制下的"导"的角度转变，帮助教师成长成名。学校制定了青年教师《培养方案》，通过"老带新"，推动新老教师互相学习，共同提高，加快青年教师成长。同时，还通过"走出去"的方式帮助教师开阔视野，吸收新知。近几年来，教师中先后有200多人次到省内外参加理论学习和业务培训，教师的理论素养和技能水平不断得到提高。学校把教师发展、学生发展、学校发展的关键环节放在"发展教师"上。2000年以来，学校培养了一大批各级各类"名师"，包括特级教师，省、州、县、校四级骨干教师和学科带头人在内的各类名师60多人。在名师的带领下，学校教育教学事业得到快速、健康发展。近五年来，学校有30多节示范课、公开课及优质说课在州级和省级获奖，省级以上刊物发表论文254篇，州级以上获奖论文187篇，教育教学研究硕果累累。教育科研的开展，大大提高了教师的教学水平和理论水平。

【简评】

实践证明，教育科研是培养教师的最好平台，也是促进学生成长和学校发展的最好机制。学校只要把教育科研和教育教学紧密结合，把教育科研和教改课改紧密结合，把教育科研和教师队伍建设紧密结合，就必然会促进教师教育教学水平的不断提高。该校这些成绩的取得，正是该校依靠教育科研工作，本着"以人为本"、"以学生和教师发展为本"的指导思想，在探索中创新，在创新中发展的结果。通过教育科研，该校的社会地位明显提升，教师职业生命的质量得到很大的提高，形成了推动学校可持续发展的强劲势头。

第二节 校长实施科研兴校的有效路径

优质学校教育的发展离不开教育科研，众多的名校正是由于插上了教育科研的翅膀，才能成为教育的天空中一颗颗璀璨的新星。本节中，我们将从优质学校教育科研团队的职责定位、校长引领教育科研的内驱力与凝聚力、校长如何实现课题研究的管理与指导、校长如何引领校本研究、校长引领教育科研的其他形式这五个方面,深入探讨优质化学校建设中校长实施科研兴校的有效路径。

一、优质学校教育科研团队的职责定位

众所周知,优质学校的科研团队是实现校长科研追求的核心力量,是连接校长与教师的纽带,是落实科研兴校的中坚力量。校长如何打造自己的科研组织机构,培植学校教育科研工作团队的领头人,帮助教育科研团队制定科学的职责定位,是优质学校建设中的重要课题。

(一)问题论

当前制约科研兴校的因素中,在很大程度上是校长引领水平低,学校教研机构人员的职责定位失当,履职出现问题,工作流程不科学和学校的粗放式管理。

首先,一些学校教育科研课题研究发展迅猛,但是虎头蛇尾的现象比较明显。校长在确立课题时如"韩信点兵多多益善",研究团队在开题时个个摩拳擦掌、热情高涨,但是研究的过程却如走马观花、蜻蜓点水,最后的课题总结阶段也草草了事,以至于研究成果无法形成,很多资料实则是网络下载的东西,既白白浪费了科研经费和团队成员的精力,又造成了广大教师对学校教育科研工作认识上的误区。

其次,有些教育科研团队的负责人对工作缺乏计划性,使教育科研活动丧失理性的指引,脱离了其固有的规律。目前,课题组长人浮于事,课堂教学听评课走形式、走过场现象比较严重,课题研究疲于应付上级部门检查,使之流于形式。再加上有的校长欠缺必要的督促和指导,从而导致了教育科研活动无常态及无序性。

再次,教育科研团队成员未能通力合作,科研团队对工作分工不明确,大家各自为战、一盘散沙。甚至于有的成员闭门造车,从故纸堆里找学问,一些课题的研究完全是步他人之后尘,更无独创思想可言。

最后,当前的教育科研团队还没有打造成一个信息交流中心,信息的更新机制没有建立起来,达不到资源共享的优质状态。

(二)定位论

针对上述的问题,我们认为,在优质学校建设的背景下,学校教育科研团队应在校长的领导下,围绕"组织、指导、研究、评价"等几方面正确定位自己的职责。

一是定位好教育科研团队的任务。学校教育科研团队应在把握优质学校建设内涵的基础上,围绕学校的发展规划和办学理念,对学校改革和发展中一些带有普遍性、实践性的问题进行研究和探索,运用科学方法探索教育规律、指导教育实践、推动课堂改革、促进教师专业化发展、开发优质教学资源、提高各类教育活动的质量和效益。第一,基于学生实际需求,营造优良的育人环境,利用教育科研来解决诸如学生道德品质、心理品质、行为习惯养成以及育人模式创新等方面的问题,为学生成长奠基;第二,基于教师的专业化发展,充分挖掘潜在资源,充分调动教师的积极性,开展扎实有效的校本研究,引导教师走内涵式专业发展之路,打造教师的核心竞争力;第三,基于优质学校建设,立足于学校的可持续性发展,树立品牌意识、精品意识,在办学理念开掘、办学品位提升、教学质量提升上下功夫,以课题研究为抓手,着力提升办学品位,彰显办学特色。

二是定位好团队的成员。教育科研团队的建立是一所学校教育发展成熟程度的重要标志。因此,优质学校校长要广泛听取教师意见,挑选富有教育科研能力和组织管理

能力的优秀骨干教师、教育管理干部具体负责学校教育科研工作,从而推进优质化学校教育科研的发展与创新,增强教育科研机构的发展活力。

三是定位好校长对教育科研团队的管理职能,强化教育科研课题的管理与跟踪服务。校长至少应该参与一项课题研究,真正"跳下水去学游泳",这样才会拥有教育科研活动的指挥权和发言权。学校教育科研团队应该建章立制,定期向校长汇报课题研究进程,及时得到校长的专业化引领。

四是定位好教育科研团队的合作机制。一个团队如果没有科学合理的合作机制,就无法实现团队的目标,其教育科研活动就无法真正取得实效。这个合作机制应该包括适宜团队成员发挥特长的分工机制、对于成员工作业绩的奖励机制、基本的研究流程的规划、不同阶段的人员调整安排、分层次的成员合作条件与时机的预先构想、信息的交流与分享办法等。

五是定位好教育科研团队的专业化引领职责。学校教育科研团队是实验教师的坚强后盾,应该能够引领全体实验教师以科研为突破口,寻求教育科研服务教学的具体策略。为此,学校教育科研团队的每位成员都应当熟知教育科研工作的流程,有较高的科研素养,获取大容量的专业理论资源支持和专家支持,擅长从著名刊物或互联网上收集专家、名师的教学课例、教育思想和录像资料,在教育科研活动中提供给教师们交流、学习。

二、校长引领教育科研的内驱力与凝聚力

一提到教育科研课题,尤其是一些较高层次的课题,很多教师就感到无从入手。因此,优质学校校长要引导教师从身边问题出发,去发现问题、研究问题和解决问题,让教师明白"把问题变课题"就是在做科学研究,充分激发教师参与教育科研的内驱力和凝聚力。

(一)激发教师参与教育科研的内驱力

《学会生存》一书中指出,"教育即解放","教育能够是,而且必须是一种解放"。解放人的潜在能力,挖掘人的创造力,促进人的全面发展,应该是今天和未来教育的首要任务。教育源于生命发展的需要,教育与人的生命活动和生命历程密不可分。因此,优质学校要真正实现教育科研化,首先就必须挖掘教师的潜力,激发教师参与科研的内驱力。

内驱力是指在需要的基础上产生的一种内部唤醒状态或紧张状态,表现为推动有机体活动以达到满足需要的内部动力。我们可以从以下方面激发教师参与科研的内趋力:

第一,优质学校校长在制定学校科研发展目标时,应根据教师专业化成长的要求帮助教师进行成长规划,采取教师个人目标与学校目标结合的方式。同时,校长还要建立教师教育科研档案,对教师的学习、研究进行评价,从而有效激发教师热心教育科研,积极参与教育科研。

第二,优质学校校长应当以教师职称聘任考核制度作为保障,完善教育科研激励机制和成果推广的有效机制。优质学校校长应善于提拔重用热爱教育科研的骨干教师,为教师提供"自助餐式"的课题,给教师以充分的自由来选择课题,从而在学校营造浓厚的"人人搞科研"氛围,充分激发教师"百花齐放,百家争鸣"的科学求索精神。

第三,不断加大对教育科研的投入。校长要在每年的学校经费预算中安排一定的教育科研经费,并保证逐年增加,以确保教育科研工作的正常开展和重点课题的经费保障。

第四,校长要鼓励教师勇于创新。教育科研课题的研究并不神秘,只要我们留心、用

心、细心、有恒心,就一定能够出成果。开展教育科研工作必须脚踏实地、实事求是,不能脱离实际,要遵循教育教学规律,并在这一基础上勇于改革创新,努力寻求发展。可以说,只要教师的教育教学质量有变化、有进步、有提高,就说明我们的教育科研就是成功的。

(二)激发教师教育科研的凝聚力

凝聚力是指群体成员之间为实现群体活动目标而实施团结协作的程度。凝聚力外在表现于人们的个体行为对群体目标任务所具有的信赖性、依从性乃至服从性上。因此,教师应凝聚在校长及课题主持人周围,主动地参与研究团队,自觉地开展研究工作,自觉地通力合作,从而形成教育科研的合力。

第一,校长应当站得高看得远,要做学校教育科研的带头人,在学术上对教师进行有效的引领。

第二,校长要立足学校实际,组建若干教育科研团队,让教师参与自己感兴趣的适合于发挥个人特长的研究团队。比如,对心理学问题感兴趣的教师可以选择参加有关心理学的课题研究。在此过程中,校长必须精心选拔专业素质较高的教师担任课题主持人,以确保能够正确实施校长在科研工作上的主导思想,校长还要注意把课题研究工作与学校的特色创建工作有机结合起来,让课题的价值在优质学校建设的过程中凸显出来。

第三,校长要建立教育科研工作指导团队,让教师学会教育科研的基本方法,以确保教育科研工作能够真正出成果。校长还要协调校委会成员建章立制,在坚持科研兴校的前提下,建立相关的奖励机制,让参与教育科研的教师尝到甜头。凡是研究成果丰硕的,尤其是在各大教育媒体发表文章、受邀参加上级教育科研会议的人员,一律进行奖励,并提供一定的科研经费,充分激发广大教师参加教育科研工作的热情。

第四,校长要会"搭台唱戏",可采取举办科研报告会、鼓励教师拜师等方式给教师施展才华的机会,倾力打造自己学校的"研究型"名师,让教师心向教育科研,把教育科研作为自己成长的阶梯。

案例 ●　●　●　●　●　●　●　●　●　●　●　●　●

打造教育科研的和谐学习共同体

江阴市长泾中学在"九五"、"十五"期间,校长争做科研的带头人,在学术上积极引领教师,帮助教师制定成长计划和科研规划,并不断加大对学校教育科研的投入,提拔重用热爱教育科研的骨干教师,鼓励教师在学术上勇于改革创新,还出台相关的教育科研奖励制度,有效地激发教师教育科研的内趋力和凝聚力,营造出浓厚的"人人搞教育科研"的氛围。

学校在 2006 至 2008 年仅三年时间里,就先后有张文兵、夏海燕、苏奕勇等老师的 28 项课题被江阴市教科所批准为江阴市教师专项课题。学校现有省级课题 5 个、无锡市级课题 5 个、江阴市级课题 28 个,课题和实验学科组的覆盖面广,基本形成了组组有课题、人人都参与研究的局面,学校教育科研骨干队伍不断壮大,科研素质有了较大提高。

近 5 年来,学校课题研究成果显著,教师在有刊号的刊物上发表论文 144 篇,省级以上获奖论文 111 篇,出版著作 18 部。"十一五"期间,由钱志刚校长主持的课题《网络教学与传统教学优势互补研究》被中央电教馆确立为国家级"十一五"现代教育技术研究课题。

【简评】

在"科研兴校"、"科研兴教"的今天，长泾中学钱校长工作中最关键的内容就是把学校各个方面、各个层次的积极性调动起来，激发教师教育科研的内驱力和凝聚力，把学校里每一个人所能够发挥的积极性调动起来，发挥每个教师的潜在才能，促进教师自身专业发展，提高教育教学质量，实现个体在群体中发展的价值，最终使学校得到了优质化发展。

无论校长采取哪种办法，关键是要能见实效，让教师们感到教育科研工作并不虚无缥缈，而是实实在在的和教育教学紧密相关的行为，让教师们在教育科研中找到自我发展、自我进步的乐趣，找到提高教育教学质量的途径，这才是真正有效的教育科研。

三、校长如何实现课题研究的管理与指导

在学校教育科研工作中，如何让教师人人参与课题研究，又该如何让教师的课题研究工作取得成果，但又不影响正常的教学工作，这是每一位优质学校专业化校长都必须思考的问题。

(一)如何搞课题研究

第一，校长要牢固树立"科研兴教"、"科研强校"的信念，把教育科研工作列入学校的重要工作日程，与学校整体发展规划、课程实施和教师专业发展紧密结合起来，切实加强和改进教育科研工作，要经常召开课题研究的阶段性指导会议，以提高教师对课题研究的认识，让所有教师都明确课题研究工作的重要性以及其研究的方法。

第二，校长加强教育科研机构和队伍建设。要安排专门的人员负责教育科研工作，管理者应当是教育科研的行家里手，要真正懂得教育科研，决不能使教科室的职能虚化、淡化、弱化。校长要为教育科研提供倾斜政策，逐步建立一支专兼职相结合、素质优良、结构合理的教育科研队伍。校长要重视课题研究的规范运作、过程控制和应用研究工作，要逐步形成以教科室负责课题研究，以各学科教研员（教研组长）为子课题组组长，以各备课组为课题小组、教师人人参与课题的研究网络。

第三，校长要让教师学会如何进行研究。让教师掌握教育科研的基本常识与具体实施策略，让教师们心中有数。

(二)如何实现课题管理与指导

第一，提高课题研究的实效性。

要引领广大教师树立以"教学为中心"的原则，突出课堂教学的研究与实践，特别是要逐步形成"课题到课堂教学中去选，研究到课堂教学中去做，答案到课堂教学中去找，成果到课堂教学中去用"的研究路径与方法。通过说课、上课、评课，达到教师之间的沟通和交流，互相学习，共同提高，促使个人研究专题的目标和思路真正在课堂教学中得到体现和深化，从而提升教师教学艺术和教育质量。

第二，引导教师积极投身教育科研。

苏霍姆林斯基曾说过："如果你想让教师的劳动能够给教师带来乐趣，使天天上课不至于变成一种单调乏味的义务，那你就应当引导每一位教师走上从事研究这条幸福的道路上来。"因此，作为校长应当立足学校、教师和学生实际，设计出切实可行的教育科研工作方案，建立以学生为中心的多种课堂教学模式，并提出可操作性的要求，引导教师积极开展教育科研活动。在此过程中，校长可广开言路，发动广大教职工献计献策，并积极采纳大家对开展教育科研工作的建议或意见，邀请本地区乃至全国的名师、专家学者到校

进行专业引领,也可以组织校级的科研工作评比、验收、奖励活动,以此激发教师参与教育科研的积极性。

在这个过程中,校长既是指挥员,又是战斗员;既是引领者,又是参与者。

(三)培养科研成果的孵化器

科研成果的孵化器,是指教育教学遇到困难时,一些教育科研成果提供可借鉴的公共资源进行支持,旨在对科研成果进行孵化,以推动合作和交流,提高教学质量,培养更多的"名师"。教育科研成果价值转化的效率就是广泛地推广教育科研成果,使之大面积地得到运用,从而在更大范围内提高教学质量。只要运用成果于教学实践,就能够提高教学质量,这种作用就是教育科研成果具有的价值。在优质学校建设的过程中,吸纳优秀的教育科研成果不仅可以加快学校的优质化进程,而且对于教师的教育科研能力的提高是大有裨益的。因此,校长要提高对教育科研成果价值转化效率的重要性的认识,把积极引进先进的教育科研成果作为教育科研团队的一项重要任务,让优质的教育科研成果在学校落地生根,遍地开花,让学校成为科研成果的孵化器。

四、校长引领教育科研的其他形式

(一)个体教研模式

个体教研模式是以课堂教学为主阵地,以学生和教材为研究的主体,以新课程实施过程中所面对的各种具体问题为对象,以提高课程实施和教学实践的效果为目的,强调理论指导下的实践性研究模式。它既注重解决实际问题,又注重经验的总结、规律的探索,还促进了教师专业理论的提升与长远的发展。为此,建议校长订阅各种教育教学杂志,引导教师在阅读中及时了解到教改动态的信息,学习到更多的经验方法,不断加深自己的认识,指导自己的教育教学实践。校长要时刻提醒教师,要想不断促进自己的专业发展,必须加强学习,提高自身的专业素质。

(二)网络教研模式

优质学校校长要有效利用学校的网络资源,为教师搭建网络平台,让教师着眼于在学校的真实情境中发现问题、研究问题、解决问题,有效地应用信息技术及构建信息环境,不断优化和变革学校教研的手段、过程和结构,从而整体推进学科教学和教研活动。比如博客(Blog)平台交流模式,如"中国教师家园博客圈"(http://q.blog.sina.com.cn/jsyd),"中国学校体育博客圈"(http://q.blog.sina.com.cn/zgxxty)等,借助 Blog 平台,加强学校与区域教研的互动与联合,促进教师教学反思与专业发展,推动教育教研走向深入。

(三)专家引领模式

在教师专业发展的过程中,专家的引领是不可或缺的重要一环。没有专家的引领,没有先进理论的指导和带动,一线教师则难以突破多年教学经验累筑起来的樊篱,专业发展的预期往往落空。因此,优质学校校长应多邀请当地专家和外地专家给教师搞讲座,办论坛,让专家与教师面对面,实施专业引领。但是,必须明确的一点是,专家的理论引领并不能解决教师的所有实践问题,至少是不能圆满地解决所有问题。因此,我们必须在弄清楚专家引领作用的前提下,认真设计专家引领的模式,让一线教师能够获得最大的帮助。

专业引领就其实质而言,是理论对实践的指导,是理论与实践之间的对话,是理论与实践关系的重建。从教师角度讲,加强理论学习,并自觉接受理论的指导,努力提高教学理论素养,增强理论思维能力,是从教书匠通往教育家的必经之路。教师要养成学习理论的习惯,教师自学理论实际上是一种隐性的专业引领。

(四)资源共享模式

整合教育资源,使各学校的优质教育资源能够在不同学校间甚至与社会共享,从而达到资源共享、优势互补的办学目标,为优质教育资源的"请进来"、"走出去"提供了适宜的机会和平台。如"农村中小学现代远程教育工程资源服务平台"(http://www.deres.org.cn/derscn/portal2/SearchAction.do? method=index)等。

(五)问题会诊模式

以日常教学实践为基础,学科备课组研究学情、提出问题,班级教研组整体研究反思、学科教研组诊断分析、年级教研组会诊处理(特殊案例全校教师会诊)的相互衔接关联三级教研活动体系,称之为"教学会诊制"。以"校本研训为突破口,促进教师专业化发展"的策略,开展以教学会诊制为特征的系列教育科研活动,进一步完善优质学校教师专业化发展的机制。

(六)报刊教研模式

利用各级各类教育报刊征集的教育教学话题,进行交流互动,可以为从事课题研究的教师提供理论和实践的平台。一方面是把在各级教育报刊上的学习成果,以说课、评课、议课等形式现身说法、交流反思,进而提炼,并总结、记录在案;另一方面是将日常教学工作与用报、用刊过程中遇到的问题融为一体,以研究者的眼光审视、反思、分析和解决自己在教学实践中遇到的各种问题。在这个过程中,教师要努力由单纯的教学者成长为研究者,成长为专家型的教师,要努力由"传道授业解惑"者变为"研究型"教师。

第三节 校本研究是优质学校教育科研的根本途径

优质学校的校长对教育科研的关注,不仅是教师成长的催化剂,更是一种优质学校科学发展的促进。科研兴校已成为许多学校走优质化发展之路的治校方略,校长必须充分发挥其在教育科研尤其是课题研究中的引领作用。

一、校本研究的内涵及其特征

校本研究的出现源于 20 世纪 60 年代的"教师即研究者"运动。首倡者斯腾毫斯指出,教师专业自主发展的有效途径是"教师成为研究者"。但因其注重个人的"单枪匹马式"的努力,而不是教师群体的共同努力,为此,凯莱斯等人又提出了"教师成为解放性运动研究者",认为教育研究要形成教师自己的研究共同群体,这样才能充分实现教师专业化,拓展教师的专业自主性。随后,教师的教育研究也由此逐渐演变成直接指向学校问题、将学校实践活动与研究活动紧密结合在一起,并大力倡导学校教师人人参与研究的校本教研。

(一)校本教研的内涵

校本教研即"shool-base",意为"以学校为本"、"以学校为基础"。

郑金洲教授提出"校本"包含三方面的含义:"一是为了学校,二是在学校中,三是基于学校。"这三点含义对于理解校本教研的内涵具有很强的启示性。

余文森教授认为,开展校本研究是促进教育教学提高的有效形式。教师个人、教师集体、专业研究人员是校本研究的三个核心要素,他们构成了校本研究的三位一体关系,教师个人的自我反思、教师集体的同伴互助、专业研究人员的专业引领是开展校本研究和促进教师专业成长的三种基本力量。

(二)校本教研的特征

第一,研究的课题来自于教师的实践。校本教研中研究的课题是优质学校教师自主发现的教学问题,产生于学校内部以往教师所开展的教学研究中。教师是教学活动的实施者,在教学实践中难免会遇到各种困扰自己的实际问题,这些问题对于每位教师而言都是具体的、真实的,也是教师在教学中迫切需要解决的问题。教师在教学中遇到的问题一旦成为几个教师甚至全体教师共同面临的的教学问题,其就会转化成为学校教师群体共同关注的具有研究价值的一个或几个问题,从而形成了校本教研的课题。

第二,研究的主体是学校的广大教师。首先,教师是校本教研中研究的主体,具有自主性。自主性表现在研究的问题是教师发现并提升的,对研究的设计也是教师学习、思考、讨论和修改后形成的,对设计的实施也是每位教师亲自参与进行的;其次,教师对校本教研的参与具有广泛性。这是因为,校本教研是以教师自己发现的问题来开展的研究,每位教师都有需要解决的教学问题,这也就有了全员参与研究的基础。

第三,研究的目的在于改进教师的教学,在于促进优质学校自身的发展。首先,校本教研是学校教师具体开展的,对于研究的主体——教师来说,研究目的直接指向于改进自身的教学;其次,校本教研是以学校为单位组织开展的,是一项教师广泛参与的教研活动,对于活动组织者来说,它立足于校本,目的在于促进优质学校的发展。

第四,研究注重在教学现场进行应用性研究。在校本教研中,教师进行的研究主要是现场研究与应用研究,研究中教师始终处于教学实践的现场,是教学现场的当事人。校本教研中教师进行研究的主要目的在于改进自身的教学,这就决定了教师更多关注的是研究结果对自己教学的作用。

二、校长如何引领校本研究

学校是教学研究的基地,教师是教学研究的主体,教学研究的主要目在于促进师生的共同成长和学校的可持续性发展。作为优质学校校长应当如何引领校本研究呢?

第一,转变观念,营造校本研究的良好氛围。

优质学校的校长应当充分认识校本研究的重要性和必要性,把校本研究摆在保证学校可持续发展的战略地位上来,要引导教师从"教书匠型"走向"研究型"。校长要从繁杂的事务性工作中解脱出来,带头进行校本研究,引领全体教师走上科研兴校的"阳光大道",努力营造良好的研究氛围。

第二,健全校本研究机构和制度,建立有效的保障措施。

(1)建立理论学习制度。加强理论学习,才能转变教师观念,促进教师成长,进而提升学校的办学效益,因此,在校本研究中,校长要让教师的理论学习形成制度,促使教师不断地学习教育教学理论,广泛地阅读专业书籍和相关文献,不断提高教师的个人专业素养,提高教师的科研能力和水平。

(2)建立教研激励机制。优质学校校长要将校本教研工作纳入学校办学的整体规划和学年度工作计划中,并在原有各项规章制度、管理办法的基础上,进一步修订、完善和补充,从行政管理的角度加强校本研究工作的管理,并纳入教师教育工作考核。同时建立保障机制,学校在经费投入、设备使用、人员调配上向科研工作倾斜,每年调配经费用于教师业务培训、开展科研活动、科研成果奖励、设备添置。通过建立健全的制度、完善的机制,促使教学研究活动由被动变为主动,由无序走向有序,确保校本研究的顺利实施。

(3)建立对话交流制度。校长要坚持教研活动蹲点制,让业务管理人员具体联系到年级组、教研组,主动配合、协助年级组长、教研组长组织、引导全组教师进行教研工作,使年级组和教研组建设落到实处。优质学校校长要将学校管理重心下移,让业务管理人员坚持深入课堂、教改一线,掌握教情、学情,及时发现问题,经常和教师对话谈心,给教师提出一些建设性的指导意见。

(4)教研组长负责制。在每个学期初,校长应根据各学科教师的意愿,再依据教师的技术职务、业务能力、年龄结构、工作实绩等方面进行最优化组合,成立教研组、备课组,确立教研组长、备课组长。实施教研组长、备课组长负责制,发挥组长"领头雁"作用。同时,校长应认真审定教研组长和备课组长的教研计划。审定计划时,注意把握三个方面:目标性,即教研工作的目标和思路,是否明确和具体;可行性,即拟定的教研或教改计划,根据学校的师资、生源和教学设备条件能否实施;实效性,拟定的教研教改计划对当前的教学工作是否具有一定的指导意义。根据审定的情况,提出自己的见解和意见,然后作出修订。

第三,优质学校校长要抓好常规教研,促进教师专业发展,形成校本教研的良好氛围。

(1)校本研究要与教育教学实践结合起来,在实践中检验和发挥其积极效果,因此,校长要引导教师转变教育观念,注重以活动为载体,为教师参与校本研究搭建平台。

(2)发挥群体优势,开展集中校本研究活动。学校优质化的内在机制在于建立一个高水平的教学研究集体,强调教师之间的专业切磋、协调与合作,共同分享经验,发挥众志成城的合力作用。

第四,校长要引导教师以课题研究为载体,引领教师积极撰写论文,促进校本研究深层次发展。

首先,教师可以针对课堂教学中存在的实际问题,结合教育实践成果、经验、收获,以及教学实际遭遇、困惑、新的教学理念的落实等具体问题,进行课堂教学研究、探索和实践。教师撰写教育教学文章的过程,就是一种有效的反思和学习的过程,也是研究成果的诞生过程。

其次,将校本课程开发纳入校本教研课题中,这是目前课程改革的亮点。其中,尤其要强化综合实践活动课程资源的开发。加强学校学科课程与活动课程的整合,既有利于优质学校校本课程的建设和学校特色的构建,又有利于提高学校的办学水平与教学质量,更有利于培养学生的创新意识和实践能力。

第五,发挥名师的带动和辐射作用,形成一支稳定的科研骨干队伍。

名师是一种优质教育资源,他们可以引领中青年教师进行学习和钻研,使教师们有优点可学,有技艺可鉴,优质学校校长要注意发挥学校内外各级名师的榜样作用,培养一支稳定的科研骨干队伍。

加强校本研究,促进内涵发展

近几年来,常熟市东张中学从一所农村薄弱学校发展成为现在的农村强校,这与该校校长的"以校本研究促内涵发展"的治校策略是分不开的。

该校校长为教师的理论学习提供了广阔的平台,每学年都由教导处负责为各年级组、各备课组订阅大量的专业报刊杂志,供教师们学习和交流。学校还建起了校园网络,在各教师办公室配备了电脑,便于教师在网上学习和探讨教育教学问题。

学校制订了《教学常规管理工作要求》、《校本培训制度》、《教学五认真细则》、《东张中学教育科研奖励条例》和《教学成果奖励细则》等,同时规定每周以教研组和年级组为单位定期进行一次集中学习。慢慢地,这种活动逐渐变成教师的自觉行动,办公室里时常可以见到教师就某个问题在进行热烈探讨,教研氛围越来越浓厚了。该校每学年开展一次优秀教研教学成果评奖活动,同时将教师参加教研活动计入继续教育学时,将教师参与教育科研工作情况与教师的评优、晋级、职称评聘、综合考评挂钩。每学期召开两次各年级学生座谈会,收集和处理学生对教师教学工作的意见和建议,以利于了解教师的校本研究工作在实际教学中的效果。近年来,学校先后组织开展青年教师研讨课、骨干教师观摩课、教学改革成果展示开放日、教学研讨会等教研活动。每学期,学校都会请专家来校作报告,派教师到兄弟学校参观学习,派教学骨干外出考察、学习、培训。通过相互听课来学习借鉴他人的学习经验,反思自己的教学行为。

学校强调集体备课,建立了"集体备课、资源共享、课后反思、教案复备"的备课制度。改革备课的内容重点,强调以"活动设计"为中心进行三备,即备课程理念、备学生心理、备课程资源,使课堂教学尽量体现开放性和动态生成性。备课组集中活动时,要交流反思上周教学情况,共同确立下一周各课时的教学目标、教学重点、难点以及突破重点难点的有效方法、策略等。同时要求教师平时能做到"三随时",即"随时交流教学得失、随时解决个别教师遇到的难题、随时分享好的信息资源"。

"一花独放不是春,万紫千红春满园",只有每一学科形成了均衡发展、同步进步,才能为教学质量的全面提升奠定坚实的基础。为此,学校每学期在期初、期中、期末都要进行年级组活动,以期中、期末考试质量分析为主,质量分析会上既有分管领导总结,又有年级组长、备课组长、班主任专题发言,教师做到知无不言、言无不尽,内容切中主题、有的放矢。大家在彼此交流、反思提高的过程中切实解决了许多实际教学问题,好的教学经验得到了推广。

【简评】

在校本研究过程中,加快优质学校的建设进程,必须遵循教育规律,把握教育本质,紧紧抓住教育发展的内在动力,走内涵发展道路。内涵发展落实到教育对象的培养上,就是要以课程计划为核心,立足校情、教情、学情,开展校本研究。校本研究带动学校教育教学质量的提高,为学校赢得了较高的声誉。只有进一步加强校本研究,与时俱进,开拓创新,才能真正促进教师的专业化发展,优质化学校的素质教育之路就一定会更加宽广。

三、实施校本研究的操作模式

校本教研的操作模式是按照一定的程序和技术要求进行校本教研活动的模式。优质学校建设中,对于校本教研模式应持辩证的态度,即既要学习模式,研究模式,借鉴模式,使校本教研从无序走向有序;更要突破模式,超越模式,达到校本教研的最高境界——"无模式",使校本教研从有序走向自由(模式),形成个性而"随心所欲"。

(一)尝试校本教研的"问题——设计——行动——反思"模式

对于如何开展校本教研,华南师范大学教育科学学院刘良华博士提出了校本教研的一种操作模式:"教学问题——教学设计——教学行动——教学反思"。

校本教研强调解决教师自己的问题、真实的问题、现实的问题。不过,并非任何教学问题都构成研究课题,只有当教师持续地关注某个有意义的教学问题(即追踪问题),只有当教师比较细心地设计解决问题的思路之后,日常的教学问题才可能转化为研究课题,教师的问题意识才上升为课题意识。

首先,强调对问题的追踪和设计,意味着所研究的课题来自教师自己的教学实践。课题产生的途径往往是自下而上,而不是自上而下的,它是教师自己的问题而非他人的问题,它是教室里发生的真实问题而非假想的问题。

其次,强调对问题的追踪与设计,意味着校本教研不是随意性问题解决或经验性问题解决。教师虽然在日常教学中从来就没有远离过解决问题,但如果教师只是以日常经验和惯用策略去解决问题,而不是想方设法(设计)之后采取行动并持续地反思其效果,那么,这种问题解决只属于日常性教学活动,算不上研究。

最后,强调对问题的追踪与设计,能使日常教学中的问题意识与校本教研中的课题意识区分开来。不过,这不是说问题意识就不重要。在教学研究中,常见的障碍既可能是课题意识太弱,也可能是课题意识太强。课题意识太弱的教师容易满足于以日常经验解决那些琐碎的日常问题,自下而不上,不善于在解决日常教学问题的过程中捕捉一些关键的值得设计、追究的研究课题。由于缺乏必要的追究与设计,那些日常的教学问题虽然不断被解决,但教师却很难从整体上转换自己的教学观念、改变自己的教学行为;与此相反,课题意识太强的教师容易热衷于热点问题、宏大问题,自上而不下,对自己日常教学中的实际问题视而不见,或以"善小而不为"。满足于大问题、大课题的后果是忽视、轻视了教室里每天都在发生的真问题和产生的真困惑。

(二)"发现问题——组织团队——学习准备——设计实施——总结反思"的校本教研模式

上海教科院周卫先生根据美国圣路易部新城小学"推动多元智能行动研究"提炼出来教师校本教研的过程应当是"发现问题——组织团队——学习准备——设计实施——总结反思"五个阶段。他还以台湾台北县一所小学的案例对这一模式作了说明:

第一阶段是发现问题。它的主要任务是,参加者通过听课、观课和研讨交流,发现学校原有教育现场中的问题;而后是整理和收集相关的文献资料;接着要确定研究的方向,并且拟订研究计划。

第二阶段是组织团队。大学研究人员和学校的教师自愿组织成专业发展团队,努力寻求校方关于课表的安排、人员、经费、时间和设备等各方面的支持。

第三阶段是学习的准备。其一,要研读、研讨多元智能的理论,构建团队的共同愿景。其二,让每个学生都亲历各种智能的教学。其三,团队成员要填写每个学生多元智能的核对表,教师通过其在实践中的表现,来诊断和发现每个学生的多元智能。其四,在实验的全过程中,专家和教师平等对话,分享经验。

第四阶段是设计和实施。这个阶段主要选取了两个单元教学活动,第一个单元叫"欢乐中国年",就是围绕过春节的活动来开发学生的多元智能。先是讨论教学方案:怎样才能使每个学生在丰富多彩的实践活动中发挥自己的智能优势?在此基础上制订教学目标,而后把教学目标转换为丰富多彩的实践活动。还要和家长座谈,让所有学生、家长理解开展这一活动的意义和实施计划,充分调动他们的积极性。在实施过程中,研究人员和教师要观察学生的表现情况,如果出现问题要及时调整教学内容或者给予指导。随后,学生要完成"欢乐中国年"寒假作业,整个活动持续几个月。春季开学后,他们又开展了以"亲情"为主题的单元教学活动。让学生完成围绕"亲情"这一主题的相关报告,并组织全班交流,观察学生在活动中的表现和他们各自能力提升的情况,同时对学生进行个别访谈。

第五阶段是总结和反思。即对两个单元教学活动的所有有关资料进行整理,完成论文撰写,然后进行经验的分享。最后要反思最初提出的两个问题解决得如何并思考后续研究。

(三)归纳问题提炼主题——细化主题形成系列——规划主题策划活动——实践研讨总结提升的校本教研操作模式

把校本教研提高到研究层面以提升教师的研究水平,是优质学校校本教研的理想境界。每一所学校都追求着教育科研的显著成效,应该说,校本教研的研究层次是教育科研的催化剂,故研究层面的校本教研操作模式就显得极为重要和必要。研究层面的校本教研操作模式往往催生了许多科研成果,如教学课例、教学案例、实证调查报告、课题成果等。此操作模式特点有三:研究内容和方式具体明确,贴近教师教学生活;教师提出问题、解决问题的意识较强,易产生共鸣效果;教育科研的规划、研究能力得以锤炼和提升,课题成果丰富。

四、校本培训的操作模式

在校本教研的问题反思、同伴互助和专业引领的三个阶段中,校本教研共同体因项目选择的难度高低、团队研究水平的不一等,往往需要一定程度的专业指导和培训。优质学校或教研部门,应视教师实际举行相关的专业性培训活动,使校本教研的落点更准,水平更高,针对性和实用性更强。王建鸣、陈剑光两位专家提出校本培训的操作模式为"学习、实践、研究"。教师是行动研究者,教师做行动研究并非在教学之外另外抽出时间做研究,教学过程本身就是研究过程,所以行动研究的基本途径之一是教学实践中的问题解决。又由于教师的个人经验有限,常需要与学校其他教师或校外研究者合作,以帮助教师对实践进行反思。下面以问题解决模式进行分析。问题的解决涉及到确定问题、制定计划、采取行动、实施观察、进行反思等几个环节。我们根据行动研究理论,结合实际教学,提出了"问题解决"模式:问题—计划—新的行动—反思—合作平台:专业引领(理念的学习)、同伴互助(经验的交流)—再反思。这种"问题解决"模式是以"教育事件(包含教学事件)"为载体的。它是以教师个人教育教学出现的问题的解决为目标,重视教师的反思,将教师内在改变与外在支持结为一体,既关注教师的个人专业的发展,又注重教师群体的整体提高。既尊重教师的主体地位、主动发展,又通过模式所构建的制度来为教师的专业发展提供保障,不仅使教师在群体的关注下发展,又使群体由于个体的提高而促进自身内部职业文化的提升,形成整体的发展氛围。

(一)操作模式的流程

教师与教育研究人员共同组成研究小组,或者就是学校中的教研组或学年组构成合作平台。教师在这个群体及先进的教育理念的影响下,反思自身的教学实践的合理性,确定出自身教育教学中存在的问题并着手制定计划。教师制定计划的过程中得到合作平台的支持与协助,教师在此基础上进行反思,反思已有的教学行为和习惯,探索新的改变。教师最终形成计划并进行同旧的行动相区别的新的行动。在教师新的行动过程中,研究小组要对教师的行动进行观察,教师也要在行动的同时进行行动过程的反思。行动结束后,教师在教育研究人员的专业引领和同伴帮助下,反思行动中的优势和不足以便进行发扬或改进。于是又确定了一个新的问题,新的一轮行动研究就又开始了,并以此循环往复。

(二)合作平台

(1)合作平台的构成

合作平台可以由大学教师和中小学教师共同结成,也就是我们经常所说的院校协作,也可以由教研员和中小学教师或者由学校的部分教师结成。参与研究的教师要尽量选择不同发展阶段的教师,既可以自愿组合,也可以以教研组为单位。这样既达到不同经验的共享,也使每位参与教师都能得到发展。

(2)专业引领

就其形式而言,主要有学术专题报告、理论学习辅导讲座、教学现场指导以及教学专业咨询(座谈)等,每一种形式都有其特定的功用,就其专业成长而言,教学现场指导是最有效的形式,也是最受教师欢迎的形式。实践证明,专业研究人员与教师共同备课(设计)、听课(观察)、评课(总结)等,对教师帮助最大。

(3)同伴互助

同伴互助的实质是教师作为专业人员彼此之间的交往、互动与合作。其基本形式有对话和协作。

对话。对话的类型主要有:信息交流,教师通过彼此间信息的交流可以最大范围地促进教育信息的流动,从而扩大和丰富教师的信息量和各种认识;经验共享,教师通过经验分享,反思和提升自己的经验,借鉴和吸收他人的经验。经验只有被激活,被分享,才会不断升值;深度会谈,深度会谈可以是有主题的,也可以是无主题的。

协作。协作强调团队精神,群策群力,第一要发挥每位教师的兴趣爱好和个性特长,使教师在互补共生中成长;第二要发挥每位教师的作用,每位教师都要贡献力量,彼此在互动、合作中成长。

第十章
优质学校校长引领学校制度建设的策略

建立健全学校各项规章制度,打造学校制度文化,是建设优质学校的重要内容之一。制度建设要经历一个从制度文本的确立到制度文化的建立的过程。本章将从学校制度建设的定位和机制、学校制度建设的生成之道、学校制度建设的维护之道等几个方面进行逐一阐述。

第一节　学校制度建设的定位和机制

一位专业化的校长,要想把学校办成优质学校,就要在科学定位学校制度的基础上,突出抓好制度的运行机制。首先,要确立适合本校的管理理念,要有自己独特的办学思想和办学方略,还要明确学校制度建设的方向;其次,学校的管理制度要以促进人的发展为中心来运作,它包括学校的制度建设与完善、学校的管理机制、良好的管理行为;要体现有利于人的持续发展,要善于把每个成员的个体智慧最大限度地加以开发与整合,形成学校制度文化建设的集体智慧。

一、学校制度文化的定位与意义

(一)学校制度文化的定位

学校制度文化,简而言之,即由学校制度所承载、表达、衍生和推动的文化,它是学校渗透在体系架构、规章制度、工作流程、岗位职责中的价值观念、风格特色和行为准则。学校制度文化是有形的制度与无形的价值的有机结合,一方面以有形的制度为载体,另一方面以无形的价值在学校的诸多领域中体现出来,它不仅体现在制度本身,而且通过制度实施,体现在一切结构、组织、形式、过程、方法、技术、行为方式、人际关系、心理氛围之中。学校制度文化越完善,无形价值在上述各领域的体现与制度所承载和推动的文化越趋同。

从性质特点上看,学校制度文化应该是一种柔性与刚性并蕴的文化,是一种阶段稳定与适时变易相结合的文化,也是一种可塑性与可控性共存的文化。从功能效用上看,学校制度文化是学校精神文化的转化器、激发器和推进器。从形态类别上看,学校制度文化在三个不同维度上分别以两种形态存在:(1)外向制度文化和内向制度文化。前者指学校与上级、家长、社区等周边环境打交道时所遵从的制度文化,后者指学校内部用于自我管理的制度文化。(2)正式制度文化和非正式制度文化。前者是学校正式结构和正式制度表现出的文化,即"明规则",后者是学校非正式结构和非正式制度表现出的文化,即"潜规则"。非正式制度文化又可分为顺向非正式制度文化和逆向非正式制度文化两类,前者指良性的或与正式制度文化相容的非正式制度文化,后者指不良的或与正式制度文化不相容的非正式制度文化。(3)静态制度文化和动态制度文化。前者指以文本形式存在的制度文化,它是制度文化形成的起点,后者指内化到人的行为上的制度文化,它是制度文化建构的归宿。

(二)学校制度建设的意义

学校制度文化建设有什么意义呢？简单地说,是通过认识导向、情感熏陶、人文关怀特别是行为规范,给师生提供优质的文化心理氛围和正确的行为模式,整合学校组织体系,促进学校运转协调有序,传递学校文化信息,塑造学校个性形象。

首先,学校制度有利于对师生员工价值观的引导和培养。

学校制度建设本身就是在一定理念和价值目标指导下进行的。学校在民主机制下通过制度规范建立秩序,实际上就进行了风险(不利因素)选择和价值选择,希望通过制度建设,使联合体的行为规避风险、降低风险,保障联合体的基本安全,对自己的行为有一个稳定的预期,从而实现联合体价值目标的追求。因此,一个协调的、科学的学校制度体系,其价值目标就是学校师生员工的共同价值观。把握住学校制度的核心价值目标,建立一套符合现代制度精神稳定实施的学校制度体系,对于师生员工价值观的整合,引导、培养共同价值体系,是极为重要和不可替代的。

其次,学校制度有利于对师生员工共同行为方式的规范和养成。

众所周知,行为是思维的外在表现,作为社会的人,其行为主要是受理性操控的。在组织理论中,弗洛伊德认为:"个人会为了组织成员的身份而放弃个人的个性和特点以此获得一种归属感和认同感。"哈贝马斯的"交往行动理论"、"循规性行动"也认为,社会群体的成员依据共同的价值来决定他们的行动,这个过程,"实际上是蕴涵着无数个体利益冲突的某种折中与混合,个体在其有利的第一选择的相互冲突和对立选择的无利性压力下,迫使他们不得不作出彼此相同的最后选择。"只要是在规范适用的情境中,个性行动者就遵从或破坏规范。由于规范代表群体所取得的一致意见,中心概念就遵从规范。通过民主机制产生的制度,是经过共同体成员充分讨论协商、妥协达成的一种协议,制度就带有了强制性,因为这种强制是为了在多元主体共识的基础上保护共同体的共同价值选择。运用这种民主机制产生的制度规范来培养学校师生员工的共同行为方式,是完全可行的。

学校制度文化建设的重要使命就是促进外向制度文化与内向制度文化协调配合,全方位地建设和弘扬正式制度文化,修正不良的非正式制度文化,最终使明规则最大程度地涵盖学校公共生活的各领域,潜规则向明规则方向最大程度地靠拢。静态制度文化与动态制度文化最大程度地契合,制度的客观精神最大化地内化为人的主观精神,从而达到制度文化建设的较高境界,为学校文化建设助航。

二、优质学校制度建设的运行机制

在学校教育质量保障体系中,确立科学有效的制度运行机制有着重要的意义。制度的建设就是规范的建设,它通过规范的明确,告诉人们学校提倡什么,反对什么;机制的建设就是明确教育内部的各种要素之间的关系,它通过组织设计与组织安排,以保证组织实现预期的结果。学校制度文化建设机制是指学校在制定制度时各个环节、各种要素在运动中相互联系、分工合作、协调配合,从而形成有针对性的公平合理的制度运行轨迹和活动方式。学校的制度机制可以分为自主办学机制、动力机制、制约机制。

（一）自主办学机制

自主办学机制是优质学校制度建设运行机制和实行校长负责制的前提。只有实行"两权"分离（学校所有权与办学权分离）、转变政府职能，校长才能真正有职、有责、有权。长期以来，地方政府及各级教育行政部门对学校管得太多，统得太死，限制了学校自身的发展和管理活力。为此，《中共中央关于教育体制改革的决定》中明确提出："必须从教育体制入手，有系统地进行改革。改革管理体制，在加强宏观管理的同时，坚决实行简政放权，扩大学校的自主权。"那么，怎样的改革才能保证自主办学机制的顺利运行呢？

1. 实行两权分离

"两权"指教育教学权和人事调配权。教育教学权是指学校可以自主确立办学目标、工作计划及部署，开展各项改革，根据实际需要选择教材，调整教学内容和教学进度，义务教育以外的学校还应有招生自主权。人事调配权则指的是学校可根据实际需要增减机构，在定编前提下有权调入或调出教职工，有全权调配教职工工作任务，全权进行中层及以下管理岗位的职务设置、任免事项。

2. 提供法规保障

目前，除高等学校外，尚无中小学扩大办学自主权的权威性法规，因此中小学在办学自主权的确认和使用上不能不有所顾忌。尤其涉及人事制度、分配制度、职务评审、考核评价等方面，学校往往显得力不从心，尽快从法规上确定中小学的办学自主权是十分迫切的。

3. 实施校长负责制

建立健全现代学校科学民主管理制度，就需要实施校长负责制。因为管理是分层次的，整个管理系统的功能取决于每一个管理层次的管理作用。如果每一个管理层次都能充分发挥作用，充分发挥每一个管理人员的积极性、创造性，使更多的人参与决策、执行决策，由此所产生的组织效能将大大超过个人效能。

（二）动力机制

动力机制是优质学校制度建设运行机制的保证。作为有自主思想的人，做任何事情都要有动力，有了动力，才能使教师全身心地投入到工作当中去。

1. 激励机制——根据教师的心理特点和本校的实际情况，采取多种多样的激励方式

满足"个人精神需要"是发挥激励效能的驱动力。其中激励机制又可以分为精神激励、物质激励。"物质激励"应与"精神激励"同步进行，并以"精神激励"为主，因为精神激励是启动学校活力的重要支点。首先，学校要形成"尊师重教"的良好氛围，要慧眼识才，知人善任，创建良好的人际关系环境，营造浓厚的学术气氛。其次，在激励机制中不可片面夸大"物质激励"的作用，"精神激励"才是人成长需要的基本内涵。实施精神激励应注意以下几个方面：创设稳定健康的政治环境，坚持一贯的政治教育；坚持一贯的师德教育；坚持国情、校情教育，增强培养人才的紧迫感。

2. 竞争机制——要根据教师的工作特点和心理特点来设计竞争机制

竞争的基本点是教师劳动的量与质的竞争；教师的工作实绩要与物质激励相结合；对教师的奖罚宜粗不宜细，差距宜小不宜大。

（三）制约机制

制约机制是优质学校制度建设运行机制的必要。学校是一个大家庭，在这个大家庭中，每一位教职员工都有自己的思想与自己的行为方式。如何让他们的思想与言行统一到学校制度文化中来？实践证明，制约机制就为实现这一目标所必需。

根据不同的标准，制约机制有多种类型，外部制约机制分为"政策法规机制、宏观调控机制、督导评估机制"。内部制约机制分为"支部监督、教代会制度、校务委员会、家长委员会"。

制约机制还可以分为：责任制约机制与评价制约机制。

1. 责任制约机制

责任制约机制发挥作用的条件是，首先，要明确责任范围、责任内容、责任层次、责任性质，是否履职、负责、渎职或失职；其次，要严格地划分、严格地制约关系，严格地追查责任；再次，要量力授予任务、指标与责任，应该是约束对象所能够接受的；最后，要责任与利益挂钩。责任制发挥作用的基本要求有：一要加强责任制，强调职责与权利的统一，强调实行定任务、定人员、定数量、定质量、定时间等制度；二要善于选用人才，量才授予职责；三要严格考核，赏罚分明，建立与学校特点相适应的考核制度和劳动工资制度。

2. 评价制约机制

对运行状态、运行水平及其效益、效能、效率的评价，特别是对责任履行情况的评价。要坚持正确的评价指导思想，制定科学的评价指标体系，严格实施规范，实行校务公开制等。

第二节　学校制度建设的生成之道

制度就如同人一样有生命期，也是要经过长时间的孕育、萌生，时机成熟后宣告诞生。至于如何孕育学校的制度，制度的萌生需要哪些客观条件，制度经过长时间的孕育萌生后，如何艺术性地宣告诞生，等内容，本节将从制度的孕育、制度的萌生、制度的宣告层面来阐述制度的生成之道。

一、制度的孕育

优质学校的制度并不是校长用以管制师生员工的工具，而是校长管理学校事务的依据，同时也是约束校长自身的学校管理行为的依据。更加重要的是，一套优质的学校管理制度是激励学校师生员工的创造性的基本保证。现代学校制度的核心就是为了师生能创造性地参与学校生活。如何孕育有效激励性质的、有利于提升学校师生的教育生活质量的制度，是一所学校制度建设的基础工作。对于一所学校而言，孕育学校制度时必须注意以下三点：

（一）孕育的制度应蕴涵服务意识

所有制度的制定、执行、检查、反馈等从根本上说都是为被管理者服务的，管理者不能为了维护行政命令的权威而忘了制定制度的初衷。因此，仅仅从管理有效性的角度制定的制度，是很难为全体师生服务的。校长应本着服务于师生、服务于教学的心态酝酿学校的制度、制定学校的制度。

（二）孕育的制度应关注原制度中的"空白点"

校长应当积极主动地发现制度的"空白点"，在调研的基础上孕育相关制度。校长可在认真掌握现有的师资、设施，以及全校师生的工作积极性、教育教学需求等之后再确定制度的框架。美国著名管理学家戴明曾说："在一个组织中，90％的问题由管理所致，只有10％的问题是由员工带来的。"校长还可以循着师生的抱怨，让校委会一班人继续以

"服务员"的身份深入现场,如深入一线教学,实践并受制度的管理与约束,以便检验制度的合理性;定期召开职代会,广泛听取一线教师对于学校的一些规章制度的建议或者意见,及时地校正、完善学校的制度,以利于学校的和谐发展。

（三）孕育的制度应体现"四性"原则

一是科学性。学校的规章制度必须切合学校工作的特点和教师的实际,经得起时间的考验。如对教师的评价方案,定性与定量各有长短,过程与结果必须兼顾,隐性劳动与显性劳动都应考虑。若只顾及一方面,则必然会使评价机制片面化,会挫伤师生员工的积极性。

二是公正性。学校规章制度要能够代表学校的整体利益,能够代表学校绝大多数人的基本要求,而不是保护一部分人,损害一部分人。如对学生的管理,制定的制度就要以大多数学生的愿望为基准,维护学生的健康成长。若不顾及学生的利益,单纯凭管理者个人的想法则孕育出来的制度无疑是失败的。

三是激励性。学校制度应以肯定为主,否定为辅;以奖励为主,惩罚为辅。比如,当前有些学校对教师采取的罚款制度、末位淘汰制度等就很不科学,容易挫伤教师的工作积极性,阻碍教育事业的健康发展。

四是导向性。教育工作的成效需要较长时间才能显现出来,因此,规章制度的制定一定要发挥良好的导向作用。以对教师的评价方案为例,评价的标准必须充分肯定教师的创造性劳动和可持续发展的潜能。基于此,评价教师时就应该重点看学生的发展情况,评价的手段也应当实施学生评价、领导评价、教师评价等多元化评价,而不是片面地只看学生的考试分数或升学率等。

案例 ● ● ● ● ● ● ● ● ● ● ● ● ● ●

科研兴校咋不灵了?

某中学是一所很有名气的省级重点中学。校长认为,学校教育质量高低取决于教师的教学水平,抓好教育科研、提高教师的学术水平是提高教学质量的关键。因此,在对制度进行改革时,孕育出科研兴校的激励制度,把学校管理中心由原来的教学管理转化为科研管理。学校定期组织教科研论坛,鼓励教师发表自己的教学观点和感想,教师每发表或获奖一篇论文,学校就给予一定的物质奖励等。这些举措确实激发了不少教师的写作兴趣,一段时间下来,教师在各种刊物上发表了不少论文,学校教科室将发表的论文装订成册在校内交流。校长很高兴,心想"只要坚持下去,学校的教学质量很快就能快速提高"。但是,由于教育科研没有扎根于教学的土壤,缺少对教学实践问题的深入研究,大家都将教育科研等同于写文章,以发表论文的数量来衡量教育科研水平的高低,为了写文章而参与所谓的教育科研,学术水平并没有得到根本提高。并且,由于许多教师忙着写科研论文,无暇认真钻研教材和研究学生,对教学采取了应付的态度,教学管理有所松懈。一个学年下来,教学质量非但没有出现张校长所预期的效果,相反却明显下滑了。校长困惑地说:"都说要科研兴校,这次咋不灵了?"

【简评】

在制度的孕育过程中,校长应当慎重调查、研究,充分考虑制定的制度是否具有科学性和导向性,是否能够达到制度制定前的预期效果。而且制度还要经得起实践的考验,这样的制度才算孕育成熟,才能促进优质学校的建设和发展。本案例中,校长片面地认为"学校教育质量取决于教师的教学水平，抓好教科研，提高教师的学术水平是提高教学质量的关键"。这种把"学术水平"等同于"教学水平"的观点在导向性上是有偏失的，这样制定的制度等于是土壤里种错了种子，其结果注定是失败的。可见，只有经过深思熟虑和实践检验，才能萌生出科学、合理的规章制度。

二、制度的萌生

（一）萌生的新制度要有校本管理意识

20世纪80年代以来，随着西方学校的改革运动而出现了一种全新的教育管理理论——校本管理。而实施校本管理的目的是使学校教育顺应从工业社会向知识社会迈进，其核心是要把决策权力的重心下放到学校层面，由学校根据自身的实际情况进行决策。它强调学校自身的问题，要由学校中的人共同探讨、分析来解决，学校中的每一个人既是管理活动的主体，也是承担责任的主体（分权管理）；强调让社区人士、家长和学生参与学校事务管理，为学校提供更广泛的支持和帮助，保证民主决策质量的提高（参与管理）；强调学校管理改革和发展的动力主要来自学校内部，学校组织能自主、主动地去实现与外界环境的交换得以生存发展（组织管理）；强调学校管理以人为中心，满足人的发展需要，注重主体人的发展和素质提高（以人为本管理）。

从建立现代学校制度的角度来看，"学校制度"的建设是指学校根据教育规律和教育目的以及自身所处的实际状况，设置校本管理制度。学校制度的建设要以现代教育观为指导，促进学生充分、全面、终身的发展，引导学校致力于研究教师的教和学生的学，能够引导学校持续地提高效能。这种学校制度建设的价值取向在于：通过制度建设而实现学校内在精神的更新和整体发展，从而促进"人"的生命健康地成长。

为了推动学校的可持续发展，学校校长必须精心设计自己学校的发展规划，既要立意长远，又要符合学校发展的实际情况，采用具体可行的学校管理策略。从微观意义上来说，学校内部的管理制度是学校教育改革的重要保障，它不仅具有规范学校教育行为的价值，而且具有推动学校发展的力量。

在当前工业社会向知识社会迈进的时代背景下，学校将呈现这样的发展趋势：学校从行政附属机构转变为自主办学的独立实体；一次性的学校教育正在向终身教育转变，学校将不再是人们接受教育和学习的唯一场所，学校也不再只对学龄段的人群开放，而会变成人们终身学习的机构；教育不再满足于为社会输送以学历为唯一标志的"标准化"人才，而是着眼于以能力为本的社会化、个性化和谐统一的人才；教育信息化的进程，还使学校的组织结构和管理方式，乃至教与学的关系以及教学过程、学习方式发生革命性的变革。学校在教育价值取向上，强调满足每一个人自主而和谐发展的需要；在课程设置上，以人的发展为本的理念构建适合每一个人自主而和谐发展的课程体系；在考试评价上，着眼于每一个人的自我诊断、自我分析、自我选择。从这个宏观的意义上来说，每所学校要提高管理和教育的效能，都需要着力研究与建设一套能保证自身教育系统主动适应社会发展的学校制度。可见，校本管理理念下的学校制度建设更是当今学校发展的必然选择。

（二）萌生新制度的过程是动态生成的

校本管理理念下的学校制度建设，致力于协调校内外各种因素，促进教师的教与学生的学，使学校整体得以主动地发展。因而它的具体思路应该是：创设有利于师生主动发展的空间，并将师生可能发展的空间开放。具体表现在：开发基层组织的活力和发展能力;保证沟通渠道的畅通和多元化;不断加强反馈、促进管理体制刚性与柔性的有机结合;关注制度体系的梳理、评价和重组。在这个过程中,新的问题会不断涌现,新的思路会不断生发,校长需要反思提炼,需要在错误中警醒,需要在探索中解决问题,从而完善制度。这意味着学校要可持续发展,需要在改革实践中不断利用各种资源,不断选择、改造、优化原有的制度,将改革中行之有效的经验转化为新的制度,形成新的学校教育制度体系。可见,学校制度建设的过程是开放的,是一个动态生成的过程,而非预设的过程。学校在制度建设过程中要密切关注学校自身发展的实际,判断改革实践中所出现的各种资源的价值,充分把握不断生成的资源,来不断改造和发展学校本身的制度。

(三)萌生的新制度要以促进人的发展为根本目的

现代学校发展的本质价值在于,满足每一个人自主而和谐发展的需要,在这个过程中促进社会和谐发展。而学校制度的运行始终有人参与其中的,人是有灵性的、有精神的、有体验能力和需要的。学校制度建设的具体思路既然是建立和开放利于人主动发展的空间,那么它的具体内容与方法,也必然要尊重人之本性,把人当人看,而且是能促进人发展的。

课程是学校教育的核心,教师是实施课程的关键,管理是教师实施课程的保证,信息开放则是前三者能否有效发挥作用的前提。学校制度建设的具体内容包括学校课程制度、教师制度、管理制度、信息开放制度等建设的基本内容。因此,"以人为本、促人发展"的内容特征表现在:

首先,构建有机整合并适合每一个学生和谐发展的学校课程体系,并以问题的提出到问题的探究为逻辑线索,构建课堂教学方案设计——实施——评价的课堂教学新模式,组织基于课程并以促进学生和谐发展为本的教学活动。

其次,构建一套促进教师专业发展的制度,包括尊重、理解、支持教师发挥潜能的激励制度和以问题为导向的校本培训、教研制度。

再次,确立学校办学价值与每一个成员自我价值同步实现的管理理念,构建一套服务于课程实施与教师专业发展的、精神与物质激励相结合的、基于横向扁平网络结构师生共同参与管理的、属于学校自己的管理制度。

最后,建立一套教育与管理活动信息向外向内开放制度,包括政府支持、资源共享、校际交流、多方合作、校长对话、家长参与等制度。其制度建设内容的核心是保证管理者的自主管理权,教学者的自主教学权,学习者的自主学习权。

三、制度的宣告

学校的制度经过一段时间的孕育萌生后,校长应当怎样进行宣告与推行?如何让萌生出来的制度得到预期的效果?新制度的宣告与推行技巧显得尤为重要。

第一步,非正式宣告,进行新制度宣告前的预热

学校的教职员工已经习惯了在原来规章制度约束下的教育教学环境,那么,当原有的规章制度制约着学校的发展而需要改革时,新制度的推出最好不要搞突然袭击,而是要循序渐进,采取非正式宣告的方式。即在学校先征求各年级组长的意见,由各年级组长回到自己组内进行讨论。因为新制度关系到每一个人的切身利益,所以各年级组必然会对新的规章制度展开针锋相对的争论。这个争论的过程就等于是替校长做思想动员工作,他们不仅努力说服了自己,而且也说服了周围的人以适应即将出台的新制度。所以,对于有经验的校长而言,当他想要修改和补充完善制度时,往往先在小范围内抛出话

题,给新制度的推出制造一个预热的空间。

第二步,召开职代会,正式公开新的制度,让教师研讨并展开争论

《从现在到 2000 年教育内容发展的全球展望》(联合国教科文组织编)一书中提到:
"今后需要预见到的另一种趋势是教师将更广泛地参与影响学校生活的所有决策。没有
这种参与便难以克服许多教师对变化和创新的自然抵抗……"琼·托马斯(Jean Thom-
as)有一句名言:"革新的成败最终取决于全体教师的态度。"

当在年级组长会议上非正式宣告制度、预热过程完成后,就要及时地召开职代会,正
式宣告学校制定的规章制度,把新制度作为会议中的一个议题,让与会人员广泛参与讨
论。校长可以在主持会议时把新制度正式地宣告出来,或提前安排一人做陈述,最后由
自己引导性地且不流露出强制的痕迹地把大家对所要修改完善的制度的正反两方面的
意见都提出来,辩证地看待、分析所要修改的问题,然后让与会人员充分展开民主讨论。

案 例 ● ● ● ● ● ● ● ● ● ● ● ● ● ● ● ●

制度制定程序不规范

苏北 A 校学年初制定了"校内结构工资制",学校行政组几个人在制定该项制度时,
没有征求广大教职工的意见,没有送交教职工代表大会讨论,而是在教师会上直接公布
了该制度。年终考核时,教职工意见纷纷,有人甚至大吵大闹,公开反对该项制度,"校内
结构工资制"的推进一度陷入僵局。

【简评】

苏北 A 校之所以出现这种局面,是因为学校制定事关教师切身利益的重要制度时没
有广泛征求群众意见,没有经过教职工代表大会审议通过。教职员工是学校的主人,参
与学校制度的制定是他们的正当权利。所以,在学校一些重大制度制定之前,一定要集
思广益,征求教职员工的意见,听取他们的建议,让他们意识到自己也是学校管理的一
员,体会到学校对自己的尊重。

第三步,形成决议,正式宣告制度

孕育出来的新制度经过预热、民主讨论就能够达成一致的意见,这是最好的结果。
否则,持反对意见的人较多,或争论观点激烈,谁也不能说服谁,还不能形成比较一致的
决议,就应当暂时停止讨论,在会后找教师逐个谈心,做教师的思想工作,然后再开讨论
会;如果经过大家讨论,发现新制度与领导当初的设想差距太大时,不妨慎重行事,暂缓
推出。或者进一步扩大讨论范围,让基层的人员或某些相关的人员参与讨论,进行现身
说法,以统一认识,达成一致意见。当然,在正常情况下,经过孕育而萌生出的制度经过
预热、民主讨论就可以取得基本一致的意见,这时校长要果断地形成会议决议,在会议上
当即正式宣告所制定的学校制度。

第四步,多角度宣告制度

制度宣告的形式有多种:

一是正式编号发文。不发文则不能体现制度的严肃性,更重要的是发文可形成档
案,日后有据可查。二是自上而下逐级宣传贯彻,不宣传就不利于执行。三是重点机构
重点贯彻。制度往往是有针对性的,而且不同的教职员工的理解和认识也不一样,根据
在前期讨论过程中发现的一些问题,就重点问题、重要制度进行针对性的宣传、贯彻、监
督、执行。四是利用板报形式宣传。板报形式在于公开性、透明性和时间上的弹性以及

随机性,教师员工随时都可以看到,而且有利于教师的学习。五是发内部简报。简报的作用在于其流动性,大家可以轮流传阅,而且简报还可以就制度做进一步的分析、探讨、阐述,从更高、更深层次启迪员工,从而达到更好的效果。六是借助新闻媒体制造舆论攻势。外界力量可以是多方面的,如上级领导的、专家的、同行的评断议论等会对新制度的贯彻执行起到推进作用,有条件的学校还可以借助新闻媒体的力量进行新闻运作,这一般适用于知名度高的、有较大影响力的、品牌响亮的名校。当一所名校要推出新的重大制度,而且是有一定创新性、改革性的制度时,借助新闻媒体的宣传是非常有效的,外部社会的评价对教职员工的影响作用是显而易见的,这样,教职员工就会带着自豪感而主动地接受新制度。

第三节　学校制度建设的维护之道

制度的维护之道,是指制度不是一成不变的,是需要保持的,因为无法保持的制度称不上制度,只能是一种临时性的举措。制度是需要改变的,而这个改变是继承中的创新,是一种积极的扬弃。制度的可维护性就是指制度要适时维护,从而更好地服务于优质学校建设。

一、维护制度建设的意义

一所优质的学校,应该能积极地发展学校文化,培养教师团队精神,发掘学生的生命潜能,促进学生持续健康地发展,优化学校内部管理,合理配置学校资源,改善学校与社区的关系。而要达成上述管理目标,离不开对学校制度的维护。

（一）维护学校制度建设,为优质学校的发展提供保障

有序的日常教育教学活动是一所学校生存的和谐状态,而日常教育教学活动的有序进行体现在:教职员工各负其责,学生安心学习与成长,家校和谐沟通等各个方面都有章可循,学校的各种机制能够及时发挥作用。一所学校的制度得不到良好的维护,就不能充分地发挥作用,就会导致教育教学秩序的混乱,优质学校的发展也就无从谈起。优质学校需要建立在"良好的制度运行"（动态的稳定）之上,有序的教育教学活动是不可或缺的重要支撑。

（二）维护学校制度建设,可以规范制度的执行

俗话说,没有规矩不成方圆。而许多学校的管理现状是:有制度规定,但这些制度规定要么缺乏协调性,各制度之间未形成严整的逻辑联系,相互错位;要么已有的制度没有严格执行落实到位,使制度形同虚设。完备的、优良的制度,可以防止"专制"和"随意",提供行动的依据。所以,维护学校的制度,可以起到规范作用,即规范相关的教育管理行为,使学校教育管理进一步走向规范化。

（三）维护学校制度建设,能促进学校日常工作的协调一致

由于学校内部各个组织机构担负着各不相同的工作任务,负有各自的管理职能,容易从本部门的利益出发考虑问题,因此,在工作中不可避免地会出现矛盾摩擦甚至相互推诿扯皮的现象。为了保证各机构在管理活动中的协调配合,就需要依靠科学而合理的制度来进行调节。"一个和尚挑水吃,两个和尚抬水吃,三个和尚没水吃"——本质上说,不是能力上的问题,而是由于缺乏分工与协调,滋生了三个和尚的"等、靠、要"的思想,造成这种现象的原因就是制度缺乏"协调性"。所以,维护学校制度建设,需要依靠科学而

合理的制度来进行调节。

二、制度建设谁来维护

认识到维护制度正常运行的重要性后,校长需要考虑的问题就是学校的制度建设靠什么机构、靠哪些人员来维护。

(一)校委会是制度建设中最重要的维护机构

制度建设的维护与执行是同步进行的,也是相辅相成的。制度在运行的过程中,有时会顺如流水,能推动学校的发展;但有时也会因为各种客观原因而导致制度的运行受阻,会停滞不前。这时,如果制度的维护工作及时跟上,就会化阻力为动力,推动学校的发展。所以,校委会是制度建设重要的维护机构,它由校长和书记任组长,其成员可以由学校的各基层机构中选取,并定期召开制度的维护工作会议,以便及时地发现问题、解决问题。

(二)各机构明确分工,各自维护制度

学校的各项制度都有自己的执行机构,不同的机构在负责制度的建设与执行时,兼顾着制度的维护工作。学校规章制度主要分为三大类:一是学校及各职能部门的工作制度;二是教职工岗位责任制度;三是师生员工行为规则制度。在各类制度中又有许多具体的细节制度,比如学校各职能部门的制度中就分为会议制度、教务处和总务部门的各项管理制度等。这些制度的维护要求执行这些制度的部门机构各负其责。比如,学校的行政组织机构中的校务委员会、教导处、总务处、校长办公室,分别是属于校长领导下的审议机构、职能机构和办事机构,是学校管理的主体性组织机构。这些机构对于学校制度的维护就要负首要责任。学校的业务性制度的维护,就靠校长、教导主任领导下的教科室主任,而年级组长、班主任则承担部分管理维护职责。教育工会、教代会、共青团、少先队、学生会等学校中的群众性组织的总负责人就是这些制度的主要维护者。当然,这些群众组织中的制度的维护责任也应当由教职工和学生来分担。一所学校的制度维护工作就像这些制度的执行一样,要分工明确,才能保证制度的正常维护。

(三)人人都是维护者

教职员工是学校制度建设以及制度的运行状况好坏的试金石,制度建设的日常维护需要学校的师生共同参与,这样才能保证制度建设的实效性、可行性和可持续性。在制度的执行过程中,校委会应当充分调动师生的参政、议政的积极性,对于学校的制度建设提出有价值的建议或意见的,一经采纳,学校应给予一定的精神与物质奖励。因为只有推行这样的民主管理方式,才能够促进学校的长远发展,也能够增强制度的时时维护。

三、制度维护的策略

为了保证学校制度的正常运行,从制度宣告之日起,学校就要制定相关的制度来维护学校的制度建设。

(一)制定激励性制度来维护制度建设

在各种规章制度的执行过程中,不能仅仅采取简单的行政命令的方式,而是要让大家认识到,虽然规章制度对教职员工是一种约束,但它是维护学校利益不可缺少的,也是代表教职员工利益的,大家务必自觉遵守。自觉遵守学校规章制度的教职员工,就会在日常考核中得到激励性的评价与肯定。这样的维护制度,本身就是一种教育活动,如果员工只是被动地、消极地对待学校的规章制度,规章制度就起不了多大作用。制定激励

性制度来维护制度建设的目的是鼓励教职工提供建议以改善和维护制度建设。当教职工提供的建议被采纳时,学校应该按照规定给予各种物质和精神上的奖赏,合理化建议箱(或者是校长信箱)的设置,奖励制度的及时落实,会使得教职工参与学校事务的渠道保持畅通。

(二)制定惩罚性的制度来维护制度的落实

首先是领导干部要带头执行。如果领导干部不带头执行,就很难要求其他员工执行。其次是在制度的执行过程中,要一视同仁,无论是谁都不能搞特殊化,只要违规就该受到应有的惩罚,如果不能做到这一点,制度的权威性就会大大降低。

(三)完善教职工代表大会制度

教职工代表大会是学校真正的"权力机构"。在一所学校中,校长具有高度的决策权、人事权和财务管理权。但是,排斥群众智慧的个人谋划,容易丧失持续发展的动力;缺乏群众拥戴的人事安排,容易涣散集体凝聚力;远离群众监督的管理制度,容易成为滋生腐败的温床。一个好的制度,既需要领导者的贯彻执行,也需要坚强的思想核心和有效监督,更需要全体教职工的积极维护。因此,学校应该建立健全党支部和工会的维护制度、教职工代表大会维护制度,明确校长、党支部和工会、教职工代表大会的权利、职责与相互关系。这样,校长、党支部和工会、教职工代表大会就形成了三方联动机制,三方各负其责而又相互支持,各具权威而又相互制约,共同维护好学校制度。

四、制度如何自然死亡

制度就像人一样,它是有生命期的,它也有自己的生、老、病、死。制度在其运行期里,如果得到学校各机构正常地维护保养,那么制度的生命期就会比较长久。而在运行期,如果相关机构与人员只是一味地强制运行相应的学校制度,发现问题不及时地解决,那么这样的制度就像得了病无人照看一样,生命期就会缩短,很快就会自然死亡。还有的制度因为不符合时代发展精神,也会很自然地被淘汰,自然地死亡。

一些学校在制度管理的过程中,存在着不少的问题,因而使得规章制度非但没有起到应有的作用,反而还起到相当大的消极作用。

制度的消亡过程有以下几种形式:

(一)名存实亡

1. 僵硬的执行制度导致制度名存实亡

一些学校机构把规章制度当作"管、卡、压"的工具。这主要表现在有些学校领导过分地依赖制度的管理,他们简单地认为所有的工作问题都可以通过制度的建立来解决。他们认为,管理就是制订出严厉的制度,然后印发给各位教职员工,接下来就是遵守制度者获得奖励、违反者受到惩罚。这样的做法只会挫伤教职工的工作积极性。因此,他们总是想方设法地钻制度的空子。天长日久,这样的制度就起不到管理的作用,导致制度名存实亡。

2. 执行制度过程中的低权威性导致制度名存实亡

造成制度执行过程中的低权威性的主要原因有:一是由于规章制度没有形成文本,只是领导在大会上口头说说而已,然后在领导认为有必要时就去执行,领导认为没有必要时就不执行。这种在执行过程中的随意性,大大地降低了规章制度本身的权威性;二是领导成员对有关的制度认识不统一,并且有不同意见的领导时常在群众中将个人情绪表露出来,对相关的制度说三道四,这分明是在煽动群众对制度的不满情绪,这当然也就大大降低了制度的权威性；三是领导不能模范地执行有关的规章制度。比如，某校对于早上签到有个规定：每个人报到时都要签名，并签上自己报到的时间。可是有好几次该校的某位领导迟到了，由于顾及面子，她没有签上她报到的真实时间，而是签了一个"提前到的时间"，而这些细节又都被后来的签到人员发现了，后来人们渐渐地发现签到本上再也没有人签"迟到的时间"了。这就是领导没有起到模范作用造成的消极影响。现在该校的这项制度形同虚设——虽然每个人都签到了，但这种签到对大家"按时到"并没有起到其应有的约束作用。

3. 有令不行、执法不严导致制度名存实亡

某校规定教师参加例会不能迟到，但每次开会都推迟15～20分钟时间，也就是说，通知上写的8：00开会，但是往往都拖到8：30左右才正式开会，迟到的人也从来没受过任何处罚。这样，这项制度等于没有制定，同时还给教职工一种暗示：学校的制度可以不执行，制度在执行过程中不够公平、存在执法不严的情况很正常。这样的制度势必招来教职员工的不满，迟早会被取缔。

4. 制度不够严密导致制度名存实亡

有的学校，领导为了让大家都能按时地上班，因此制定了"签到登记制度"，但这项制度只能管"是否按时到"，却不能管按时到后是否在岗，是否到岗尽责，更别提其工作的质量如何。所以许多人在按时报到后就到处离岗闲聊，有的甚至跑到校外干私活。这样的制度因为不够严密而导致形同虚设。

（二）制度制定程序不规范，势必要过早死亡

如前面提到的"校内结构工资制"为何执行不下去的案例一样，学校在制定事关教师切身利益的重要制度时没有广泛征求群众意见，没有经过教职工代表大会审议通过。这样的制度教职员工是不会承认的，更不会执行。所以，在学校一些重大制度制定之前，一定要集思广益，征求教职员工的意见，听取他们的意见和建议，让他们意识到自己也是学校的一员，体会到学校对自己的尊重。学校应遵循"民主集中制"的原则，制定制度程序规范，广大教职员工自始至终参与全过程，自然而然地就会理解、支持、拥护学校的规章制度。

（三）制度落后导致的自然死亡

好的制度应该是与时俱进的，如果一项制度不能与时俱进，那么它必然会落后于时代的要求，不能对师生员工起到应有的制约和激励作用。比如，某校师生行为规范里就规定教师不能戴首饰，教师上课不能化妆。而这些规定是上个世纪80年代初制定的。这些过时的规定已明显落后于时代发展的要求，当然也就容易遭到师生们的抵制。这样落后的制度，必然死亡。

（四）制度不合时宜引起的自然死亡

80、90年代时用学生成绩排名来考核老师，以分数英雄论盛行，学校制定的制度倾向于教学成绩。于是乎，教师的教学工作被单一化为考什么教什么，不在考试范围内的课程全部被语文、数学等所谓的主科所替代，教师的本职工作被狭义地定义为教书。在实施素质教育的今天，我们的教育逐渐转化为德、智、体、美、劳全面发展上来，以学生的成绩来考评教师的制度显然已经不合时宜，当前已经不宜再用简单的分数来衡量学生，对学生的考试成绩，也只能按照"优秀、良好、合格"三个等级进行划分。

第四节　校长专业化的制度保障与自我约束

校长是一种被明确界定的职业类别,校长职业的专业化是校长职业发展的必然趋势。就校长个体而言,校长专业化是其内在专业结构不断更新、演变和丰富的过程。制约校长专业化的最重要因素是校长管理制度,优质学校就应该依据人力资源管理理论建立和完善校长管理制度,通过制度建设促进校长的专业化发展。

一、校长专业化的制度保障

随着社会的发展,专业化成为社会职业发展的重要趋势。校长职业也不例外。实现校长专业化,必须有一系列的外在制度来加以支持,这样才能激发校长办学的积极性,我们的基层学校才能办好。正如褚宏启教授所指出的,我国校长管理制度建设中存在的许多不足,如校长管理制度不完整,没有形成完整、配套、均衡的校长管理制度,且不少重要制度如聘任制度、考核制度、监督制度、薪酬制度、奖惩制度、工作保障制度等仍处于缺失状态;已经形成的校长管理制度也需要不断改进和完善。

(一)进一步完善校长资格认证制度

进一步完善校长资格认证制度,才能使其在推进校长专业化进程中发挥更重要的作用:①中小学校长资格证书制度应当法制化。建议将其写入有关教育法规,并建议制订《中小学校长资格条例》;②实施开放性的中小学校长资格证书考试制度。只要有志成为校长的人士,具备规定的基本条件,完成校长资格所需课程,通过政府或政府指定机构举行的考试,都可以向教育行政部门申请校长资格证书,从而取得应聘或受任校长职务的资格,真正做到先取得资格证书后任用;③中小学校长资格培训课程规范化;④实行中小学校长资格证书有效期制。

(二)进一步完善校长负责制

完善校长负责制,目的是真正确立校长在负责制中的地位。一是教育部门要放权,扩大校长管理学校的自主权。政府职能转变就是要求政府放弃对教育"不该管"的职能,如学校内部的具体人事安排、职称评审、福利待遇等,切实扩大校长的人、财、物、事的自主权。二是理顺学校内部管理体制,主要是要理顺校长与书记、教代会之间的关系。

(三)进一步完善平等竞争的校长聘任机制

建立科学的校长选拔任用制度,有利于激发校长的进取精神,推进校长专业化。鉴于我国大部分地区仍以委任制作为选拔校长的主要形式,所以要进一步扩大校长聘任制的实施范围。同时,要进一步完善聘任程序:①在招聘时需要经过以下几个程序,即公开招聘条件,持有校长资格证书者自愿报名、择优选择、双方签订任用协议、规定试用期限等;②要及时总结经验,认真研究校长聘任工作中出现的新情况、新问题,不断改进和完善这项工作。

(四)建立严格的考评、监督制度

加强对校长监督机制的建设,是促进校长队伍不断发展的重要手段,必须严格而有序地执行。目前,有些地方仍存在着校长任职终身制的现象,缺乏严格的考评、监管机制,使有些校长滋生了不求有功、但求无过、不思进取的思想,严重制约了学校的发展。因此,要建立多元化的校长考核机制,由上级、教师、学生及家长对校长的工作业绩进行全面的评定。同时还要建立校长免职、辞职制度，以促进校长队伍的新陈代谢。

（五）建立有效的激励制度

建立有效的激励制度，这是校长管理制度建设的一个重点。首先，对校长的激励要考虑物质激励和精神激励，既要保障他们的经济收入，又要给予情感和精神激励。校长职级工资制的推行，使得校长的薪酬与校长的专业能力、工作业绩挂钩，合理地体现了"按岗定薪，按业绩定酬"的原则；其次，应及时、公正地对校长工作给予评价，在指出不足的同时对校长业绩给予肯定和奖励，因为满足校长自我实现的需要是一种较高层次的激励方式。

（六）建立务实有效的培训机制

校长培训包括入职培训和在职培训两种基本形式。①要把握培训需求，准确定位校长培训目标，培训需求包括社会、政府和校长自身的需求；②培训形式具有多样性，除了专家讲座的形式以外，还可以采用研究讨论、参观学习、经验交流等丰富多彩的形式；③培训要有针对性，行政校长、教学校长、后勤校长职责不同，对其培训的内容在体现共性的基础上应该各有侧重，"一刀切"的做法只能削弱培训的作用。

二、校长在制度建设中的自我约束

校长制定制度不仅是实现优质学校建设的目标，也是实现自我发展的必然需求。优质学校建设的成效取决于校长的创造性工作。而校长工作的积极性，离不开有效的校长激励与约束机制。校长作为学校组织机构的核心，是决策权、办学方向的具体行使者，是学校内部组织运行的代表。可以说，离开了校长，组织制度将成为空中楼阁。所以建立有效的校长激励、监督和制衡机制，是实现优质学校建设的关键。

（一）现有的校长激励约束机制存在缺陷

1. 定位不清

长期以来，我国学校管理实行的是与计划经济相适应的政校不分的体制。受这种体制的影响，我国长期混淆了校长与政府官员的区别，这典型表现在：校长有行政级别。在这种情况下，政府用任命官员的标准来任命校长，从而使校长"官员化"。加上我国固有的"官本位"思想，许多获得一定业绩的校长不愿长期从事学校工作，而进入政府部门。这在无形中导致部分校长的最终追求不是为了办好学校，而是为了当官。张维迎在其《大学的逻辑》中直指"有的人当校长不是为了搞好学校，而是把校长当作一个跳板，期待着进一步的提升，这对学校的发展不利。你在这个位置上想着那个位置，怎么会有心思把这个位置上的事情做好？"这种情况直接导致本来就十分稀缺的优秀校长变得更加缺乏，而在位的校长又不一定是合格的校长。

2. 激励不足

在现有体制和环境约束下，学校办得好坏很大程度上取决于校长的专业化程度。一个有能力、有胆识、有魄力、有远见的校长，可以在有限的条件下进行管理创新，引领学校走向优质。可是有些地区由于长期缺乏科学的、有效的、完整的绩效考评机制，对校长的工作绩效评价难以反映他们真实的管理能力和业绩，严重挫伤了校长努力工作和创造性工作的积极性。现行的奖惩机制与校长绩效关系不大，没有很好地发挥激励作用。如精神激励上的不到位，主要是没有形成优胜劣汰的竞争机制。由于对校长的激励不到位，造成学校的绩效在一定程度上难以反映校长的真实才能，校长也难以全身心地投入到学校管理中去。

3. 约束软弱

在一些学校,对校长的约束机制并没有真正建立起来。只有校长对各科室的监督,没有教职工对校长行为的监督和约束。教代会形同虚设,很难进行有效监督。而教育主管部门也无法对校长的工作业绩进行细致地考查,对校长的其他行为没有监督与约束。这种单向性的约束机制,使校长行使了权力,但不承担责任,不能真正对学校负责,容易导致一些短期行为。

(二)建立有效的校长激励约束机制的设想

要真正建立我国校长激励约束制度,关键应该要做到两点:其一,要使校长的收入水平与其所作出的贡献相对应;其二,要使校长的经营和决策行为有利于学校的长远发展。具体而言,建立有效的校长激励约束机制应该注意做好以下工作:

1. 废除校长的行政任命制,建立职业校长市场,这是建立有效校长激励约束机制的基础

为实现将真正具有领导才能、能够从学校利益出发、为学校长远发展考虑的人才选拔到校长岗位这一目标,从长远看,应当废除校长的行政任命制,培育职业校长阶层,形成校长市场,建立职业校长的市场竞争选聘产生机制。学校就能按照校长的标准选拔校长,而不是按照政府官员的标准来选择校长。学校可根据应聘者过去的经营业绩、资历、学历等各方面条件选择最适合学校发展的管理者,应聘者也可以根据学校提供的条件,如待遇、工作环境及对学校经营的把握程度来决定是否应聘,通过市场杠杆使应聘者与学校之间达成共识。通过校长职业市场,可以客观地评价校长的人力资本价值,对校长起到激励作用,同时,也给在职的校长造成一种压力,促使他们努力搞好学校经营与管理,否则可能造成自身人力资本的贬值乃至丧失岗位。因此,市场的评价与竞争,既可起到激励作用,又可起到有效的约束作用。

2. 将校长收入水平与其办学业绩挂钩,这是建立有效的校长激励约束机制的关键

现代学校制度条件下,校长的行为首先表现为对利益的诉求。结构合理的物质利益机制,是校长激励约束机制的基础。而建立了结构合理的物质利益机制后,校长所获得收入与其贡献程度就能趋向于成正比。校长的收入水平与学校办学业绩挂钩,可以客观而公平地反映校长管理学校的水平,体现校长的人力资本价值,从而激发校长引领学校发展的积极性和创造性。

3. 强化校长行为的内部约束机制,这是建立有效的校长激励约束机制的保障

权力的有效使用,不仅依赖于其合法性及适宜的制度保障,而且更需要有效的监督,缺乏监督的权力必然走向泛滥,从而失去其真正的意义。校长自我约束制度的核心是公开评议制度。具体操作形式可以为:①每学期期末专门召开一次教代会,请教职工代表面对面地评议学校和校长的工作。②每学期期末请全体受聘教职工无记名填写干部综合评价表,用划票的方式确定总评价等级(分甲、乙、丙三等),对校长的评价结果当场公布,若"丙"字率超过60%,校长必须向上级教育部门提出辞职报告。③教代会中成立民主评议干部领导小组,由党、政、工和民主党派代表组成,专门负责评干工作。

当前,随着社会主义市场经济的发展、教育管理体制改革和政府学校关系的调整、民办教育和教育市场化的兴起、教育人事制度改革以及学校管理的变革,使校长群体原有生存状态和职业形态受到多方面的冲击。我国原有的行政型、教师型校长已经不能适应当前教育的发展,与此同时,校长群体的生存和专业发展状况不容乐观。因此,重新探讨校长的社会角色和职能定位、界定校长的素质标准、完善校长管理和培养制度,推动校长的专业化发展已经成为我国教育改革和发展的核心课题。

参 考 文 献

一、专著译著类

1. 钟启泉,崔允漷,张华. 基础教育课程改革纲要(试行)解读[M]. 上海:华东师范大学出版社,2001(08)

2. 王继华. 校长职业化与教育创新[M]. 北京:教育科学出版社,2003

3. 马云鹏,邬志辉,谢翌,李朝辉. 优质学校的理解与建设——21世纪中小学教育改革探索[M]. 北京:高等教育出版社,2006

4. 杨立国,程灵. 校长培训与校长专业化发展[M]. 厦门:厦门大学出版社,2008

5. 教育部师范教育司. 教师专业化的理论与实践[M]. 北京:人民教育出版社,2003

6. 鲁宏飞,沈艳华,魏馨. 学校文化建设与管理研究[M]. 上海:华东师范大学出版社,2007

二、论文和学位论文类

1. 陈玉琨. 校长专业化问题研究[J]. 上海教育,2004(6):27

2. 杨海燕. 建立和完善我国中小学校长管理制度——校长专业化的制度分析[J]. 教育理论与实践,2005(1):20

3. 杨海燕. 盘点校长专业化[J]. 中小学管理,2006(9)

4. 李卫兵,李轶. 校长职业化与校长专业化[J]. 中小学管理,2003(11):5

5. 褚宏启,杨海燕. 校长专业化及其制度保障[J]. 教育理论与实践,2002(11):20~26

6. 马云鹏,谢翌. 优质学校建构的取向、模式与策略[J]. 东北师大学报(哲学社会科学版),2004(3)

7. 陈进兴. 校长要有现代办学理念[J]. 人民教育,2004(8)

8. 张学文. 学校危机事件的特点及处理对策[J]. 中小学管理 2004(10)

9. 郭元祥. 论学校的办学理念[J]. 教育科学论坛,2006(4):5~8

10. 孙元涛,胡春红. 基础教育"文化战略"意义的凸显[J]. 教育科学论坛,2009(1):5~7

11. 胡方,龚春燕. 特色学校建设:学校文化的选择与建构[J]. 中国教育学刊,2008(4):22~25

12. 黄正平. 班主任专业化应关注职业幸福感[J]. 人民教育,2008(15~16)

13. 王志坚. 学校文化·学校品牌·学校发展[J]. 人民教育,2007(7):18~19

14. 李永生. 论学校特色建设[J]. 基础教育参考,2008(5):53~54

15. 傅国亮. 每一所学校都是潜在的特色学校[J]. 人民教育,2009(3~4):22

16. 郑金洲. 特色强校:学校变革的新取向[J]. 人民教育,2009(3~4):27~28

17. 胡方,龚春燕. 做好特色学校发展规划[J]. 人民教育,2009(3~4):30

18. 郭漳陵. 促进校长专业化发展的途径[J]. 厦门教育学院学报(综合版),2005(3)

19. 孙明荣. 关于中小学校长专业化发展的思考[J]. 中小学校长,2009(2)

20. 莫建明. 校长专业化对教师专业化的引领作用[J]. 北京教育(普教版),2008(12)

21. 林虹. 以校长的人格魅力引领学校的品质建设[J]. 广东教育(教研版),2008(6)

22. 姜丽华. 校本教研:内涵、特征及其价值[J]. 教育科学,2004(12)

23. 唐新湘. 校本教研的基本模式初探[J]. 教学与管理,2004(10)

24. 苏建华. 建立在案例研究基础上的校本教研[J]. 江西教育,2004(18)

25. 王建鸣,陈剑光. 探索校本培训模式,构筑教师发展平台[J]. 继续教育研究,2003(4)

26. 曲天立. 教育科研与学校品牌建设[J]. 教育科学论坛,2008(1)

27. 顾建德,喻志杰. 关于学校制度文化建设的思考[J]. 现代中小学教育,2008(4)

三、报纸文章及电子文献类

1. 曾天山. 教育家办学:校长专业化发展的目标[N]. 中国教育报,2009－1－14

2. 陶西平. 现代化进程中的校长使命[N]. 中国教育报,2008－1－9

3. 王敬民. 校长专业化与优质学校建设[N]. 光明日报,2008－1－9

4. 陈龙安. 品牌学生的指标[EB/OL].

学校品牌_新浪博客 http://blog.sina.com.cn/s/blog_4dacf26b0100d30u.html

5. 余文森. 校本教学研究新内涵[N]. 中国教育报,2006－11－20